Helmut A. Gansterer – Das Lernen. Der Geist. Die Siege.

Helmut A. Gansterer

# Das Lernen. Der Geist. Die Siege.

## 63 Essays über Erfolg im Zeitalter der Kopfarbeit

Mit einem Vorwort von
Reinhard Tramontana
und einem Text von
Walter Weiss

EDITION VA BENE

Die Deutsche Bibliothek – CIP-Einheitsaufnahme

**Gansterer, Helmut A.:**
Das Lernen. Der Geist. Die Siege. :
63 Essays über Erfolg im Zeitalter der Kopfarbeit ;
mit einem Vorwort von Reinhard Tramontana und
einem Text von Walter Weiss / Helmut A. Gansterer. –

Wien ; Klosterneuburg : EDITION VA BENE, 2001.
ISBN 3-85167-090-6

(Erfolg ; Band 1)



*Internetadresse: www.vabene.at*
*E-Mail: edition@vabene.at*



Umschlaggestaltung: Helmut A. Gansterer, Linz,
unter Verwendung eines Fotos von Dr. Walter Weiss
Repro: Theiss-Druck, Wolfsberg
Satz und Druckvorlage: Mag. Franz Stadler, Königstetten
Produktion: Die Druckdenker GmbH, Wien

Printed in Austria

ISBN 3-85167-090-6

# Widmungen

*Den Eltern*

Alois und Maria Gansterer sorgten für die glücklichste Kindheit. Später stellten sie alle Schulen frei, auch die teuersten. Bis heute lesen sie jede Zeile von mir. Einzig dies hemmt mich, zwei frühen Neigungen – Müßiggang und Oberflächlichkeit – nachzugeben.

*Dem besten Freund*

Franz Josef Hartlauer, der Fotolöwe. Verlor in Siegen nie den Charakter, in Krisen nie den Verstand. Extrem bekannt als vitaler Unternehmer, weniger bekannt als sensibler Christ. Er hat dieses Buch nicht mehr gelesen. Die Widmung geht an seine Liebsten weiter: Renate, Eva, Ingrid, Robert.

*Den Steppenwölfen*

Kollegen, die mit eigenem Geheul durch die Tundra zogen und mir artfremd geholfen haben: die Lehrer Erwin Kuhn, Horst Knapp, Herbert Krejci und Jens Tschebull, dazu die Weltmeister der leichten Hand: Herbert Völker, Reinhard Tramontana, Christian Seiler, Robert Löffler.

*Dem trend-profil-Haus*

Seit 30 Jahren mein zweites Zuhause. Anspruchsvoll vom Boten bis zum Board. Vor allem die Sekretärinnen lassen nichts Zweitklassiges gelten. In dieser Umzingelung entstanden viele Essays, die Grundlage für die Kapitel dieses Buches sind.

*Dem Verleger*

Walter Weiss, Verlag VA BENE, auch er ein Steppenwolf. Zu seinem 10. Verlags-Jubiläum wollte er ein Buch, das sein Lied der Bildung singt. Ich war ihm und seinem exquisiten Setzer Franz Stadler ein teuflischer Autor. Ein Hohelied auf ihre Geduld.

*Den Magazin-Lesern*

Meine Ernährer. Sie mögen die lange Widmungs-Seite verzeihen. Die Erfahrung lehrt, daß ich nur alle 13 Jahre ein Buch zur Welt bringe. Das letzte kam 1988, hieß „Tagebuch eines Kapitalisten“ und ist heute erfolglos vergriffen.

gansterer@netway.at

# INHALT

## DIE WERKZEUGE DES GEISTES



## GAST-ESSAY

## PHÄNOMENE, RÜCKSCHLÄGE, SIEGE

# Vorwort

Unter den Magiern, die mit der schwarz auf weißen Kabbala der Sprache sowohl manövrieren als auch motivieren können, ist Helmut zweifellos Merlin. Seine zumindest die psychische Potenz fördernde Zauberkraft ist subkutan: Er jubelt uns Gedanken unter, von denen wir schon während des Lebens überzeugt sind, sie seien unser Geistesgut. Darüber hinaus befördert er unseren Wortschatz außerhalb der Zwei-Silben-Zone in das unendliche Mehr. Er harmonisiert gern, aber in dem Augenblick, da dies endlich einmal vorgeworfen werden sollte, haut er einen zurück mit einem degenklirrenden Angriff auf einen führenden Ungustl. Zum Leidwesen seiner Feinde ist er nüchterner als sie und belesener, als sie hoffen. Der Schlag soll ihn treffen. Aber erst nach mir.

*Reinhard Tramontana*

# Vorhang auf

# Die Natur der Sieger und Verlierer

Über Egoismus, Anerkennung, Leidenschaft und die Notwendigkeit, sich selbst zu erkennen.

*„Denn jedem Anfang wohnt ein Zauber inne,*
*der uns hilft zu leben.“*
(Hermann Hesse)

## I.

Alle Jahreswechsel bringen die sinnlose Übung des guten Vorsatzes. Zu Silvester 2001 war die Seuche besonders arg. Erstmals ergriff sie auch einen Freund, der nie versucht hatte, ab 1. Jänner eines neuen Jahres dünner zu werden und das Rauchen einzustellen, was zirka 100 Prozent der guten Vorsätze darstellt.

„Das Heilige am Sprung in ein neues Jahrhundert und sogar Jahrtausend“, sagte er, „hat meine Seele berührt. Ich beschloß, ab sofort erfolgreicher zu sein.“

Er sagte mir auch, wie dies ginge: „Ich werde Augen und Ohren aufmachen. Ich werde in Zeitungen und Wirtschaftsmagazinen nachlesen, welche Branchen boomen; und innerhalb der Branchen, welche Jobs. Ich werde flexibel auf die Bedürfnisse des Marktes reagieren.“

## II.

## Die Falle der Logik: Schweinezyklus, Überschätzung und die Psychologie der Außenleitung

Das klingt überzeugend.

Leider ist es eine gut asphaltierte Straße zum Mißerfolg. Nicht, weil die Überlegung geisteskrank wäre. Immerhin hat sie eine oberflächliche Logik. Sondern weil sie drei bedeutende Schwächen hat, die in der Praxis bald sichtbar werden.

> *„Alles Oberflächlich-Logische ist vielen Menschen zugänglich. Eine Idee, die viele haben, ist inflationär und dadurch wenig wert.“*

*Schwäche 1: Der Schweinezyklus*

Alles Oberflächlich-Logische ist vielen Menschen zugänglich. Eine Idee, die viele haben, ist inflationär und dadurch wenig wert. Sie führt zwingend zu einem Phänomen, das die Nationalökonomen „Schweinezyklus“ nennen. So genannt, weil alle Bauern immer dann Schweine züchteten, wenn der Schweinefleischpreis hoch war, wodurch sie ihn ruinierten und daher alle zur gleichen Zeit wieder ausstiegen, wodurch sie den Preis wieder hoben etc. – ein erhabener Zyklus, der auch an den Aktienbörsen zu sehen ist, wo alle Amateure zur gleichen Zeit einsteigen und aussteigen. Die wenigen Profis gehen antizyklisch vor, was freilich Sachverstand und Kaltblütigkeit verlangt. Detto bei Jobs: Wer Branchen betritt oder Jobs wählt, die schon Millionen betreten und gewählt haben, wird es schwer haben, einen guten Preis (Salär) zu erzielen.

*Schwäche 2: Überschätzung der Fähigkeiten*

Die Möglichkeiten, nach Belieben eine Branche oder einen Job auszuwählen, sind in Wirklichkeit begrenzt. Sie stehen nur Universalgenies frei, oder Mitbürgern, die ein hohes Talent zur Selbstüberschätzung haben. Was nützt es, wenn ich in der ausgezeichneten Jahr-2001-Übersicht des britischen Wirtschaftsmagazins „Economist“ lese, der Technikbereich High-Ceramic sei für längere Zeit krisensicher? Nichts, da ich mindestens fünf Jahre brauchen würde, das Basiswissen dieser Branche zu erwerben.

*Schwäche 3: Gefährliche Außenleitung*

Die Außenwelt als Wegweiser für die Karriere zu akzeptieren, ist grundsätzlich problematisch, wenngleich üblich. Einfältige Eltern, soferne sie ihre armen Kinder nicht überhaupt in „sichere“ Beamtenjobs jagen (Heer, Gendarmerie, Post, Verwaltung, Eisenbahn – die übrigens künftig stärker rationalisierungsgefährdet sind als die Privatwirtschaft), drängen sie in Berufe mit momentan hoher Nachfrage. Gutgemeint natürlich, was bekanntlich oft das Gegenteil von gut ist.

*„Einfältige Eltern, soferne sie ihre armen Kinder nicht überhaupt in ‚sichere‘ Beamtenjobs jagen, drängen sie in Berufe mit momentan hoher Nachfrage.“*

## III.
## Das Geheimnis der Innenleitung: die individuelle Kraft

Wer sich von der Gestalt der Außenwelt sein Schicksal bestimmen läßt, geht deduktiv vor – vom Großen ins einzelne. Weitaus erfolgversprechender ist der induktive Weg – vom einzelnen zum Großen.

Im Falle der Karriere heißt dies: Ich orientiere mich an meinen eigenen individuellen Fähigkeiten und Bedürfnissen, weil ich nur so die besten und bestbezahlten Leistungen erbringen kann.

Das klingt ziemlich egoistisch und ist es auch. Daher fängt der Kluge gleich damit an, mit seinen vermeintlich negativen Antriebskräften „Egoismus“ und „Anerkennungs-Sucht“ Frieden zu schließen. Wer mit schlechtem Gewissen sein Werk vollbringt, arbeitet schlecht.

## IV. Egoismus und Anerkennungs-Sucht: Antriebskraft und Gewissen

Unser Gewissen ist großartig. Es ist der theoretisch unbestechlichste Schiedsrichter. Dumm ist es nur, wenn der Schiedsrichter zur falschen Zeit pfeift. Dies ist meist der Fall, wenn er schlecht geschult oder korrupt ist.

Am schönsten ist dies beim Thema Egoismus zu erkennen. Egoismus gilt als verwerflich, weil wir von den Kirchen (die hochegoistische, reiche, mächtige Institutionen sind) gedanklich verbogen wurden. Und weil wir zu wenig auf die Wissenschafter hören.

Jeder Verhaltensforscher kann uns detailliert erklären, warum Egoismus ein wertvoller Bestandteil unseres Stammhirns ist. Konrad Lorenz: „Ohne Egoismus kein Überleben.“ Sir Karl Popper: „Jeder noch so einfache Organismus, selbst die Amöbe, ist in jeder Sekunde der Existenz bemüht, seine Lebensbedingungen zu verbessern.“ Dies u. a. führte zu jener Evolution unseres Seins, ohne die wir noch Affen wären.

Es ist nicht unanständig, sondern darwinistisch geboten und klug, ein zunächst egozentrisches Weltbild zu haben und danach seine Berufswahl und Karriere auszurichten. Nur so wächst die Wahrscheinlichkeit, die für uns wesentliche Belohnung zu erhalten.

*„Es ist nicht unanständig, sondern darwinistisch geboten und klug, ein zunächst egozentrisches Weltbild zu haben und danach seine Berufswahl auszurichten.“*

Diese Belohnung ist keineswegs Geld, sondern etwas, wofür sich die meisten genauso grundlos schämen wie für Egoismus: Anerkennung. Es fällt philosophisch schwer, in der Anerkennungs-Sucht etwas Abartiges zu sehen. Sie ist, wenn nicht alles täuscht, in jedem angelegt. Wir sind darin alle gleich und nur insofern verschieden, als die einen es zugeben, die anderen nicht.

Je größer und erfolgreicher ein Mensch wurde, desto leichter fällt es ihm, mit seinen vermeintlichen „Schwächen“, die natürlicher Bestandteil des Lebens sind, umzugehen. Während einer Saudi-Arabien-Reise sagte mir Bruno Kreisky: „Sie ahnen nicht, wie viel Lob ich ertragen kann.“

## V.
## Erfolgsfaktor Leidenschaft: Standortsuche und falscher Altruismus

Wer mit endlich gutem Gewissen, also egozentrisch, auf seine Erfolgs-Standortsuche geht, hat es damit noch keineswegs leicht. Es gibt aber einen Trick, die ideale Branche und den idealen Job zu finden. Er liegt einfach in der Frage: „Was würde ich so leidenschaftlich gern machen, daß ich es auch in meiner Freizeit und ohne Entgelt machte?“

Wenn beispielsweise die Antwort lautet: Arzt sein, dann sollte man dies schnellstens studieren, auch wenn es tausendmal eine Ärzteschwemme gibt. Der Leidenschaftliche setzt sich auch gegen 1000 Konkurrenten durch, während ein Gelangweilter auch dann scheitert, wenn er null Konkurrenz hat.

Leider sind wir tiefenpsychologisch noch nicht soweit, die Leidenschaft der Kinder ausfindig zu machen, um die idealen Schulen zu wählen. Die Kinder selbst sind extrem außengesteuert, heutzutage stark übers TV, und vermuten, sie wären glückliche Formel-1-Rennfahrer oder Baywatcher. So wie frühere Kinder durchwegs Lokomotivführer als Traumberuf nannten. Volljährige aber, soferne geistig gesund, sind in der Lage, pragmatische Standorte ihrer Leidenschaft zu erkennen.

Ein Nebenkapitel, schnell abgehandelt: Wer konsequent, also egoistisch, den Ort seines Arbeitsglücks sucht, muß mit Neid, Mißgunst und Kritik rechnen. Meist kommt sie von sogenannten, selbsternannten Altruisten, also Wohltätern. Hier ist Vorsicht angebracht. Es gibt zwar wunderbare Wohltäter: Sie helfen anderen dank der Stärke ihres eigenen, fundamentalen Glücks. Der andere, weit verbreitete Typ ist furchtbar: die Zwangsbeglücker, die auf der Flucht vor sich selbst mit schriller Wärme über andere herfallen; die alte Weiber über die Straße führen, ob diese wollen oder nicht.

*„Der andere, weit verbreitete Typ ist furchtbar: die Zwangsbeglücker, die auf der Flucht vor sich selbst mit schriller Wärme über andere herfallen.“*

Diese Altruisten helfen niemandem. Jeder gesunde Egoist wird sie weiträumig umgehen und niemals auf sie hören.

## VI.
## Exotische Erfolgsfaktoren: Esoterik, Metaphysik und religiöse Philosophien

Karriere-Philosophen, darunter einige rare, erstklassige Sachbuchautoren wie Tom Peters („In Search of Excellence"), rühmen den Wert der aktiven Rolle: Wer agiert, gewinnt. Wer reagiert, verliert. Du mußt führen, nicht nachlaufen.

„Wer agiert, gewinnt. Wer reagiert, verliert."

Die ideale Haltung des Siegers gleicht der eines guten 100-Meter-Läufers wie Carl Lewis: den Oberkörper so weit nach vorne werfen, daß man laufen muß wie ein Teufel, um nicht auf den Rüssel zu fallen.

Das ist leichter gesagt als getan. Es gelingt, wie Psychologen meinen, nur den Übermütigen und Angstfreien wirklich gut. Fröhlicher Übermut ist ein gefährliches Erbgeschenk, sofern nicht verbunden mit Intelligenz und Sinn für Maß. Und Angstfreiheit ist so selten wie ein erbsengrüner Bugatti. Die Asiaten glauben, einen Weg gefunden zu haben, den ich als esoterischen Erfolgsfaktor schon einmal beschrieb und hier kurz wiederhole.

Chinesen, Koreaner und Japaner kennen „Der Weg ist das Ziel". Er hat wenig mit dem zu tun, was die Citroen-Werbung meint, noch dazu unterstützt vom berüchtigt-flachen G'schau der Claudia Schiffer. Es geht um vollendeten Gegenwarts-Sinn. Was zählt, ist einzig die Qualität des nächsten Schrittes. Wer sich darauf konzentriere, baue seine Straße aus Jade. Und wenn die Straße schön sei, sei es einst nicht wichtig, ob sie kurz oder lang gewesen sei. So verliere man auch die größte Angst, jene vor dem Tod. Von dieser Last befreit, sei man leicht in der Lage, der mutige Agierende, nicht der ängstliche Reagierende zu sein.

## VII.
## Wie man zeigt, wer man ist: Über die Darstellung der eigenen Größe

Ein Schlußkapitel für Werdende. Fast alle Menschen zeigen sich gern etwas größer, als sie sind. Das ist kein Grund für Spott und Hohn. Es ist natürlich. Leider ist es wie alles allzu Natürliche auch meistens peinlich. Wenn also ein Aufwärtsstrebender so aussehen möchte, als wäre er schon ein Angekommener, sollte er einiges wissen.

In meinen 25 Jahren als Reporter lernte ich zirka 500 bis 1000 wirklich große, teils weltberühmte, erfolgreiche Männer und Frauen der

*„Wieder einer, der glaubt, das sei die Art der großen Sieger, obwohl es lediglich das Verhaltensmuster ausgehaltener, üppig dotierter Frauen ist.“*

Wirtschaft kennen (auch Politiker, doch die sind ein deutlich anderes Kapitel). Fast ausnahmslos zeigten sie drei gemeinsame Eigenschaften:

Sie waren schon wieder freundlich.

Sie hatten schon wieder Zeit.

Sie konnten schon wieder zuhören.

Wenn ich also beispielsweise einen jungen Mann im „Steirereck“ beobachte, der unfreundlich zur Bedienung ist, dauernd auf seine Uhr schaut und unentwegt spricht, weiß ich zweierlei: Wieder einer, der glaubt, das sei die Art der großen Sieger, obwohl es lediglich das Verhaltensmuster ausgehaltener, üppig dotierter Frauen ist. Ich weiß dann, dieser junge Mann hat kein Gipfelkreuz gepflanzt. Er lebt noch im Tal und hat weite Wege vor sich.

# Das Lernen der frühen Jahre

# Kinder als Kapital

Wer die eigene Zukunft sichern will, muß den Kindern helfen. Sie sind noch Lehm, nicht starres Porzellan wie die Erwachsenen.

I.

Die Kleinen mögen belastend sein. Sie sind aber auch das größte Kapital für die Zukunft. An ihrer maximalen Verzinsung muß jedem Egoisten gelegen sein. Dennoch werden die Kinder von den Erwachsenen im Stich gelassen. Sie sind nicht so glücklich, wie die Alten glauben, daher auch nicht so tüchtig, wie sie sein sollten. Registriert wird ein extremer Mangel an „Hoffnung" und vor allem „Selbstvertrauen".

„*Sie sind nicht so glücklich, wie die Alten glauben, daher auch nicht so tüchtig, wie sie sein sollten.*"

II.

Vielleicht hilft eine Unglücks-Analyse der einzelnen Altersgruppen.

• Unglück 0–6 Jahre: Die Eltern haben noch weniger Zeit als früher. Besonders schlecht, da in dieser Lebensetappe das Entscheidende passiert. Die Kinder sind noch Lehm, nicht gebrannter Ton. Sie bräuchten viel Zeit, Wärme, Witz und Kreativität. Hier ist politische Abhilfe nicht leicht. Ein Kind mit kalten und/oder blöden Eltern ist immer benachteiligt. Zynisch formuliert: „Die wichtigste Grundlage einer späteren Karriere ist die sorgfältige Auswahl der eigenen Eltern."

• Unglück 6–14 Jahre: zu starke Gleichschaltung in den Grundschulen. Die Anforderungen sind für die Minderbegabten (bzw. Spätentwickler) eine Dehnungsfolter, für die Hochbegabten (Frühentwickler) ein Prokrustesbett. Dieses Problem zieht sich hin bis zur Volljährigkeit. Ein Land, das Nummer eins werden will, muß eine Maßschneiderei sein. Meine Empfehlung an das Unterrichtsministerium: gute, diesbezüglich vorbildliche Pionierschulen wie Obertrum üppig dotieren und in den allgemeinen Verbesserungsprozeß aktiv einbeziehen.

• Unglück 14–18/19 Jahre: Ratlosigkeit in der Berufswahl. Ahnungslose Alte empfehlen den Kindern nach wie vor Berufe mit derzeit großer Nachfrage. Man weiß heute: der falsche Weg. Da kommt wieder nur ein Schweinezyklus heraus. Erfolgreich wird nur, wer das tut, was er gern tut. Hauptproblem: die wahren Leidenschaften und Potentiale eines Kindes/Jugendlichen zu erkennen. Einzige Abhilfe: die Bildungs- und Berufsforschung samt Tiefenpsychologie auf Vordermann bringen. Die war angeblich sehr gut in Österreich und scheint nun aus irregeleiteter Spargesinnung gleich Null.

III.

Ein spezielles Kapitel verdient das Doppelunglück beim Berufseinstieg nach HAK/HTL oder Hochschule.

Die Absolventen sind unglücklich, weil sie nicht schnell durchstarten und viel verdienen können. Die Unternehmer sind unglücklich, weil sie feuchtes, grünes Holz für ihr Feuer bekommen.

„Ich verliere gut zwei Jahre“, sagte mir ein Firmenchef, „um ihnen beizubringen, wer wir sind, was wir machen, was wir wollen, dazu noch: wie man grüßt, wie man spricht, wie man sich kleidet, wie man reist, in Hotels eincheckt, Trinkgelder gibt, im Team arbeitet – die ganze menschliche Infrastruktur.“

*„Teilweise die Schuld schlechter Eltern, die zuwenig in die Kinder investieren“*

Teilweise ist das die Schuld schlechter Eltern, die zuwenig in die Kinder investieren (anspruchsvolle Reisen). Teilweise ist das die Schuld lächerlich überfrachteter Lehrprogramme (Tonnen von absurdem Detailwissen statt großer Überblicke) – dadurch kommt die Persönlichkeitsbildung der Schüler durch die Lehrer zu kurz. Teilweise ist es auch die Schuld der Unternehmer selbst. Sie könnten dieses Problem kreativer angehen.

Tip in Zeiten von PC und Internet: Jede Firma weiß, welche Schüler welcher Schulen als Nachwuchs interessant sind. Ich würde den Chef einer PR-Agentur beauftragen: „Bring mir die Besten und Brauchbarsten.“ Dieser PR-Chef würde die Schüler schon zwei Jahre vor Abschluß bearbeiten. Er würde, da jeder moderne Schüler einen PC hat, eine tolle Firmen-CD-ROM anfertigen: „Hintergrundwissen für meine Karriere bei Bene“ zum Beispiel. Den Inhalt würde er auch gleich ins Internet stellen und, sofern die Firma noch keine hat, eine Homepage einrichten. Er würde unöde Betriebsbesichtigungen organisieren. Er würde interessierte Schüler in die Abo-Liste der Werkszeitung einbinden. Er würde „Testimonials“ anbieten, gut fotografierte Glücksberichte von Bene-Managern, die einst auch Schüler dieser Schule waren, heute ein BMW-Cabrio fahren und Miss Vienna geheiratet haben. Bene-Manager müßten den Schülern amüsante Vorträge über die Fallen halten, die auf Geschäftsreisen lauern.

IV.

Ideal, als psychologisches Dach über dem Ganzen, wäre eine gesamtösterreichische Anerkennungs-Maschinerie für Kinder, permanente Wettbewerbe, die fortlaufend Sieger produzieren. Frühe Erfolge sind als Brennstoff für später sensationell. Leider wird daraus nichts. Dafür müßten Politiker, Unternehmer und Medien auf breiter Front zusammenarbeiten. Keine Chance. Alle miteinander sind zuwenig kreativ, zu bürokratisch, zu eng-egoistisch. Joseph Schumpeter: „Da bringst du eher einen Pudel dazu, sich eine Wurstsammlung anzulegen."

*„Frühe Erfolge sind als Brennstoff für später sensationell."*

# Ein Präsident wie Roman Herzog

In seiner besten Rede forderte der deutsche Expolitiker eine beispiellose Bildungsoffensive – exzellent und nachahmenswert.

*„Die Politiker bilden sich unerklärlicherweise ein, daß es kein wirksameres Mittel gäbe, die Wählermassen zur Begeisterung hinzureißen, als ihnen das Bild eines verächtlichen Phrasendreschers zu präsentieren."*
(Nadar)

I.

Roman Herzog hat ein herzhaftes herzogzentrisches Weltbild, in dem er sonnengleich der stabile Punkt ist. Seine Bereitschaft, als Präsident zu dienen, verkaufte er als „ein Opfer", was er später relativierte. Daß ihn Bundeskanzler Kohl einmal als „Faulpelz" bezeichnete, belächelte er gemütlich als Flapserei unter Freunden, schob aber nach, tatsächlich sei „eine gewisse Zeit nötig, bis sich das innere Schwungrad zu drehen beginnt". Mittlerweile darf dies als Koketterie abgetan werden. Zumindest, was den Redner Herzog betrifft. Sein glänzender Vorgänger Richard von Weizsäcker hatte pro Woche eine Rede bei Großveranstaltungen gehalten. Herzog hielt in seiner Amtszeit bei 80 pro Jahr.

» *Beispiellose Bildungsoffensive als sicherste Zukunftsgarantie.* «

Die größte Rede Herzogs handelte vom Wichtigsten – einer beispiellosen Bildungsoffensive als sicherste Zukunftsgarantie. Das ist zwar nicht neu. Das wissen auch unsere Politiker. Als Hohlformel schwebt es schon lang durch die Lüfte. Nur: Die Deutlichkeit, mit der Herzog auftrat und eine Radikalreform forderte, fehlt hierzulande völlig. Herzog: „Entlassen wir unser Bildungssystem in die Freiheit."

An die Lehrer und die Bildungsinstitutionen gerichtet: „Die Söhne und Töchter der Elite zahlen inzwischen lieber hohe Studiengebühren in den USA, als daß sie an unseren Universitäten studieren möchten. Es ist nicht nur der Verlust an Internationalität, der uns schadet. Darin steckt vor allem die unverblümte Nachricht: Ihr seid nicht mehr gut und rasch genug.

Diese Nachricht müßte uns so treffen wie der Sputnik-Schock die USA. Als Signal dafür, alle Kräfte zusammenzunehmen und einen neuen Aufbruch zu wagen.“

## II.

Einige Auszüge der Herzog-Rede, ausgewählt nach der Wichtigkeit für Österreichs Bildungssystem und den Wünschen der Wirtschaft.

*Gegen Lagerbildung und Gruppenkampf:* „Mit halbem Herzen ist diese Reform nicht zu schaffen. Auch nicht mit dem Hin- und Herschieben von Verantwortung und billiger Gruppenschelte. Es stimmt nicht, daß unsere Jugendlichen Aussteiger mit Null-Bock-Mentalität sind. Es ist falsch, Lehrer pauschal als faul zu beschimpfen, obwohl sie tatsächlich mehr Unterrichtsstunden mit größerer Klassenstärke bewältigen als vor wenigen Jahren. Und vielen Professoren werden gewaltige Überlastquoten an Studenten als Dauerzustand aufgedrückt, obwohl von ihnen gleichzeitig Wunderdinge in der Forschung erwartet werden.“

*Rücksichtnahme auf individuelle Talente:* „Menschen haben unterschiedliche Begabungen. Wer das leugnet, vergißt einerseits die herausragenden Talente, die unser Bildungssystem oft genug behindert, und anderseits die weniger Begabten, denen unser Bildungswesen jeglichen Abschluß verweigert.“

*Gleichwertigkeit der praktischen Begabungen:* „Bildung beginnt nicht erst mit dem Abitur. Praktische und theoretische Begabungen sind gleichwertig! Das muß sich auch in den Bildungsangeboten, den Abschlüssen und Berufschancen, der gesellschaftlichen Achtung niederschlagen.“

*Ohne Hauben keine gute Küche:* „Es gibt keine Bildung ohne Anstrengung. Wer die Noten aus den Schulen verbannt, schafft Kuschelecken, aber keine Bildungseinrichtungen, die auf das nächste Jahrtausend vorbereiten.“

”
*Wer die Noten aus den Schulen verbannt, schafft Kuschelecken.*
“

*Gegen die Schule als Elternersatz:* „Falsch ist auch die Vorstellung, die Schule sei Reparaturbetrieb für alle Defizite der Gesellschaft. Hier sind schon auch die Eltern gefordert! Die Schule kann die Eltern bei der Erziehung nur unterstützten, ersetzen kann sie sie nicht.“

*Gegen das bürokratisch Eingemachte:* „Es ist falsch zu glauben, daß alle Bildungsinhalte durch bürokratische Vorgaben festgelegt und möglichst einheitlich geregelt werden müßten."

*Für Privatschulen:* „Es ist falsch anzunehmen, das beste Bildungsangebot könne nur vom Staat kommen. Gerade in einem guten öffentlichen Bildungssystem brauchen private Initiativen Ermutigung."

> *„Nicht über die Frage streiten, ob man Schiffahrt mit drei ‚f' schreibt."*

*Für Wirtschaftswissen und Medienunterricht – und gegen Rechtschreibreformvergeudung:* „Zur Vorbereitung auf die Lebenswelt gehört selbstverständlich auch das Wissen über wirtschaftliche Zusammenhänge und eine Vertrautheit mit den Medien. Auch die Beherrschung des Computers wird in Zukunft so selbstverständlich sein wie heute Lesen und Schreiben. Wie wir unsere jungen Leute auf das Informationszeitalter vorbereiten, darüber lohnt sich trefflich zu streiten – nicht aber über die Frage, ob man Schiffahrt mit drei ‚f' schreibt."

III.

So, wie wir sie jetzt kennen, ist keinem unserer Politiker zuzutrauen, eine ähnliche Rede mit ähnlicher Kraft zu halten.

Wir müssen aber nicht die Flinte ins Korn werfen. Das geistige Potential wäre vermutlich da. Es fehlen nur der Mann oder die Frau.

# Fordern statt verwöhnen

Wohlstand, weiche Erziehung und flauschiges Management haben viele Betroffene nicht zahm, sondern aggressiv gemacht. Sollte man fordern statt verwöhnen?

*„EMANZIPATION: Eines Sklaven Übergang von der Unterdrückung durch einen anderen zur Unterdrückung durch sich selbst.“*
(Ambrose Bierce)

I.

Es gibt eine negative Entwicklung in dieser Gesellschaft, an der kein einzelner schuld ist, sondern tatsächlich die Umstände: Es handelt sich um ein kollektives Fehlverhalten, das wie ein unterirdischer Fluß, der unter einer schönen Landhaft fließt, den Blicken entzogen ist.

Der Fluß: zunehmende Aggression.

Die Landschaft: die sogenannte kriegfreie Wohlstandsgesellschaft der Nachkriegszeit.

Aus der Vogelschau sieht es in den höchstentwickelten Industriegegenden – Japan, USA, Europa – derzeit prachtvoll aus. Man muß wahrscheinlich bis zu den Hethitern zurückgehen, um eine bald 55 Jahre währende kriegfreie Zeit zu finden, in der zugleich Tag für Tag der Wohlstand für praktisch alle Bürger in fröhlichen Hüpfern anstieg.

Darunter aber gurgelt und murmelt es: Eine neue Aggression ist auf der Welt, für viele brave Bürger unsichtbar, aber nicht länger übersehbar für jene, die beruflich damit zu tun haben.

*” Eine neue Aggression ist auf der Welt. “*

Diese Aggression hat zwei Varianten: eine primitive und eine subtile.

Die primitive: Aggression von Menschen gegen Menschen. Die subtile: Aggression der Menschen gegen sich selbst.

II.

Die eine also ist von Menschen gegen Menschen gerichtet: Gewalt, Brutalität, Terrorismus, Erpressungen nehmen zu, und wenn auch die besonders steil ansteigenden Eigentumsdelikte direkt zuordenbar sind, so sind es doch die Eigentumsverwüstungen, die als Aggressionsableitungen erkennbar sind. Noch vor einiger Zeit hielt ich in einem

Gespräch mit Sicherheits-Verantwortlichen deren Warnungen für schieren Zweckpessimismus. Heute nicht mehr.

Als mir damals der Bankier Dr. Herbert Schoeller mit amüsantem Entsetzen berichtete, man habe ihm von seinem herrlichen Oldtimer, einem 1947er-Buick-Eight, das Heck-Emblem („unendlich schwer wiederzubeschaffen") gebrochen und das rechte Rücklicht eingeschlagen, hätte man noch sagen können: Möge er niemals andere Sorgen haben." Man hätte sogar einen Witz des Schicksals darin sehen können, da Schoeller, wenn ich richtig informiert war, als Leiter einer Art nationalen Sicherheits-Komitees ein Symposion angeführt hatte, bei dem er mit persönlichen Erfahrungen überraschte. Das Schmunzeln blieb aber im Hals stecken. Denn seit ich die Polizei des Zweckpessimismus verdächtigt hatte, war ich weitaus schlimmer drangekommen als der Bankier: zwei aufgebrochene Cabriodächer, drei mutwillige Verkratzungen des Lacks, ein mit unglaublicher Gewalt halb ausgehebeltes Emblem der Automarke auf der Fronthaube. Und, ganz nebenbei, ein mit Rasierklingen zerschnittener Mantel.

Dort, wo die Zerstörung ohne Raubabsicht stattfand, ist importiertes Verbrechen auszuschließen. Und da die mit scharfkantigen Schlüsseln zerkratzten Lacke nicht nur Buick-Lacke sind, sondern auch jene von kleinen Autos und Rostlauben, wird von Experten auch ein klassenkämpferisches Moment ausgeschlossen.

Resümee: steiler Anstieg einer reinen Aggression, die tiefere Ursachen haben muß.

## III.

Die andere Aggressionsvariante, die subtilere, ist die von Menschen gegen sich selbst gerichtete – Alkoholismus, Drogenkonsum, Selbstmord.

> „Streß. Überforderung. Langeweile. Wertewandel."

Sie wohl war in erster Linie ausschlaggebend, daß bald nach den ersten alarmierenden Statistiken zahlreiche Untersuchungskommissionen eingesetzt wurden. Unglücklicherweise führten die größten davon zu widersprüchlichen Aussagen.

Unter den genannten Aggressionsursachen: Streß. Überforderung. Langeweile. Wertewandel.

Die Streuung war unbefriedigend, zum Teil auch widersprüchlich. Das gab – theoretisch – den Verhaltensbiologen eine Chance, konsultiert zu werden.

Die Verhaltensbiologie ist immer noch eine verkannte Wissenschaft. Sie handelt von den inneren stammesgeschichtlichen Programmen des Menschen, die nicht nur in seiner Anatomie, seinen Körperformen und Sinnesorganen, sondern auch in seinen Trieben und Instinkten schlummern. Die Verhaltensbiologie ist interessant, sehr anschaulich in den Experimenten und Aussagen und mittlerweile in wissenschaftlichen Kreisen bis zur Nobelpreisreife (Konrad Lorenz) akzeptiert.

*„Die Verhaltensbiologie ist bis zur Nobelpreisreife akzeptiert."*

Und doch hat sie Schwierigkeiten, für die praktische Problemlösung herangezogen zu werden. Eine erste instinktive Abneigung wurzelt wohl darin, daß sie von den Nazis und ihrem Rassenwahn mißbraucht wurde. Und eine zweite liegt schlicht in einer Primitivität der Politiker, die nie so deutlich zum Ausdruck kam als im Bonner Bundestag anläßlich der Debatte über die Jugendproteste. Als vorgeschlagen wurde, Konrad Lorenz zu Rate zu ziehen, erntete ein typischer Polit-Dumpfgummi reichen Applaus mit dem griffigen Satz: „Der Mensch ist doch keine Graugans." Wobei diesem Satz angesichts der Politiker insofern zuzustimmen wäre, als dies hieße, der Graugans nahezutreten.

Die Verhaltensbiologie erhielt keine Erklärungschance, ebensowenig später, als es um das Massaker im Brüsseler Heysel-Fußballstadion ging. Auch hier verfilzten sich wieder Psychologen, Soziologen und Pädagogen in den eigenen Haaren. Man war schlußendlich so klug wie zuvor.

Prof. Felix von Cube, Erziehungswissenschafter an der Universität Heidelberg, glaubt an die Erkenntnisfähigkeit und Lösungskraft der Verhaltensbiologie: „Tatsächlich liefert sie nicht nur eine fundierte Erklärung für die Übel in unserer Wohlstandsgesellschaft, sie liefert zugleich die Basis für eine humane und dennoch realistische Lebensweise und eine ebensolche Erziehung und Führung."

## IV.

Grob zusammengerafft geht die Verhaltensbiologie an das Phänomen *Aggression* wie folgt heran:

1. Das spontane Trieb- und Aktionspotential des Menschen ist seiner ursprünglichen natürlichen Umwelt angepaßt, einem aktiven und anstrengenden Leben als Jäger und Sammler. Dies gilt auch für den heutigen Menschen. Ein paar Jahre Zivilisation sind stammesgeschichtlich bedeutungslos.

2. Aggression ist ein spontaner Trieb, wie Sexualtrieb und Hunger: So wie man automatisch hungriger wird, nimmt auch das Aggressions-

potential unabhängig von Umweltreizen zu. Ist das Potential schließlich hoch, kommt es zum „Appetenzverhalten": Man sucht die zur Triebbefriedigung führenden Reize aktiv auf – sucht Nahrung, Sexualpartner, Rivalen. Konrad Lorenz: „Ein urgewaltiges Streben, jene erlösende Umweltsituation herbeizuführen, in der sich ein gestauter Instinkt entladen kann." Der normale Aggressionstrieb entlädt sich beispielsweise in Revierkämpfen, Rivalenkämpfen, Rangordnungskämpfen.

So weit, so gut.

So weit hat das auch schon Goethe instinktiv begriffen, als er schrieb:

*„Nach Burgdorf kommt herauf, gewiß dort findet ihr*
*die schönsten Mädchen und das beste Bier,*
*und Händel von der ersten Sorte."*

Doch nun kommt ein modernes Phänomen der Jetztzeit ins Spiel. Ein neuer Aggressionsreiz, dem man dies zunächst nicht zutrauen würde: Verwöhnung.

## V.

*„Verwöhnung heißt: rasche und leichte Triebbefriedigung."*

Verwöhnung heißt: rasche und leichte Triebbefriedigung ohne Anstrengung. Also keine anstrengende Jagd um Nahrung, keine anstrengende Jagd um Sex, keine anstrengende Reise, um den Trieb Neugier zu befriedigen, da die Welt mit TV ins Haus kommt.

Man sollte meinen, dies baue Aggression ab. Umgekehrt ist es richtig. Leichte Triebbefriedigung zieht immer höhere Reizanforderungen nach sich: extrem verfeinertes Essen, Sexualperversionen – und Aggressionen vielfältigster Gestalt.

## VI.

Eine Schlüsselstelle des bemerkenswerten, von Cube und Alshuth geschriebenen Buches „Fordern statt Verwöhnen" (Verlag Piper, München 1988) lautet:

*Verwöhnung führt nicht nur zu höheren Reizen und Ansprüchen, sondern auch zur Steigerung des Aggressionspotentials: Unser Aktivitäts- und Aggressionspotential wird von Natur aus immer wieder aufgebaut, um durch die vorgesehenen Anforderungen immer wieder abgebaut zu werden. Entfallen Anstrengung und Kampfverhalten, so werden Triebpotentiale nicht etwa geringer – sie werden aufgrund ihrer spontanen Produktion immer größer.* Der verwöhnte Mensch oder auch der zum

Nichtstun verurteilte sei aggressiv. Es komme zu einer „Schwellenerniedrigung" aggressionsauslösender Reize oder gar zum Appetenzverhalten. Die Ereignisse im Fußballstadion von Brüssel seien hiefür ein schreckliches Beispiel.

Weiters: In unserer heutigen technischen Zivilisation und Massengesellschaft sei das natürliche Gleichgewicht des Verhaltens empfindlich gestört. Der Mangel an Anstrengung, an „Abenteuer", an Spannung – sei es, daß uns die Technik alle Anstrengung abnimmt, wie etwa beim Autofahren, sei es, daß wir uns im Sinne einer raschen und leichten Triebbefriedigung verwöhnen – führe zu einem Aktivitäts- und Aggressionsstau, der nach auslösenden Reizen suche. Die Folgen von Verwöhnung oder auch erzwungenem Nichtstun werde insbesondere bei Jugendlichen deutlich. Aggressive Langeweile könne durch Schwellenerniedrigung zur Gewalt führen (Straßenbanden, Rockerbanden, Gewalttätigkeit gegen Sachen etc.), durch dogmatische Überzeugungen abgebaut werden (Terrorismus oder andere politisch motivierte Gewaltanwendung), sie könne sich gegen die eigene Person richten (Alkoholismus, Drogenkonsum, Selbstmord) oder für alternative Zielsetzungen genutzt werden (Friedensbewegung, Ökobewegung, alternative Lebensformen).

Fazit: Ein erheblicher Teil des abweichende Verhaltens Jugendlicher läßt sich auf Verwöhnung und Unterforderung zurückführen, nicht auf Streß oder Überforderung.

VII.

Für Jugendliche wird daher eine „Erziehung zur Selbstforderung" empfohlen. Weiters: Man möge mit diesem elenden, lähmenden, die Kinder passivierenden Gscheitl-Frontalvortrag der Lehrer aufräumen und Elemente einbauen, die Kinder aktivieren und bewegen.

Was aber ist mit den Managern?

Hier kommt der Typ des Anēr ins Spiel. Anēr kommt aus dem Griechischen, bezeichnet den erwachsenen, reifen, souveränen Menschen. Dieser sorgt von sich aus für das, was Lorenz die „ausgeglichene Lust-Unlust-Ökonomie" nannte. Er holt sich seine Lust, weiß aber, daß er sie anspruchsvoll, mit Anstrengung („Unlust") besorgen muß. Cube: „Die größte Versuchung ist die Verwöhnung. Am wichtigsten daher die Einsicht in die Notwendigkeit, uns selbst zu fordern", wobei die Anstrengung mit der Zeit erfreulicherweise selbst zur Lust werden kann.

> „*Die ausgeglichene Lust-Unlust-Ökonomie: Die größte Versuchung ist die Verwöhnung.*"

Eine Führungskraft sollte Anēr sein – und aus seinen Mitarbeitern eine Anēr-Armee machen. Das heißt:

*„Maximale berufliche Belastung, keinesfalls Unterlastung.“*

• Aufforderung zur Selbstforderung.

• Ermutigung zu aggressionsabbauenden Kampfspielen wie Tennis und Judo. Selbstforderung zur Bewegung ist vor allem in der Freizeit wichtig, da dort das Phänomen der „aggressiven Langeweile“ droht.

• Maximale berufliche Belastung, keinesfalls Unterlastung.

• Abstand nehmen von prinzipiellem, überhöhtem oder vorschnellem Lob.

Felix von Cube: „Ein Anēr läßt sich den Sieg nicht schenken.“

# Finstere Strategien für den Weg ans Licht

In der Karriere gibt es nur ein Karma. Dieses kommt aus dem eigenen Kopf. Rezepte für eine smarte Aufrüstung der Hochschüler.

„*Grün oben*“ (Anweisung in einer Baumschule)

Kürzlich hat man nachgewiesen, daß Hühner schon im Ei lernfähig sind. Man spielte einem Brutkasten „Jingle Bells“ vor, einem anderen „Open the Door, Richard“. Als sie geschlüpft waren, liefen die schlauen Küken ganz richtig zu dem Schallplattenspieler, der ihr Lied sang. Sie erkannten darin ihre Mutter.

Das hat mir gut gefallen. Das paßt mir in den Kram. So machen wir es jetzt auch. Sie, die klugen Hochschülerinnen und schönen Hochschüler, sind die Küken im Ei. Ich bin der Sänger.

Ich gebe ein paar Ratschläge, die kraft meiner Autorität als Mutter bindend sind, also eine Art Befehl. Sie hören zu, folgen aufs Wort und machen was draus.

Das hat zwei Vorzüge:

Sie werden Generaldirektor von AT & T Worldwide oder selbständiger Unternehmer, ein zweiter Bill Gates oder eine zweite Jil Sander. Und ich habe eine blendende Nachrede. Daran liegt mir. Sie können mir dann auch ein kleines Erfolgshonorar geben, ich nehme es, keine Angst. Vielleicht sollte ich meine Kontonummer ins Internet geben.

Interessanterweise fällt mir immer dann, wenn ich für andere was tun will, etwas Schönes für mich ein. So wie ich auch jedes zweite Mal, wenn ich für eine Prinzessin einkaufen gehe, ohne Blumen heimkomme, aber mit einer Harley für mich.

Ich sage das nicht, um mich als Trottel oder Biker zu outen, sondern weil wir mitten im Thema sind.

Erste Regel: Schämen Sie sich Ihres Egoismus nicht. Man diskutiert ja auch nicht mit der Schwerkraft. Sie ist da, basta, und der Egoismus ist auch da, basta. Aber das wissen Sie besser als ich, zumindest wenn Sie gerade die WU absolvieren. Da können Sie ja noch „Der Wohlstand der Nationen“ auswendig hersagen.

”

*Schämen Sie sich Ihres Egoismus nicht.*

“

Soviel weiß sogar ich noch: Irgendwann Mitte des achtzehnten Jahrhunderts – 1775 – hat uns Adam Smith, der grundgütige Vater des Kapitalismus, die wesentlichen Dinge beigebracht. Erstens: Der Markt wird von Angebot und Nachfrage gesteuert, mit dem Preis als wägendem Pendel. Zweitens: Der zuverlässigste Antrieb aller Menschen ist der Egoismus. Und weil Herr Smith ein Engländer und eine poetische Natur war, sagte er nicht Egoismus, sondern Selflove.

Daß es nicht leicht ist, ordentlich und staubfrei egoistisch zu sein, weiß jeder. Aber man muß sich bemühen. Man muß das schlechte Gewissen abstreifen.

Soweit der Tip Smart 1.

*

Jede Zeit hat ihre Wirtschaft, jede Wirtschaft ihre Generäle und jeder General seinen Personalmanager, und die haben in rhythmischen Zukkungen unterschiedliche Vorstellungen vom idealen Nachwuchs für die Führungspositionen.

In den achtziger Jahren haben sie jeden abgeschmust, der frech ins Büro stob und sagte, ich möchte Ihren Job, mein Bester, fürchten Sie mich, im übrigen wäre ich bereit, mit Ihren überschüssigen Millionen an der Börse Milliarden zu machen.

Das hat gut funktioniert damals, man hat cool plaziert, der Schaumstoff floß, die papierenen Scheingewinne wurden in einen real existierenden Materialismus gesteckt. Lemuren fuhren Lamborghini. Heute finde ich einige von ihnen auf dem Karlsplatz. Es gab eine kleine Ernüchterung. Man liebt jetzt wieder die Braven mehr, die eher Bescheidenen, die eher Evolutionären als Revolutionären.

*„Darf ich bitte ganz unten anfangen, und treten S' mich ruhig.“*

Warum erzähle ich das? Will ich, daß Sie sich so verhalten? Als graues Mauserl unterm Teppich zum Herrn Personalchef und sagen, gschamster Diener, ich habe nur eine Universität absolviert, darf ich bitte ganz unten anfangen, und treten S' mich ruhig, wenn 's notwendig ist?

Genau das Gegenteil ist der Fall. Ich möchte Ekel erwecken vor dem Zeitgeistigen der Herren Personalmanager. Dieser Beruf geht mir irgendwie auf den Wecker. Er hat so eine Nähe zum Menschenhandel, und ich will mir gar nicht vorstellen, was ein Komplexler in dieser Position aufführen kann. Erstaunlicherweise kenne ich ein paar blendende Burschen, die diesen Job machten. Sie blieben aber nicht lang. Sie sagten sich wohl mit Recht: Wenn ich mich wirklich so gut auskenne mit dem wertvollsten Produktionsfaktor, dem menschlichen Geist, warum steh' ich dann noch jeden Tag um sieben Uhr auf und wetze ins Büro?

Wir lernen daraus, auf der Suche nach dem coolen Rezept, zweierlei:

1. Wir beugen uns nicht den Vorstellungen von Menschen, die um sieben Uhr früh aufstehen.

2. Wir blättern auch nicht in den Stellenanzeigen; denn da begibt man sich in ein *rat racing* mit allen, also dem Durchschnitt. Doch Durchschnitt ist ein Synonym für Todfeind. Wir wollen an die Spitze, stimmt 's?

Und da gibt es nur ein einziges Rezept für die wirklich außergewöhnliche Karriere, die einen armen Hund zu einem reichen und feschen Windhund machen kann: Leidenschaft.

Suche deine Leidenschaft.

Smart 2.

*

Jetzt könnte eine oder einer kommen und fragen:

„Wie finde ich die?"

Da würde ich wider Erwarten nicht hämisch sein. Es würde mir warm ums Herz. Denn so einfach es klingt, so schwer ist es.

Niemand zeigte mir das deutlicher als ein fremdes Kind, das mir eine fremde Frau für fünf Lippenstiftminuten im Café Arabia auf dem Kohlmarkt in Obhut gab. „Was willst du einmal werden, denk ganz scharf nach", sagte ich. Das Kind nahm 's wörtlich, frühes Volksschulalter, sein Hals schwoll, sein Kopf wurde rot, er strengte sich unheimlich an, und dann sagte er umwerfend: „Sag du mir, was ich will."

> *„Sag du mir, was ich will."*

Aus dieser Schwierigkeit leiten ja jene, die um sieben Uhr in der Früh aufstehen, ihre Existenzberechtigung ab. Der eine Personalmanager steckt einen potentiellen Ornithologen ins Management eines Bleibergwerks, wegen dessen Schrift, aus der er alles lesen kann. Der andere steckt den leidenschaftlichsten Kanalsanierer, dem die Bleistiefel dieser Profession alles wären, in eine Flugzeugkanzel.

Diese Unzulänglichkeit gehört niedergerissen. Wir müssen einen Weg finden, die eigene berufliche Leidenschaft ausfindig zu machen, ohne jede Hilfe. „Durchlässig machen", sagen meine Freunde, die Asiaten. Leicht gesagt, schwer getan. Ich kannte transparente Österreicher, die beim Versuch des Durchlässigmachens opak wurden.

So geht 's nicht. Aber ich bin nach einem Jahrzehnt des Nachdenkens auf einer guten Spur.

Sie heißt Neid.

Darauf baue ich. „Der Neid", des Soziologen Helmut Schoecks Meisterwerk, war in der Hochschulzeit meine Lieblingslektüre, neben Paul Samuelsons „Economics I+II". Es wäre töricht, diese Kraft in uns zu unterschätzen. Wir müssen den Neid einsetzen, um vorzudringen zu unserer im tiefsten Inneren verborgenen beruflichen Leidenschaften.

Wir sind, sagt Schoeck, nur imstande, die nächste Hierarchiestufe zu beneiden. Ein Freiherr mag den Baron beneiden, aber niemals den Herzog. Auf diese Idee käme er gar nicht. Genau das aber wäre gefragt. Wir müssen lernen, unseren Neid aufzurichten wie eine Feuerwehrleiter.

So weit hatte ich das theoretisch durchdacht. Ich war aber überrascht, wie gut es in der Praxis funktionierte. Ich richtete meine Feuerwehrleiter auf – machte mich zur Sicherheit auch noch „durchlässig", was ich in Tibet begabt gelernt hatte – und landete bei Karl Korab. Jetzt weiß ich, was ich wirklich sein möchte. Ein innengeleiteter, souveräner Maler im Weinviertel. Nicht ein fremdbestimmter, von Telefonen umzingelter Schreiber in Wien.

*„Sei neidisch auf höchstem Niveau."*

Sei neidisch auf höchstem Niveau. So findest du den ideal leidenschaftlichen Beruf – jenen, den du notfalls auch ohne Bezahlung ausüben würdest und der dich gerade deshalb reich machen wird.

Smart 3.

*

Es wird oft nach profanen und handwerklichen Fähigkeiten gefragt. Das ist die leichteste Frage.

Erstens-zweitens-drittens: absolut perfektes Englisch. In meinem Freundeskreis kann 's keiner, und jeder ärgert sich. Perfekt heißt: mindestens ein volles Jahr in England oder Amerika. Schluß. Punkt. Keine Diskussion. Unter allen Umständen ist dies die klügste Investition, die man in einem unschlüssigen Alter finanzieren kann.

Vielleicht hilft der Karriere auch ein Sinn für Dialektik. Auch da sind unsere asiatischen Freunde weiter voran. In Österreich gibt 's eine primitive Vorliebe für entweder-oder, Schwarz oder Weiß.

Das hilft in der Karriere nicht weiter. Dort ist der Zwiespalt zwischen Generalisten und Spezialisten daheim. Auch der ist dumm. Ich würde sagen: Yin & Yang, beides. Sei ein Generalist, so gut du kannst, das macht dich kultiviert und angenehm. Und such dir als Spezialist eine Stelle, wo du ein zwar dünnes, aber tiefes Loch bohrst. Das macht dich teuer, und du wirst zu den Jahreskongressen deiner Spezialität nach Hongkong geladen werden, auf einen Vortrag, ein Chop-Suey und einen netten Abend.

„*Yin und Yang – Generalist und Spezialist.*“

Englisch und Yin & Yang.

Smart 4 und 5 & Ende.

# Gibt es den idealen Karriere-Studenten?

Wahrscheinlich ja, aber er sieht heute anders aus als in der Generation der „68er".

Die Hochschulen, allen voran die Wirtschaftsuniversitäten, sind wieder sternhagelvoll mit künftigen Iacoccas und solchen, die es werden wollen, ohne sich anzustrengen.

Die Hälfte von ihnen wird irgendwie versickern. Manche werden an der Mühsal zerbrechen, den richtigen Hörsaal zu finden. Manche, durch allzuviel Fernsehen rechtschaffen müde geworden, werden es verflucht schwierig finden, den Unterschied zwischen Umsatz und Gewinn auswendig zu lernen. Und gar nicht so wenige werden das berechtigte Gefühl haben, die Professoren und Assistenten – bei denen es erstaunliche Fortschritte gibt – seien jünger und moderner als sie.

Das sind die sogenannten Dropouts. Irgendwann verlassen sie die Hochschule, niemand weiß, in welche Richtung. Wahrscheinlich werden sie grantige Akademikerfresser und suchen in der Zeitung nach einem Job, der durchschnittliche Veranlagung mit überdurchschnittlichen Sicherheiten belohnt. Zu allem Überfluß werden sie sich schon aus Langeweile stärker vermehren als andere.

*„Der Anteil an Dumpfgummis ist konstant – und konstant hoch."*

Das ist natürlich furchtbar, aber nicht schlimmer, als es immer gewesen ist. Es gibt auch in dieser Hinsicht keine gute alte Zeit. Der Anteil an laschen Dumpfgummis ist wahrscheinlich konstant – und konstant hoch.

Was die Agilen betrifft, so sind sie ebenso zahlreich wie früher. Und sie sind mindestens so gut. Sie unterscheiden sich nur in einigen Punkten von jenen Twens, die vor zwanzig Jahren die älteren Generationen zum Wahnsinn trieben.

Die sogenannten 68er traten dramatisch an, die Gesellschaft zu verändern. Ihnen war die reaktionäre Welt der satten Wohlstandsgesellschaft zuwider geworden. Vieles, was damals gefordert wurde, ist heute so weit Wirklichkeit, daß sich daraus keine militanten Spannungen mehr ableiten lassen.

Speziell die Welt der Wirtschaft ist nicht wiederzuerkennen. Wer heute aus der Hochschule in ein großes Unternehmen eintritt, betritt nicht die gleiche Umgebung, die es zwischen dem Nachkriegs-Wirtschaftswunder und den Ölkrisen gab. Die strengen Hierarchien dieser Zeit sind passé. Wer heute eine Firma noch nach soldatischen Mustern führt, wird vom Markt gelacht – oder einfach bemitleidet. Und es gibt mehr Ethik in der Wirtschaft, als es damals gab, auch wenn manche Ewig-Linke sich lieber die Zunge abbeißen, als dies zuzugeben. Diese Ethik kennt zwar ihre Rückschläge. Wenn die Zeiten schwieriger werden, schimmert das Archaische wieder durch wie abgewetzter Kunststoff durch einen modernen Stoffbezug von Riekhel. Im ganzen aber geht es aufwärts, in einem langsamen, stetigen Entwicklungsprozeß.

Wer dies nicht sieht, will es nicht sehen, oder es fehlt ihm an praktischem Wirtschaftswissen oder schlicht an Erinnerungsvermögen.

Jedenfalls ist es ungerecht, den heutigen Campus-Twens an den Hochschulen vorzuwerfen, sie entwickelten weniger Temperament als die 68er. Es ist zwar richtig, daß die Diskussionen nicht mehr so feurig sind. Ich weiß das von vielen Veranstaltungen an Hochschulen, wo notabene die Bundesländer gegenüber Wien dramatisch aufgeholt haben.

Viele von ihnen sind aber auf eine leise Art gescheiter, als es die 68er waren. Damals gab es Explosionen, heute Implosionen. Das liegt in der Natur der Probleme.

„*Viele von ihnen sind auf eine leise Art gescheiter, als es die 68er waren.*“

Die heutigen Studenten kennen zwei Herausforderungen, die es damals nicht gab. Beide haben einen inneren Zusammenhang. Sie haben erstens keinen garantierten Arbeitsplatz mehr. Und soferne sie einen der modernen Professoren haben, wissen sie, daß sie an einer komplizierten Zeitenwende stehen.

So wie vor 150 Jahren die Agrargesellschaft sich in allen Fugen krachend zur Industriegesellschaft wandelte, wandelt sich jetzt die Industriegesellschaft in etwas Neues, das uns noch rätselhaft ist. Die Namen, die wir diesem Neuen geben, unterstreichen nur die Ratlosigkeit. Unter „Informationsgesellschaft“ und „Know-how-Gesellschaft“ kann sich in Wirklichkeit noch niemand was Handfestes vorstellen, so wie man sich im 18. Jahrhundert nicht vorstellen konnte, daß es jemals Stenotypistinnen oder Diktiergeräte geben würde.

Die Revolutions-Studenten an der Wende 60/70 hatten, soferne hell und arbeitswillig, die Wahl zwischen zehn Jobs. Und sie hatten menschliche Gegner: die damals noch dicken Manager und Unternehmer und deren politische Lobby. Heutige Studenten haben eher ein Zeitphänomen zum Gegner, und ihr eigenes Berufsschicksal ist ungewiß.

Dazu kommt die innere Belastung, die für die Besten unter den Studenten seit Jahrhunderten die gleiche ist, auch wenn sie selten genannt wird: als Elite aufgefordert zu sein, die Probleme der Zeit zu lösen.

Ich muß dazuschauen, dem Titel gerecht zu werden. Wie sehen der ideale Karriere-Student und die ideale Karriere-Studentin aus?

*„Es gibt keinen Erfolgreichen, der nicht fleißig wäre.“*

1. Lust am Fleiß. Nützen Sie all die Gratismöglichkeiten der Uni, um gebildeter zu werden. Jedes Versäumnis wird später bereut. Faulheit hat mit Genie nichts zu tun. Ray Bradbury, der beste literarische Sci-Fi-Schreiber, Verfasser von „Fahrenheit 451“, sagte: „Es gibt keinen Erfolgreichen, der nicht extrem fleißig wäre, ob er es zugibt oder nicht. Auch bei uns gilt, daß mit der Quantität die Qualität steigt.“

2. Perfektionieren Sie rasant Ihr Englisch. Diese Sprache ist nicht auf dem Weg zur Weltsprache, sie ist längst dort. Aber vernachlässigen Sie nicht Ihre Muttersprache. Sie gilt vielen anderen Völkern als Sprache des Geistes, was keinen Österreicher wundert, der neben Waggerl und Rosegger noch Friedrich Nietzsche las.

3. Die alte Frage „Generalist oder Spezialist“ wird sich bald als die dümmste herausstellen. Sie werden beides sein müssen, um an die Spitze zu kommen.

4. Arbeiten Sie bis an die Grenze der Verarmung nur in Gebieten Ihrer inneren Zuneigung. In allen anderen bleiben Sie Mittelmaß.

5. Machen Sie irgend etwas, was nicht nur Ihnen selbst, sondern anderen zugute kommt. Das fördert den Schlaf und die Fitneß. Es scheint da einen eingebauten Schiedsrichter namens „Gewissen“ zu geben, der zuverlässig pfeift.

6. Ziehen Sie sich wie jeder x-beliebige Asiate für zwei Stunden pro Tag auf sich selbst zur Besinnung zurück. Wenn das an Ihrem Arbeitsplatz oder in Ihrer Ehe nicht geht, suchen Sie bessere Partner.

7. Reisen Sie. Es gibt nichts Angenehmeres, um gescheiter zu werden. Gehen Sie notfalls wie Peter Rosei in Gummistiefeln über zugefrorene Äcker ins Wirtshaus des Nachbarortes.

8. Suchen Sie die Kunst.

9. Vergessen Sie nicht, alle Steuerbelege zu sammeln. Ihr Steuerberater fängt damit mehr an, als Sie glauben. Und vertrauen Sie niemals jenen, die Ihnen einreden wollen, ohne Geld sei das Leben gerade so schön wie mit.

Ich habe mich auf neun Punkte beschränkt. Die Wissenschaft der Gruppendynamik besagt, daß maximal neun Menschen eine kommunikationsfähige Gruppe ergeben und daß man sich beispielsweise für eine freie Rede auch nicht mehr als neun Punkte zuverlässig merken kann.

Ich füge jetzt, sozusagen außer Wettbewerb, trotzdem einen zehnten hinzu. Ich nenne ihn mit Vorbehalt. Es könnte sein, daß es Beobachtungszufall ist, daß jene, die arbeiteten, weil sie ihre Arbeit liebten, reicher wurden als jene, die ans Geld dachten, ehe sie anfingen zu arbeiten.

> „*Jene, die arbeiteten, weil sie ihre Arbeit liebten, wurden reicher als jene, die ans Geld dachten.*“

Die achtziger Jahre, wo die Börse-Gier die Arbeit ersetzte, waren darin ein Mahnmal.

Den Abschneider gibt es im Leben genauso oft wie den Sechser im Lotto.

# Sprachen lernen – una cosa between heaven and hell

Wenn man von wenigen hochtalentierten Auserwählten absieht, ist das Erlernen einer Fremdsprache immer noch boring, isn't it? Erfahrungsbericht eines Schwerfälligen.

*„Ich begriff, daß Menschen zwar zueinander sprechen,*
*aber sich nicht verstehen, daß ihre Wörter Stöße sind,*
*die an den Worten der anderen abprallen,*
*daß es keine größere Illusion gibt als die Meinung,*
*Sprache sei ein Mittel der Kommunikation zwischen Menschen."*
(Elias Canetti)

*„Österreicher und Deutsche sind durch*
*eine gemeinsame Sprache getrennt."*
(Karl Kraus)

*„Die Menschheit hat erst jetzt eine Chance zum Überleben, und zwar dank der Sprache."*

Ich gehöre zur großen Masse jener, denen ein gütiges Geschick eine Art *Glück durch Einfalt* beschied. Ich blicke nicht so tief wie Canetti und Kraus, gebe mich also immer noch der Illusion hin, die Sprache sei ein gutes Kommunikationsmittel zwischen Menschen, das beste.

Diesem Primitivglauben hängen auch manche Wissenschafter an. Zumindest die Paläoanthropologen und die Linguisten glauben, die Menschheit sei zweimal ausgestorben und habe erst jetzt beim dritten Mal eine Chance zum Überleben, und zwar dank der Sprache.

Der moderne Mensch *Homo sapiens* hat seinem Vorgänger *Neandertaler,* der trotz relativer Intelligenz nur ein nasales Grunzen erzeugen konnte, einen tiefer im Hals gelagerten Kehlkopf voraus. Dieser befähigt uns, Worte zu bilden,

Wie dies ursprünglich und erstmals geschah, ist Gegenstand dreier konkurrierender Theorien.

1. Die „Wau, wau!"-Theorie: Am Anfang war die Nachbildung natürlich existierender Laute.

2. Die „Ohhh!"-Theorie: Am Anfang war der sprachliche Ausdruck der Gefühle.

3. Die „Hau-ruck"-Theorie: Am Anfang war der sprachliche Zusammenhalt bei gemeinsamer Arbeit.

Was mich und meine Bemühungen betrifft, Fremdsprachen lernen, treffen alle drei Theorien vollinhaltlich zu. Und ich fand und verwirklichte noch ein paar Theorien und Praktiken, von denen sich die Wissenschaft bislang keinen Begriff machte.

Dieser Essay ist zum Trost all jener geschrieben, die gleich mir durch zahllose Niederlagen geschleudert wurden, luftholend in Momenten einiger weniger kleiner Siege.

## II.

Eigentlich ist es ungerecht, daß wir Fremdsprachen lernen müssen. Würde die Natur bei der Gen-Vererbung nicht alle 200 Generationen einen Kopierfehler gemacht haben, würden wir heute alle eine Sprache sprechen, jene nostratische Ursprache, die sich bei der großen Völkerwanderung im Norden Asiens bildete – und lange Zeit die Sprache Asiens und Europas war.

Aber Schwamm drüber! Die Natur tut, was sie kann. Wir müssen ihre Fehler ausgleichen. Daher muß ein Innsbrucker, der mit dem um die Ecke lebenden Bozner reden will, Italienisch lernen, oder dieser Deutsch. Und wenn ich mit einem Tankwart in Györ reden wollte, müßte ich Ungarisch lernen, wogegen ich mich aber verwahre. Dies ist ja keine Sprache, sondern ein Zustand. Ungarisch also: nem! Aber großes Interesse an Spanisch, Italienisch und natürlich Englisch.

## III.

Fangen wir mit Spanisch an, meiner wildesten Niederlage, die trotz mangelnden Sprachtalents zunächst wie ein Sieg ausgesehen hatte. An der Hochschule für Welthandel, der Vorgängerin der Wiener Wirtschaftsuniversität, hatte ich beim bekannt strengen Professor Lichtenegger ein „Sehr gut" auf Semesterscheine erhalten. Ich war fleißig, und irgendwie lag mir die erdige Macho-Sprache. Beispielsweise konnte ich Garcia Lorcas elendslange Stierkämpferballade „A la cince de la tarde" (um fünf Uhr am Nachmittag) erstklassig und auswendig rezitieren. Dann verblaßte das Spanische nach und nach. Die Reisen führten nie nach Spanien, und in Südamerika war unglücklicherweise Brasilien der Schwerpunkt, und dort spricht man Portugiesisch. Wer Spanisch kann, kann noch lang nicht *português,* das glauben nur viele.

> „*Heute hat sich mein einst dickes Spanisch leicht verschlankt: auf das Wort* olé."

Heute hat sich mein einst dickes Spanisch leicht verschlankt: auf das Wort *olé.* Meine Bitterkeit ist unbeschreiblich. Dies ist wahrscheinlich der größte Verlust eines ehemaligen Besitzes. Und anders als beim Radfahren, das man nie mehr verlernt, müßte man wieder ganz von vorne anfangen, und hätte kaum einen Vorteil durch das frühere Wissen.

## IV.

Zweiter Sprachplan: Italienisch. Zugleich die zweite Niederlage. Eine besonders schmerzliche insofern, als sie auf vollkommene Willensschwäche schließen läßt. Seit zwanzig Jahren ist mir Italien das Einser-Land auf der Welt. Es gibt kein schöneres, in vielem so reiches. Noch dazu ist es nah. Es lag auf der Hand, so schnell wie möglich Italienisch zu lernen. Das sagte ich mir Jahr für Jahr. Das Vorhaben zählte zu jedem Silvester-Vorsatz. Und selbst eine späte Venedig-Liebe, mündend in zahlreiche Aufenthalte, änderte wenig an der schlaffen Umsetzung meiner Pläne.

Einmal raffte ich mich auf zu einem Intensivkurs – da kamen berufliche Zwänge dazwischen. Als ich aufhörte, konnte ich beispielsweise in angeblich guter Artikulation den Satz „Que colore é questo picere?" sprechen. Seitdem bin ich ziemlich gut in Situationen, wo es darum geht, die Farbe eines Glases nachzufragen. Aber ein Vaporetto vom Flughafen Marco Polo zum Hotel Danieli kann ich noch immer nicht bestellen. Derzeit liegen noch unaufgebrochen ein Klett-Selbstlern-Videokurs im Bücherschrank und ein Buch zur Fernsehserie „L'Italiano in Rosso e Blu". Und – Höhepunkt meiner kindlichen Selbstlernversuche – ein in New York gekaufter englisch-italienischer Buchkurs „Italian in 10 minutes a day". Das ist gar nicht übel, dachte ich, da trainiere ich zwei Sprachen auf einmal. Das Buch ist ganz witzig aufgebaut (Bilingual Books Inc., 6018 Seaview Avenue, Seattle, Washington, der Buchhändler hilft weiter). Wenn ich über den einzelnen Lektionen sitze, geht mir manches leicht über die Lippen:

*„Ein Vaporetto vom Flughafen Marco Polo zum Hotel Danieli kann ich noch immer nicht bestellen."*

*Che camera, per favore?*
*Numero trecento dieci.*

Das Unglück will es aber, daß die Gespräche in Italien sich nie an die Lektionen hielten. Und sobald ich einem Glutauge live gegenüberstand, kam unverzüglich der Gefrierschock. Mir fiel dann nicht einmal ein, daß *il sentimento* Gefühl und *somma* Summe heißt.

Irgendwann verlor ich völlig den Stolz und griff eine Anregung aus „Italian in 10 minutes a day" auf. Ich entnahm dem Buch liebevoll vorbereitete Klebeschildchen. Ich pickte das Schildchen *cappello* auf meinen einzigen Hut (und ging nur einmal damit aus) und pickte *lo specchio* auf den Rasierspiegel und *il frigorifero* auf den Kühlschrank. Viel gebracht hat 's nicht. Was ich wirklich kann zur Zeit, ist *si* und *no* und *bon giorno,* und ich bin nun sicher in der Unterscheidung von *per favore* und *prego,* aber das kann ja jeder, der einmal in Caorle war. Ich sage zwar nicht, daß ich aufgebe, weiß aber nicht, wie es weitergeht.

*Sfortunato.*

Unglücklich.

## V.

Englisch geht so halbwegs. Es hat sich auch viel vom Gelernten gehalten. Trotzdem auch hier: Der Alltag ist für das Sprachwissen, was Wasserdampf für Eisen ist: Er fördert den Rost. Den schmirgelt auch die regelmäßige Lektüre von *TIME* und *Economist* nicht ab – es sei eventuell denn, man läse die Artikel laut. Das geht aber ganz selten, ohne daß man in gut wattierten Anzügen abtransportiert wird. Wirkliche Hilfe bieten nur Aufenthalte im englischsprachigen Ausland, die man zum wilden Drauflosplaudern nützen sollte. Hier ist Courage wichtiger als Genauigkeit. Präzision und Wortschatz sind auch heute noch nicht so, daß ich einen Brief an Bill Gates einfach so abschicken würde, wie ich ihn geschrieben habe. Dergleichen lasse ich immer noch sicherheitshalber von Profis überprüfen

»Hier ist Courage wichtiger als Genauigkeit.«

## VI.

Letztes Kapitel, drei kleine Unterkapitel.

A) *Was würde ich hinsichtlich der Fremdsprachen anders machen, wenn ich zwanzig wäre?* Antwort: Ich würde meinen Dauerberuf volle vier Jahre später beginnen und notfalls brutale Auslandsaufenthalte als Investition planen, die sich später garantiert verzinst: ein Jahr Holzfäller in Ottawa, ein Jahr Redaktionsbote in Mailand, ein Jahr als Stierwäscher nach Madrid und ein Jahr in ein exotisches Land mit exotischer Sprache, wobei ich beispielsweise an die Gegend Namibia-Botswana rund um die Kalahari-Wüste denke, wo mich das schnalzende Khoi-san der Buschläufer nachhaltig bezauberte. Die höchste Kultur in diesem Belang hat man wohl erreicht, wenn auch eine sogenannte unnützliche Sprache in der Kehle steckt.

B) *Was ist mit der Auswahl der Schulen?* Ich habe keinen Grund, undankbar zu sein. Hauptschule, HTL und WU waren gut und günstig.

Ich bedauere nur, niemals Latein gelernt zu haben, das für mich keine tote Sprache, sondern die lebhafteste Grundlage für vieles ist.

C) *Was ist die wichtigste Fremdsprache?* Für viele Österreicher Deutsch, für immer mehr Ausländer auch. Seit der EU und der Verschmelzung von BRD und Ostdeutschland werden Deutschkurse genau so nachgefragt wie Englischkurse, weit vor Spanisch, Italienisch und dem nach wie vor schönen, aber verblassenden Französisch. Das Goethe-Institut in Rom mußte erstmals mehr als 500 Interessenten abweisen.

In der politisch bedingten Aufwertung der eigenen Sprache sehe ich einen gewissen Trost für uns, die wir sprachlich schwerfällig und zungenlahm sind. Denn für die Verfeinerung der eigenen Sprache genügt der Wille. Dafür braucht man nicht diese ekelhafte Verwandlungskunst, die man Sprachtalent nennt.

*„Ich kenne einige, die fünf und mehr Sprachen tadellos lesen."*

Ich kenne einige, die fünf und mehr Sprachen tadellos lesen, verstehen und sprechen können. Sie haben mich alle irgendwie enttäuscht. Ich fand sie nicht sympathisch.

Not at all.

# Aristoteles und der Alpha-Typ

## Das Vermächtnis des Atheners für Spitzenleute

*„Wir sollen uns bemühen, unsterblich zu sein."*
(Aristoteles, 384–322)

### I.

Vor kurzem, in einer fremden Wohnung, fiel ich über ein Buch. Ich glaube an keine Zufälle. Es gibt nur akkordierte Götterscherze, die ernst zu nehmen sind, auch beruflich.

Das Buch hieß „Aristoteles auf dem Chefsessel", daher dieser Essay.

### II. Der Auftrag

Zunächst dachte ich, mein Auftrag läge esoterisch darin, das Buch zu rezensieren. Das verblüffte, da meine Zuwendung einerseits der Lyrik, anderseits Schelmenromanen und Comics gilt, aus denen jeder führungswillige Alpha-Typ normalerweise mehr Kraft ziehen kann als aus Sachbüchern, die zu acht Zehnteln aus Zeitvernichtung, zu einem Zehntel aus schlechter Sprache und nur zu einem letzten Zehntel aus erhellendem Geist bestehen.

Die Verwunderung bestätigte sich. Schon im Vorwort erkannte ich: Auch dieses Sachbuch ist eine Mogelpackung. Es geht darin gar nicht um Aristoteles, nicht um ihn allein. Da sog wieder einmal ein Autor aus allen Philosophen die Milch und preßte die Butter zwischen Buchdeckel. Aristoteles war nur Cover-Girl und Lockvogel, eine doppelte Beleidigung.

„*Auch dieses Sachbuch ist eine Mogelpackung.*"

Erstens für die für dumm gehaltenen Leser, die ja nicht wissen, daß es auch noch andere Philosophen gibt. Zweitens für Aristoteles, als sei er als Einzelquelle nicht interessant genug.

Er ist es. Allerdings braucht man ihn nicht zur Schaufel eines Sachbuches flachzuschmieden.

### III. Die Lehre der Herkunft

Wenn ich mich recht erinnere, kam ich schon vor langem zu dem Ergebnis, daß die sogenannten Provinzler in Wien den Karriere-Rahm abschöpfen, weil sie (a) unverdorben, (b) konstitutionell robust, (c) bescheiden, arbeitsam und vorbildshungrig und (d) aus günstigem Hause kamen. Dieses Elternhaus wiederum konnte (a) der aufstiegswilligen Arbeiterschaft oder (b) dem bildungskonservativen Großbürgertum angehören.

Das Schicksal Aristoteles' nährt den Verdacht, dies sei schon vor 2350 Jahren so gewesen. Er war ein Provinzler, kam aus dem Gmünd Griechenlands, Stageira, dortselbst Sohn eines großbürgerlichen Arztes und Pillendrehers, und unterwarf sich in Athen willig seinem städtisch-aristokratischen Lehrer Platon. Zwanzig Jahre diente er diesem im „Hain des Akademos", ehe er, wie Platon liebevoll anmerkte, gegen ihn ausschlug „wie ein junges Füllen gegen die eigene Mutter".

Wir lernen daraus für unsere Karriere: die Tapferkeit, in die fremde, große Stadt zu gehen, viel zu lernen und väterlichen Freunden so lange zu vertrauen, bis man besser ist als sie.

### IV. Die Lehre des Hedonismus und des Lesens

*„Der Begründer des abendländischen Denkens las mehr als die anderen."*

Aristoteles war zielorientiert. Immerhin suchte er nach der letzten Wahrheit. Er mochte dabei keine Hindernisse. Er war dankbar für jede Verwöhnung, für Liebe, Bedienung, Essen, Trinken und erstklassige Kleidung. Seinen Zeitgenossen Diogenes, der bedürfnislos in einer Tonne wohnte, hielt er für einen Trottel. Er war ein bißl neureich im Auftreten, weil er unsicher und nicht unheimlich stattlich war, es gab hundert Hübschere als ihn. Verlacht hat ihn dennoch keiner, denn er war in Platons Kreis „der große Leser". Der Begründer des abendländischen Denkens las mehr als die anderen.

### V. Die Lehre des großen Augenblicks

Aristoteles wird nicht Platons Nachfolger im akademischen Hain. Der Enttäuschte exiliert. Die zweite Station seiner Wanderschaft führt ihn zum vielleicht bemerkenswertesten Rendezvous der Weltgeschichte. Er wird zum Lehrer eines 13jährigen Knaben, der eines Tages Alexander der Große sein wird. Der Historiker Wilhelm Weischedel schreibt: „Wir wissen so gut wie nichts darüber, welchen Einfluß die pädagogische Kunst des Philosophen auf die Entwicklung des kommenden Staatsmannes und Feldherrn gehabt hat …, seltsam, daß für einige Jahre Macht und Geist in ihrer höchsten Ausprägung miteinander leben: der künftige Welteroberer und der Mann, der im universalen Sinne den geistigen Kosmos erobert."

Wir lernen daraus für unsere Karriere: Entweder nichts, weil wir nicht Aristoteles sind und Österreich nicht Makedonien ist, die Heimat Alexanders. Oder dies: Jede Begegnung kann wunderbar werden, du mußt nur an die Goldmine unter jedem tauben Gestein glauben.

## VI. Die Lehre des Fleißes und der Irrtümer

Alle wirklich Genialen waren wirklich altmodisch fleißig. Sie liefen auch – wer viel tut, geht viel irr – in Sackgassen. In Goethes glänzender Karriere (dessen flüchtiges Rendezvous mit Napoleon vielleicht die zweithöchste Männerbekanntschaft war nach Aristoteles–Alexander) gibt es das Desaster der Farbenlehre, bei Aristoteles seine frühe Auffassung des körperlichen Menschen: Das Hirn hielt er nicht für den Sitz des Geistes, sondern für eine Kühlschlange des Blutes. Goethe hinterließ dennoch die größte Dichtung. Aristoteles hinterließ, wie ein Wissenschaftsnarr zählte, 445.270 Zeilen des Denkens. Er wurde damit zum Begründer der abendländischen Wissenschaft.

Wir lernen daraus für unsere Karriere, daß die Nike-Werbung stimmt: „Just do it!" Wer fleißig ist, wird netto Gutes schaffen. Goethe: „Wer immer strebend sich bemüht, den können wir erlösen."

*„Wer immer strebend sich bemüht, den können wir erlösen."*

## VII. Die Lehre der Lehre

Aristoteles geht in Spiralen ins Innerste. Nach der Betrachtung der Welt und der Tiere entdeckt er die menschliche Eigentümlichkeit der Vernunft – logos. Schließlich stellt er nach zwingenden Denkschritten die große moralische Frage: Wie soll der Mensch handeln? Antwort: Gemäß seinem Wunsch nach Selbstverwirklichung. Er möge vollenden, was er vom Wesen her ist. Und kommt zum Gottesbegriff, wenn auch nicht zum Schöpfergott der Christenheit, sondern als letztes Ziel des Strebens, als nie erreichbare Karotte vor dem Rüssel des einzelnen: „Man darf nicht auf die Mahnung jener hören, die sagen, der Mensch solle nur an Menschliches, der Sterbliche nur an Sterbliches denken; wir sollen vielmehr uns bemühen, soweit dies möglich ist, unsterblich zu sein."

Wir lernen daraus für unsere Karriere: Unterschätze dich nicht. Überfordere dich getrost in deinen Zielen. In dir ist das Höchste angelegt. Sei gerade auch dann tapfer und immer du selbst, wenn es gesellschaftlich schwierig ist.

## VIII. Abgesang

Ich wollte nicht unfair sein. Ich habe „Aristoteles auf dem Chefsessel" schließlich doch gelesen. Immerhin erschien das Buch im „verlag moderne industrie" (mi), der schon viel Freude geliefert hatte. Es war schlimmer, als ich dachte. Der Autor Tom Morris machte es sich leichter als jeder zuvor. Er nahm zum Teil alberne, hohle Schönzitate aus der Welt der Philosophie (und eine erlesene Auswahl der dümmsten Volksweisheiten) und wickelte den Kokon seiner faden Interpretation um sie.

Am Beispiel Aristoteles: Es gelang ihm, dessen langweiligste Stelle zu finden, die pitzelige und vollständige Aufzählung der „Tugenden" (von Ausgeglichenheit bis Wahrhaftigkeit), und sie mit folgendem Kommentar zu versehen.

Tom Morris: „Falls Sie sich beim Anblick dieser Liste fragen, ob Sie vollkommen genug sind, trösten Sie sich damit, daß ich mir diese Frage in meinem Leben auch immer wieder gestellt habe und immer noch stelle."

Kein Kommentar. Ich warne vor diesem Buch. Dies ist der beste Dienst, den ich den klugen Leserinnen und schönen Lesern erweisen kann. So sparen Sie zwei Tage Zeit, um sich jenem Göttlichen zu nähern, das laut Aristoteles in jedem von uns ruht.

*„Ich warne vor diesem Buch. Dies ist der beste Dienst, den ich den Leserinnen und Lesern erweisen kann."*

Zu ihrem Glück wissen Sie nicht, daß Sie damit eine Maxime von Leuten vertreten, die Sie – möglicherweise – normalerweise verachten: der Militärs, die seit jeher, soferne es das Schlachtfeld zuläßt, „eine Entscheidung 24 Stunden überschlafen".

Das ist nichts anderes als eine Delegierung aus den Händen der staubtrockenen Vernunft in die Moschus-Arme des Unterbewußtseins.

# Die neuen alten Reisen zu Heraklit, Kallinger und Kant

Alles kommt wieder: Obwohl es so fad klingt, werden Bildungsreisen wieder modern werden.

## I.

Wenn nicht alles täuscht, werden Reisende wieder ambitionierter werden. Das Hinfahren/Fotografieren/Heimfahren/Angeben wird zuwenig sein. Auch wir Normalsterblichen, die oft schon eine Türschwelle nur stolpernd bezwingen, werden das Gesamtkunstwerk des Unterwegsseins suchen, eine Sensation der Nerven, des Körpers und des Geistes.

Da nicht jeder einen nennenswerten Körper, aber jeder einen runden Kopf hat, sind die Chancen einer Kopfreise größer.

Wie gern hätte beispielsweise der große Poet und Geistesmensch Konrad Bayer auch körperlich abgehoben und blieb doch aufs Denken zurückgeworfen: „Niemand hält mich, schrie goldenberg in gedanken und stieß sich von dem planeten erde ab. nachdem er sich in eine höhe von 35 cm erhoben und sich ebensoweit dem trabanten mond genähert hatte, trat diese raumfahrt in ihre zweite phase, und das schiff goldenberg sank unaufhaltsam der asfaltierten erdkruste zu, landete sicher auf einem bein, das zweite folgte sekunden später. heimat, dachte goldenberg mit tränen der rührung“ (Konrad Bayer: „der sechste sinn“).

Wer nicht höher springen kann, muß tiefer denken. Bildungsreisen helfen dabei. Der Genius loci, die Würde des berühmten Ortes, färbt fremde Kräfte an.

> „*Wer nicht höher springen kann, muß tiefer denken.*“

## II.

Wer die Tempel, Hausruinen, Arkadenreste und Fleckerlstraßen von Ephesus aufsucht, erfährt inneren Aufbau. Sehr erfreulich schon die Riesentransparente der österreichischen Baufirma Kallinger, die verdienstvoll und fast unauffällig zur Sanierung dieser Altstadt beiträgt. Da wächst schon etwas im Patrioten. Aber das ist nicht alles: Wer dem warmen Stein der Basilika aus dem 6. Jahrhundert seine Hände auflegt, schüttelt praktisch dem Heraklit die Hand, der 500 v. Chr. dort lebte, als Priester am Tempel der Artemis. Heraklit hat angeblich als erster über LOGOS, die Sprache, nachgedacht. Er gilt heute als extrem tiefsinnig, ja beinah unverständlich. Aber so wie Thomas von Aquin die Gedanken des Aristoteles aufgriff oder Kant die Thesen von Epikur, befruchtete Heraklit unsere modernen Philosophen wie Hegel, Nietzsche und Heidegger. Man trifft also auch diese Herren, wenn man ein Ticket zur türkischen Hafenstadt Kusadasi löst und die atemberaubende Ausgrabungsstätte Ephesus aufsucht.

Der Manager und Unternehmer insbesondere mag sich einen enormen *return on investment* versprechen, einen Synergieeffekt besonderer Art. Er erfährt dort Sonne auf der Haut und eine neue Sonne in Herz und Hirn, heraufstrahlend aus versunkenen Jahrhunderten hellenistischen Denkens.

Und nur Erkaltete empfinden nichts dabei, wenn sie an ein und demselben Fleck auf Kallinger und Logos treffen.

## III.

Bildungsreisen werden wieder in Mode kommen. Reisen an die Orte der Philosophen sind dabei die Königsdisziplin. Milet, Agrigent, Delphi und Syrakus werden wieder mehr Gäste sehen als Memphis in Tennessee, wo man Elvis Presley kultisch verehrt, vielleicht sogar mehr als Jesolo.

*„Milet, Agrigent, Delphi und Syrakus werden wieder mehr Gäste sehen als Memphis in Tennessee.“*

Für diese neue Ambition wurde uns ein erstklassiger Führer geschenkt, den wir lobend vorstellen wollen. Er heißt Klaus Held. Er schrieb ein glänzendes, tiefes und dennoch verständliches Reisebuch mit dem Titel „Treffpunkt Platon“, Untertitel „Philosophischer Reiseführer durch die Länder des Mittelmeers“, 341 Seiten, Reclam.

# Kraft durch China

Wer sich vom Küchengeruch der europäischen Probleme erholen möchte, könnte einen Sommer in Asien planen, vor allem in Rotchina. Das bringt Umspannung statt platter Entspannung. Und wie jede fremde, tiefere Kultur bringt es neue Kräfte für die Aufgaben daheim.

*„Wir haben, metaphorisch gesprochen, wirtschaftlich nicht genug auf dem Tisch. Es wäre aber der größte Fehler, wegen dieser Probleme unsere Kunst und Kultur im Stich zu lassen. Ich möchte nicht erleben müssen, daß eines Tages unser Tisch gedeckt ist, wir aber das Wesentliche verloren haben."*
(Iwan Kostow im Sender ARTE [„Metropolis"])

## I.

Kostow, Bulgariens ehemaliger Kanzler, war die große Politikerhoffnung des Landes. Seine Kulturaussage, hier sinngemäß aus der Erinnerung zitiert, galt nicht nur für die Politik. Sie galt auch für die Wirtschaft im ganzen. Und für jeden Manager & Unternehmer als Individuum.

Die Wirtschaft verliert zu schnell an Würde, sobald die Probleme größer werden. Die Ethik, in guten Zeiten umarmt, wird in schlechten von der Bettkante getreten. Moral ist ein Beischlaf der Hausse, nicht der Baisse. Ähnliches gilt für das sogenannte „Schöne", „Tiefe" und „Unnützliche" wie Philosophie und Kunst, die miteinander Kultur sind.

Es ist zwar besser geworden in den letzten Jahrzehnten. Es gibt heute mehr Firmen und Firmenleiter, die nicht gleich jedes neue sachliche Problem als Ausrede nützen, ihr Kultursponsoring zu kürzen oder Nietzsche, Goethe und Verlaine vom Nachtkastl zu fegen. Die meisten freilich zeigen dieses Verhalten, als ginge es darum, dem linken Bert Brecht wieder und wieder recht zu geben: „Zuerst kommt das Fressen, dann kommt die Moral."

„*Zuerst kommt das Fressen, dann kommt die Moral.*"

## II. Sommerurlaub als Wille und Vorstellung

Ein hartes Arbeitsjahr ist vorüber, der Sommerurlaub droht. Manche werden aus einem Pflichtgefühl, das ein Verwandter der Angst ist, auf Urlaub verzichten. Andere werden in einem Traditionsreflex die europäischen Meere aufsuchen, an deren Stränden Deutsch gesprochen und hauptsächlich „Bild" gelesen wird, man will sich ja erholen.

Dieses Kapitel ist ein Vorschlag, es anders zu versuchen. Der Tip lautet: „Erholung durch Anspruch statt Seichtigkeit", „Umspannung statt Entspannung", und, was das Land betrifft, konkret Rotchina.

Das wäre noch vor wenigen Jahren eine gefährliche Drohung gewesen, allein schon wegen der Verkehrsanbindung. Dieses Problem ist denkbar elegant gelöst. Österreichs eigene Airline bietet seit längerem Peking direkt ab Wien, auch Schanghai. Es ist heute mühseliger, nach Bregenz als nach Peking zu reisen. Der Flug in der Business class, neun Stunden hin und zehn Stunden zurück, ist derart angenehm, daß er für Schlaf zu schade ist. Besser, ihn als Aufenthalt in einem achtbaren Restaurant zu nützen, mit den klassischen Reiseführern a la DuMont & Co zum kurzen Mokka und Hämmerle-Edelbrand.

## III. Erinnerung an einen chinesischen Sommer der siebziger Jahre

Mein konkreter Detailvorschlag innerhalb des Gesamtvorschlags Rotchina ist nach wie vor Peking. Denn Kanton, Schanghai und das wieder zu Mainland China zählende Hongkong bergen die Gefahr, sofort wieder vom Geschäftsfieber befallen zu werden.

Peking ist anders. Es ist zwar auch gewachsen. Es ist lauter geworden, insgesamt schwungvoll kapitalistischer, mit Baulärm und Umweltschmutz. Und doch gibt es tausend stille Ecken. Dort finde ich heute noch jene Weihe, innere Tiefe und Erleuchtung, die ich schon in früheren Aufzeichnungen der siebziger Jahre nachlesen kann. Damals war Peking eine Etappe auf dem Weg nach Tibet.

Mein Hotel war das klassische „Bejing". Es wirkt heute gegenüber den neuen Hotels verstaubt und verschlissen, eigentlich heruntergekommen. Damals aber war es die Nummer eins. Ein Auszug der damaligen Notizen:

*„Die Nächte in diesem Hotel sind wie ein Wasserzeichen, nicht auszuradieren, unvergeßlich."*

„Die Nächte in diesem Hotel sind wie ein Wasserzeichen, nicht auszuradieren, unvergeßlich. Am Plafond schnurrte ein riesiger Sprudler. Die einfachen massiven Möbel mit eingelegten Gitterblenden schimmerten matt und dunkelrot, sauber geölt. Zwei riesige Thermoskannen boten heißes Wasser. In englischen Blechdosen wartete grüner Tee, dessen Blätter in hauchdünnen Porzellanschalen mit dem Motiv „Fluß Li bei Guilin" aufgebrüht wurden. In den Tischladen fand sich holziges, aber hübsch liniertes, angegilbtes Papier, das der Gast mit einer alten Spitzfeder beschrieb, die in ein riesiges Tintenfaß getunkt wurde.

Dazu kam Musik aus einer Art Bakelit-Volksempfänger, die den Gast fremd umschmeichelte, ein seltsamer Mix von indonesischem Gamelan, schriller Peking-Oper und Volksstücken der Mongolei, wo nach zehn Sekunden der Stille entweder ein silbernes Zirpen häkelte oder ein gewaltiger, herzinfarktfördernder Gewalteinsatz wie in Gustav Mahlers kontrastreicher Zweiter Symphonie, der Auferstehung."

Peking kann für den sensiblen Manager eine Art Auferstehung sein. Wenn er die Kraft aufbringt, Pekings Galerien aufzusuchen, wird ihm dabei die luftige Ästhetik der chinesischen Tuschemalerei helfen, mit der wunderbaren Kalligraphie neben den Bildern, die ans Beste des heimatlichen Europa erinnert, die Bild-und-Text-Blätter des Leonardo da Vinci. Wer im Schatten der Ming-Gräber und der Großen Mauer den Konfuzius las oder die „Wilden Gräser" des großen Lu Xün, wird nie wieder ganz derselbe sein.

> „*Wer im Schatten der Ming-Gräber den Konfuzius las, wird nie wieder ganz derselbe sein.*"

## IV. Asiatische Kultur als Lebenshilfe

Insgesamt dringt osmotisch eine Kultur ein, die tiefer und älter als unsere ist. Als Ostarrichi auf die Welt kam, vor tausend Jahren, lebten wir noch auf den Bäumen und entlausten unsere Bärenfelle. An asiatischen Königshöfen, darin allerdings eher Japan als China führend, kannte man schon das fortschrittliche Problem der Emanzipation. Während bei uns nur die Mönche nicht lallten und stammelten, schrieben in Asien bereits haltlose Damen satirische Spottlieder über Herren, beispielsweise die „Kopfkissen-Skizzenhefte" der Kurtisane Shonagon, oder Genji-mongatari, die Liebesabenteuer eines Prinzen. Wesentlicher ist die praktische Tiefe dessen, was Konfuzianismus, Taoismus und Buddhismus in die Seele eines Europäers pflanzen können. Allem voran eine Verschmelzung im Sinne von Yin & Yang, die das primitive, durch die christliche Amtskirche beförderte Schwarzweißdenken ersetzen könnte.

So kann ein Sommerurlaub zu einem anderen Lebensdenken führen.

Wobei alle möglichen Erkenntnisse akzeptabel sind.

Der eine wird dankbar eine Vertiefung seines Charakters registrieren, darunter eine neue Liebe zur Kunst.

Der zweite wird sich fragen, warum die Chinesen einerseits so altklug sind und dennoch bezüglich der Menschenrechte die hinteren Bänke einnehmen.

Der dritte und keineswegs unwitzigste wird nach seinem persönlichen chinesischen Abenteuer unendlich geradlinig und kommerziell reagieren. Am Beispiel eines der reichsten Österreicher, Ferdinand Piech, Chef des Volkswagenkonzerns. Ihm gelang in einem Interview mit „autorevue"-Chefredakteur Herbert Völker in seiner dramatischen Hoffärtigkeit schon wieder der liebevolle Satz: „Ich hole den Chinesen vom Fahrrad."

*„Ich hole den Chinesen vom Fahrrad."*

Man ahnt da gleich, was einen Urlaub in Peking von einem Urlaub in Caorle, Biarritz oder Torremolinos unterscheiden kann.

# Kopfpflegemittel

Der August ist für Manager die einzige Chance, das einstige Maturaniveau wieder zu erlangen. Ein Plädoyer für die Lust am Lesen.

*„Der Nachteil bei großer Literatur ist,*
*daß jeder sich damit identifizieren kann."*
(Peter Handke)

I.

Diesmal geht es um etwas halbwegs Nützliches: Gedanken zum Lesen und einige Empfehlungen.

II.

Die Gefahr des Verglimmens und Variante eins: die Philosophen. Manager und Unternehmer sind in der Zwickmühle. Einerseits sind sie der wichtigste Menschenschlag, weit vor den Priestern, weil sie den sozialen Frieden durch Wohlstand sichern. Anderseits neigen sie zur Teilzeitverblödung, weil sie zuwenig lesen. Zwar gibt es keine wirklich idiotische Führungskraft. Jeder, der an die Spitze kam, verfügt zwingend über ein interessantes Bündel an Teilintelligenzen. Doch kann man gerade in Managerkreisen zusehen, wie hochveranlagte Menschen bezüglich Bildung und Schöngeistigkeit verglimmen, sich mit jedem Tag mehr von ihrem einstigen Maturaniveau und jeder Kunstsinnlichkeit entfernen und zu hochspezialisierten Maschinen verkommen, die im Job glänzend und in der Freizeit lähmend sind.

Schlimmer noch: Sie kokettieren damit, keine Zeit zum Lesen zu haben. Jene, die an ihrer Literaturfeindlichkeit festhalten wollen, sollten es wenigstens mit Stil tun. Zwei Zitate als Anregungen:

August Strindberg: „Literatur ist gedruckter Unsinn."

Arthur Schopenhauer: „Die Literaturgeschichte ist der Katalog eines Kabinetts von Mißgeburten. Schweinsleder ist der Spiritus, in dem sie sich am längsten halten."

> „*Die Literaturgeschichte ist der Katalog eines Kabinetts von Mißgeburten.*"

Apropos Schopenhauer: Nur einer von zehn Managern weiß, wie glänzend und höchst verständlich die berühmten Philosophen geschrieben haben. Fast durchwegs waren sie auch Schriftsteller hohen Ranges.

Friedrich Nietzsches „Die Fröhliche Wissenschaft" beispielsweise ist von belebender Süße und dennoch hohem Anspruch. Für Wieder-Einsteiger in eine Zwischenwelt aus Literatur und Philosophie: Lesen Sie ein paar Werke von Khalil Gibran und Antoine Saint-Exupery.

III.

Variante zwei: die Sachliteratur. Die meisten Sachbücher sind ein qualitativ letztklassiger, unbewaffneter Überfall auf unsere Brieftaschen. Dennoch immer noch g'scheiter als gar kein Lesestoff. Wer in allem, was er tut, die unmittelbare Nützlichkeit suchen muß, könnte zu Tom Peters interessantem Buch „Der Innovationskreis" greifen oder zu politischen Bildungsbüchern, aus jüngerer Zeit beispielsweise zu Helmut Schmidts glänzendem Buch „Globalisierung". Deutschlands Exbundeskanzler und heutiger „Zeit"-Herausgeber hat darin seine Düsseldorfer Vorlesungen versammelt, eine der bestformulierten Erklärungen der Weltwirtschaft – weit abgewogener als „Die Globalisierungsfalle", mit der mein Vorarlberger Freund Peter Martin mittlerweile mehrere Millionen scheffelte.

Eine interessante Zwischenwelt von guter Schreibe, hohem Wissen und maßgeblicher Menschlichkeit bieten die großen Soziologen wie Sir Karl R. Popper („Auf der Suche nach einer besseren Welt") und Erich Fromm („Die Kunst des Liebens" oder „Sein und Haben").

IV.

Variante drei: die Bestseller. Meist nicht das Gelbe vom Ei, weil Fernsehen für Leser. Aber immerhin ein Vorteil: Man trifft leichter einen, der sich in die Hitparade der Literatur eingelesen hat, und kann damit ein hartes Geschäftsgespräch aufweichen.

V.

*„Fast alle bildungsverpflichteten Tageszeitungen bieten gute Rezensionsseiten."*

Variante vier: hohe Literatur und Lyrik. Nichts ist leichter, als hier das Richtige zu finden. Fast alle bildungsverpflichteten Tageszeitungen bieten gute Rezensionsseiten, bis hin zur deutschen „FAZ", deren Literaturseite auch nach Marcel Reich-Ranicki überragend ist. Mein Lieblingsberater wurde allerdings Christian Seiler, Allzweck-Chefredakteur des „profil". Jeder der von ihm empfohlenen neuen Romane klopfte mich weicher.

Meinen engeren Freunden würde ich auch All-time-Highs nahelegen, Goethes „Faust I“, Saul Bellows „Herzog“, Paul Theroux’ „Orlando oder die Liebe zur Fotografie“ oder „Judiths Liebe“ von Meir Shalev. Und bezüglich Lyrik muß sich keiner schämen, von Rainer Maria Rilke (und parallel dazu gehörten Oskar Werner-CDs) tief berührt zu sein. Mein persönlicher Tip: ausnahmslos alle Gedichte von Robert Gernhardt.

Bildbände sind für TV-Verseuchte der letzte Weg, zurückzufinden in die Welt des Geistes.

Es muß nicht gleich so anspruchsvoll sein wie bei Peter Allmayer-Beck (Medien-Manager, „Standard“), der in privater Passion tiefe Werke über Schiele, Künstler-Ateliers, First Class Products und Dirigenten herausbrachte, vor allem auch die vielleicht ewig haltbare Bildband-Ikone „Modelle der Welt“, ein Standardwerk über Globen, den wichtigsten Zeugen unserer Weltsehnsucht.

Ein anderer unter den Lobenswerten: der Verleger Taschen, der die Spannweite der Kunstbildbände von extrem preiswert (z. B. „William Turner“) bis extrem elitär („Helmut Newton“) dehnte.

”

*Bezüglich Lyrik muß sich keiner schämen, von Rainer Maria Rilke tief berührt zu sein.*

“

# Der gute Geist des Übens

Weder die Hirne noch die Menschen des 21. Jahrhunderts können auf Fleiß und Übung verzichten.

*„Frikadellen kann man nicht machen,*
*ohne etwas Fleisch durch den Wolf zu drehen."*
(Dashiell Hammett)

## I.

Was der berühmte Krimi-Autor („Der Malteser Falke") so rauh und saftig für die Branche seiner schlagfreudigen Detektive formulierte, gilt auch für jede anspruchsvolle Kopfarbeit.

Geisteswerke kann man nicht schaffen, ohne sein Hirn zu faschieren. Nichts Kreatives wird endlich gut ohne lange vorangegangene Übung.

*» Ein falsch verstandener Modernismus in der Pädagogik «*

Es mag überraschen, daß dieses so klein wirkende Thema ÜBEN einen Essay abgibt. Und doch ist es Zeit, sich damit zu beschäftigen. Denn ein falsch verstandener Modernismus in der Pädagogik paart sich derzeit mit falschen Verheißungen des Technikzeitalters. Das Ergebnis dieser unseligen Paarung ist eine Abwerfung des Übens, zum Nachteil aller.

## II.

Der falsch verstandene Modernismus liegt darin, daß gerade die (vom Autor normalerweise bewunderten und geförderten) modernen Lehrer die Lehrmethode oft mit Gewalt reformieren. Sie werfen vieles über Bord, was aus der alten Zeit ist. Das ist verständlich, denn in früheren Zeiten waren Lehrer der Inbegriff des Sauertöpfischen, des Verzopften, der strengsten Sturheit und des programmatischen Gehorsams.

Moderne Lehrer möchten sich davon abheben. Sie kleiden sich entschieden anders als ihre Vorgänger. Sie führen ein lockeres Wort. Sie versuchen, die Psychologie der Kinder zu begreifen. Sie bringen kreative spielerische Momente in die Unterrichtsgestaltung. Sie sind tapfer im Umgang mit vorgesetzten Direktoren und Inspektoren – im Gegensatz zu ihren Vorgängern, die seit Jahrhunderten als klassische Radfahrer galten: buckelnd nach oben, die Kinder tretend.

Die modernen Lehrer, von denen es gottlob mehr gibt, als man annehmen würde (sie werden in ihren Anstrengungen noch von eifersüchtigen, unbeweglichen Direktoren der alten Schule gebremst), sind alles in allem ein Segen. Nur schießen sie in ihrem Modernismus gelegentlich über das Ziel.

Eines der Beispiele ist die Disziplin. Manche Junglehrer verwerfen, im krassen Gegensatz zu den Altlehrern, jede Disziplinierung der Schüler als Einengung der Freiheit. Dies macht weder das Los der Eltern leichter noch jenes der Kinder selbst. Denn sie müssen sich später in die Welt der Wirtschaft eingliedern, die auch heute noch ohne Mindest-Disziplin in Verhalten, Zusammenarbeit und Rollenspiel nicht auskommen kann.

Ein weiterer Fall – für diesen Essay der wichtigere – ist eine Ablehnung des frommen fleißigen Übens. Gemeint ist das sogenannte PAUKEN. Ich verwende dieses Wort nur ungern. Es hat sich, aus dem Norddeutschen kommend, leider auch in Österreich eingebürgert.

Das Üben hielt sich von den Griechen über Humboldt bis zum Zweiten Weltkrieg. Irgendwann in der Nachkriegszeit verblaßte seine Reputation – einesteils eben, weil die Pädagogik einen rasanten Wandel durchmachte.

## III.

Der zweite Grund, warum das Üben seine ursprüngliche Ehre und Würde verlor, liegt in der Technik. Genaugenommen in der Datenverarbeitung, der EDV. Noch genauer: in den Datenbanken.

Irgendwann ist so ein Technik-König aufgestanden und hat einen verheerenden Satz gesagt, der sich fortan seuchenartig verbreiten sollte. Der Satz lautet: „Man muß nichts selber wissen. Es genügt, wenn man weiß, wo man nachschauen muß.“

> *„Es genügt, wenn man weiß, wo man nachschauen muß.“*

Ah, das war Wasser auf die Mühlen der Faulen. Unverzüglich sanken sie in die Polster. Fortan lernte niemand mehr irgendwas. Wozu auch? Irgendwo im Büro oder in der Wohnung, in einem Lexikon oder einem Computer würde das gefragte Wissen schon schlummern.

Faszinierend, daß sich diese Idee so durchsetzte. Der größte Holler findet oft den schnellsten Zuspruch. Selbst in Managementseminaren begegnete ich diesem Satz. „Wenn ich das wissen will“, sagte mir einmal ein Kursteilnehmer in Hernstein, „rufe ich einfach in Amerika an, dort gibt 's eine feine Datenbank.“

Ich sage nicht, daß dies nicht von Zeit zu Zeit gut und notwendig wäre, alles kann man sich nicht merken. Für die Formel des Riesenmoleküls vom Polyurethanchlorid brauche ich auch einen Professor der TH oder einen Zugriff zu seinem Computer.

Im großen und ganzen aber war die Idee eine Totgeburt. Es hat nur niemand gemerkt, daß sie nicht atmete. Die Idee hat einen wesentlichen Nachteil: sie funktioniert in der Praxis nicht. Denn die Quelle des Wissens ist nie an dem Ort, wo sie gebraucht wird. Die meisten Fragen tauchen in Stunden der Muße auf, in der Eisenbahn, im Auto, im Flugzeug, im Ferienhotel. Die ÖBB führen aber keinen *Brockhaus*. In meinem Auto habe ich keinen Kultur-Fahrplan (ein geschichtliches Verzeichnis zeitgleicher Ereignisse), der hat nämlich 1000 Seiten und ist so schwer wie meine zierliche Großmutter. Die AUA und die Lauda-air haben *Kindlers* Literaturlexikon nicht an Bord. Manches davon gibt es heute wenigstens auf CD-ROM und im Internet, doch der Zugriff ist immer noch umständlich. Außerdem: Wer während wichtiger Gespräche ständig nachschlagen muß, um klug zu wirken, gleicht einem Mann, der Witze aus einem Notizbuch liest.

## IV.

> „Die Manie, das Wissen dem eignen Hirn auszulagern."

Die Manie, das Wissen dem eigenen Hirn auszulagern und an tote Quellen zu delegieren, funktioniert ja auch im Privatleben nicht. Ein Beispiel: In meinen pfiffigen Jahren habe ich manche Kunigunde mit dem ritterlichen Schmäh herumgekriegt, ihr lange Gedichte aufzusagen. Vielleicht haben die Damen nur „ja" gesagt, damit ich aufhörte. Jedenfalls wirkte es. Ich mag mir gar nicht vorstellen, was nach dem modernen Auslagerungs-Verfahren passiert wäre: „Ich lese dir jetzt Rilkes DU NACHT SO HOLD vor – siehe ‚Späte Gedichte', Insel-Taschenbuch Nr. 1612, Seite 94." Sie wäre wahrscheinlich geflohen. Keine Frau will einen Umnachteten zum Mann.

Das wahre Wissen ist im eigenen Kopf, nicht in einem Taschenbuch.

Wissen heißt lernen.

Lernen heißt üben.

Es gibt keine Abkürzung, die funktioniert.

Manche glauben dies wohl. Sie führen – neben Datenbanken aller Art – eine weitere moderne Technik an. *Mind-Machines* beispielsweise, die schlau und suggestiv ins Hirn eingreifen. Ich bin gar nicht gegen Experimente dieser Art, aber das Wissens-Problem lösen sie nicht. Übrigens auch nicht das seelenverwandte und von mir geschätzte Sprachlehrsystem *Superlearning*. Ohne fortwährende Praxisübungen funktioniert die Fremdsprache dann trotzdem nicht.

Ohne Übung funktionieren nicht einmal die Organe. Wer lange genug in einer Höhle haust, sieht auch dann nichts mehr, wenn er ans Licht kommt. Er erblindet.

## V.

Kürzlich habe ich ein Taschenbuch gestohlen, der Verlierer möge sich melden. Ich muß mich verraten, weil dieses kleine Werk so gut in den Kram des Essays paßt. Es ist aus der Pädagogik-Reihe der Herder-Bücherei. Sein Titel: „Vom Geist des Übens – Eine Rückbesinnung auf elementare didaktische Erfahrungen". Der Verfasser heißt Otto Friedrich Bollnow und ist ein furchterregender Stettiner, der zuerst in Physik promovierte und sich später in Philosophie und Pädagogik habilitierte, weil er die beiden Fächer als Einheit betrachtet.

In der Zusammenfassung seines Werkes heißt es:

*Das Problem der Übung ist in der modernen Pädagogik sehr vernachlässigt worden. Die Übungen erscheinen als langweilig und beschwerlich, eine Last für Schüler und Lehrer, aber sie bleiben unentbehrlich, um einen gesicherten Lehrerfolg zu erreichen. Darum hat es nicht an Versuchen gefehlt, sie durch geeignete Kunstgriffe, etwa durch Einkleidung in spielerische Formen, dem Schüler schmackhafter zu machen.* Bollnow: [...] *alle diese Versuche bleiben vergeblich, wenn es nicht gelingt, die Freude am Üben als solchem zu erwecken. Dafür gibt es in der europäischen Tradition wenig Ansatzpunkte. In dieser Lage bieten die in Japan, vor allem im Zen-Buddhismus ausgebildeten Übungsformen ein besonderes Interesse* [...] Bollnow über das Vorbild Asien: Dort *ist ein Verständnis entwickelt worden, bei dem die Übungen nicht nur dem Erwerb eines jeweils bestimmten Könnens dienen, sondern zugleich eine innere Wandlung im Menschen bewirken: den Durchbruch durch die Zerstreutheit des Alltagslebens in der gesammelten Hingabe an das Tun. Sobald das gelingt, hat die Übung ihren subalternen Charakter verloren. Sie wird zu einem den Menschen tief beglückenden Tun.*

> *„Die Übungen bleiben unentbehrlich, um einen gesicherten Lernerfolg zu erreichen."*

Soweit das Buch von Prof. Bollnow, das ich hiermit herzlich rekommandieren möchte.

## VI.

Wenn ein anderer die Sache, um die es geht, so schön und tief erklärt, sollte man schweigen und damit schließen. In Bescheidenheit, sich zu üben, ist ja die Übung schlechthin, in Osaka wie in St. Pölten.

Ich möchte dennoch einen boshaften Moment lang zur modernen Technik zurückkehren. Sie nämlich liefert in Wirklichkeit nicht das entscheidende Argument *gegen* das Üben, sondern *für* das Üben. Im besonderen gilt das für die Software-Programme der Personal-Computer (PC), die vielen von uns nun täglich das Leben versüßen. Sie sind in ihrer ganzen Tiefe ohne Üben nicht in den Griff zu kriegen. Da ich beispielsweise ohne die Schreibprogramme MS Word nicht mehr leben will, bin ich allein schon aus dieser Ecke zur täglichen Übung verurteilt. Dieses Üben erwies sich als Segen. Das alte Hirn wurde jung. Die Türangeln der grauen Zellen, die schon geknarrt und geächzt hatten, sind frisch geölt und quietschen nur noch leise. Sobald ich sie überhaupt nicht mehr höre, werde ich, wie als Jugendlicher, auch wieder Gedichte üben und auswendig lernen. Ich werde mir Rilkes *Panther* aneignen, später vielleicht den ganzen *Cornet*. Dann werde ich ein Burgfräulein an den Sessel binden und ihm das Stück vortragen, vom Anfang bis zum Ende.

„*Das alte Hirn wurde jung.*“

# Pränatales Training

Karriereanleitung für Kluge, die schon während des Studiums an ihrer Persönlichkeit arbeiten.

## I.

Dieses Kapitel muß geschrieben werden, weil viele Professoren versagen. Es gibt wohl Lichtgestalten unter ihnen, Clemens, Mathis, Hansen, Liessmann, Malik & Co, die ums wahre Leben wissen. Sie sprechen mit ihren geliebten Studenten auch darüber. Die meisten Pauker alten Stils aber kennen nur Fakten und Wissen, sonst nichts. Man muß schon froh sein, wenn sie halbwegs interdisziplinär sind, also auch andere Fächer achten. Das müßte nicht so sein. Auch an den heutigen, problematischen Massen-Unis hinderte niemand einen Professor, wenigstens einmal pro Semester folgende Sätze zu sprechen: „Hört zu, ihr Penner! Meine Aufgabe liegt darin, euch diesen kinderleichten Lehrstoff einzuhämmern. Wir werden über den Zauber des Zinses reden und über das elegante Gossensche Gesetz vom fallenden Grenznutzen. Wir werden über Schumpeter diskutieren, der zugleich ein Weiser und ein Schurke war, der – angeblich – seine chinesischen Studentinnen verführte; bei mir schrieb sich, um euren Fragen zuvorzukommen, noch nie eine Chinesin ein. Wir werden die Wirtschaft in den Griff bekommen, in der Theorie. Für die Praxis eurer späteren Karriere ist das wichtig. Aber es ist nicht alles. Wichtig ist es, weil ein Karrierist ohne Fundament wurzellos ist. Zugleich aber kann die Theorie nicht alles sein, was euch in diesen saftigen Lebensjahren zuwachsen sollte. Man muß von euch mehr verlangen. Wer nach dem Abschluß des Studiums zügig Karriere machen will, muß an sich selbst arbeiten. Die besten Firmen mit den höchsten Einstiegsgehältern wollen keine reinen Kopftiere. Sie wollen Persönlichkeiten. Je runder einer ist, desto schneller rollt er nach oben."

> ”
> *Die besten Firmen wollen keine reinen Kopftiere. Sie wollen Persönlichkeiten.*
> “

## II. Die Grenzen der Professoren, Sex und das Geld der Banker.

An dieser Stelle verabschieden wir uns von diesem wunderbaren, fiktiven Professor. Er hätte schon viel getan. Und alles, was ein Student zur Persönlichkeitsabrundung tun sollte, kann ein Professor gar nicht sagen. Es würde ihm ein Disziplinarverfahren eintragen. Ein Professor kann beispielsweise nicht ohne weiteres über Sex und Geld reden. Er kann nicht hergehen und sagen, scheut nicht davor zurück, möglichst viele nette Leute möglichst nahe kennenzulernen – jede Erfahrung nützt! Er kann schon gar nicht hergehen und wie ein verantwortungsloser Essayist folgenden wichtigsten Tip geben: Gehet hin zu den Bankern und entreißt ihnen eine halbe Million Schilling Kredit, mit vier bis fünf tilgungsfreien Jahren. 500.000 Schilling: Damit kann man die Persönlichkeitsbildung finanzieren, ohne das Studium zu vernachlässigen. Ich sehe in diesem Ratschlag, den anständige Bürger als verwerflich, ja obszön, jedenfalls als wahnsinnig ansehen müssen, vier Vorzüge:

1. Er ist eine gute Verhandlungsübung. Kurzsichtige Banker sehen oft nicht ein, daß Kredite an künftige Generaldirektoren und Nobelpreisträger sinnvoll sind. Es ist eine Leistung, sie um diese halbe Million zu erleichtern – umso mehr, als es jetzt die Erfindung des „Privatkonkurses" gibt, der den Geldgebern das Leben schwerer macht.

2. Wer Geld auf der Kante hat, strukturiert seine Ferialarbeit besser. Wer arm ist, nimmt die Arbeit mit der meisten Marie. Andernfalls die mit dem meisten Sinn für die Zukunft.

3. Kinder armer Eltern können diese mit dem Kredit entlasten und dennoch eine Berufsvorbereitung treffen, als kämen sie aus der Efeu-Liga der Gesellschaft. Und die Kinder reicher Eltern können sich damit vom Geld ihrer Alten emanzipieren. Sie stellen sich als stolze Jungbürger auf die eigenen Füße.

4. Nichts schult den Charakter so gründlich wie freies Spielkapital. Die Schwächeren werden die halbe Million sofort in einen gebrauchten 911 oder SL stecken (es ist befriedigender, sich diese später wirklich zu verdienen). Die Allerschwächsten werden das Geld ins Casino tragen. Verfügbares Kapital führt immer zu einer Darwinschen Auslese. Die Starken werden das Geld sinnvoll einsetzen. Was heißt das aber? Ich führe einige Philosophien an, die in Summe zirka 90 Prozent abdecken und – bei aller Individualität – für alle gültig sind.

„*Verfügbares Kapital führt immer zu einer Darwinschen Auslese.*"

## III. Von der richtigen Arbeit in der üppigen Freizeit

Kein Erwachsener, der nicht von der Studienzeit träumte als Idylle, in der die Zeit noch Volumen und Muskeln hatte. Vor allem an die Faktoren „Regelmäßigkeit" und „Fremdbestimmung" sollte man sich gescheiterweise herantrainieren, um nachher keinen Schock zu erleiden. Am besten geht das mit der sogenannten Ferialpraxis. Wer sich für später was Gutes tun will, geht dabei zweistufig vor.

Stufe 1: ein bis zwei brutale Blue-collar-Arbeitseinsätze auf niedrigstem Niveau.

Stufe 2: viele White-collar-Arbeitseinsätze auf möglichst hohem Niveau.

Unter Stufe 1 dürfen wir uns Arbeiten vorstellen, die als klassische Studentenjobs gelten: Erbsenernte und Leichenwäsche in Schweden, Einsatz in Kohleminen und im Straßenbau, in Fernlastern und Einkaufszentren. Sie bringen relativ viel Geld (was auch dann kein Fehler ist, wenn man die halbe Mille Kredit im Hintergrund hat). Ihr Hauptvorteil liegt aber woanders: Sie sind das Anti-Dekadenz-Aphrodisiakum. Wer einmal drei Monate lang unter würdelosen Bedingungen schuftete, wird sich nie wieder über noch so harte, aber elegante Arbeit beschweren.

Unter Stufe 2 stellen wir uns Arbeiten vor, die einen Geschmack der eigenen Zukunft geben. Wer ahnt, daß er ein Computer-Guru werden will, sollte sich in den zahllosen Oster-Weihnachts-Sommer-Ferien nach Silicon Valley oder in die Boston-Area verfügen, zu irgendeiner lebhaften Firma a la Hewlett-Packard oder Microsoft, notfalls ohne Gehalt (auch deswegen die halbe Mille!). Der Job selbst ist nicht so wichtig. Es wächst unbezahlbare Kontaktfreude zu. Und eine Lässigkeit im fremden Sprachgebrauch. Und ein Gefühl für die Atmosphäre, damit ein Abbau der gewaltigen Berührungsängste, die alle Studenten haben, die während des Studiums in Watte gepackt waren.

Ich nehme den Punkt „Arbeit in der Uni-Freizeit“ besonders ernst. Ich darf darüber reden, weil ich einiges falsch machte. Ich habe die erste Stufe übertrieben, die zweite vernachlässigt. Es war aber besser als die von vielen gewählte dritte Option: gar nix.

Meine einseitige Ausrichtung auf lähmende, dreckige, gutbezahlte Arbeit hat verhindert, daß ich der ideale Berufseinsteiger nach HTL und halber WU war. Ich hatte wenig internationale Routine. Mein Englisch war schulgut, aber nicht routiniert, von raffiniert zu schweigen. Aber die Arbeit machte mich wenigstens widerstandsfähig. Ich war unter Chemiearbeitern, Maurern und Holzfällern. Seit dieser Erfahrung wird niemand von mir hören, ich sei „überlastet“. Kein Anzug-Beruf kennt je die Last eines Montur-Berufs: so müde zu sein am Abend, daß selbst „Jerry Cotton“ eine zu schwierige Lektüre wird. Wenn die Hände wie Blei sind, können sie nur noch die TV-Fernbedienung halten. Fast alle Spitzenleute haben irgendwann hart und manuell arbeiten müssen. Sie würden seitdem nie mehr zu Arbeitern „Proleten“

„*Kein Anzug-Beruf kennt je die Last des Montur-Berufs.*“

sagen. Sie haben daher, was ihrer Firma unendlich nützt, ein gutes Verhältnis zu jedem vernünftigen Betriebsrat. Und sie sind als Individuen meist glücklicher: Es fehlt ihnen Larmoyanz, diese Weinerlichkeit, die den Keim der Zweitklassigkeit in sich trägt.

## IV. Reisen als die sinnvollste Kapitalanlage

Der wichtigste und kürzeste, weil selbsterklärende Tip lautet: Nütze jeden freien Tag, um deinen Standort zu wechseln. Es hilft schon, von Wien nach Eisenstadt, von Bregenz nach Innsbruck zu fahren, um in eine neue Welt und in neue Prüfungen (später: Sicherheiten) einzutreten. Die 500.000 Schilling, klug eingeteilt, ermöglichen, im Lauf eines Studiums den Globus kennenzulernen. Dabei sollte es zwei Sorten von Selbstverständlichkeiten geben, die alte und die neue. Die alte: genaue Kenntnis der befreundeten Kontinente Europa und Amerika. Die neue: Hinzunahme vor allem Asiens, mit den Städten Peking und Shanghai und Hongkong, Taipeh, Seoul, Kuala Lumpur, Djakarta, Bangkok, Singapur und Japan von Hiroshima im Süden bis zur Insel Hokkaido im Norden. Und wer Afrika vernachlässigt, verliert vielleicht einen zwar problematischen, aber gerade deshalb hochinteressanten Markt für seine persönliche Entwicklung. Auch Australien ist herrlich, als Karriereetappe oder Exportziel für jene Wunderfirmen, deren Produktpreise die Transportkosten ans andere Ende der Welt schlucken können. Die Reisen bieten fast alles, was der nach Abrundung der Persönlichkeit dürstende Karrierist verlangt: permanentes Denken, permanentes Troubleshooting, permanente Verarbeitung von Momenten höchster Schönheit, Ergriffenheit und neuen Wissens.

*„Es gibt Hochschulabgänger, die unbrauchbar sind."*

Es gibt Hochschulabgänger, die unabhängig vom Glanz ihres Zeugnisses für die Praxis unbrauchbar sind: Sie taumeln schon am Flughafen Schwechat hilflos herum. Sie haben Schwellenangst vor eleganten Geschäftshotels wie dem Mandarin in Hongkong, dem Waldorf in New York oder dem Carlton in Johannesburg. Sie wissen nicht, wie man ohne Hilfe Koffer packt, Trinkgeld gibt und einen kleinen Toast ausbringt.

Reisen lehrt alles.

## V. Persönlichkeit als Ellipse mit zwei Brennpunkten

Zum Schluß ein besonders persönlicher, spekulativer, durch keinerlei Wissenschaft abgesicherter Tip: Jede Spitzenfrau und jeder Spitzenmann braucht neben höchstem Sachverstand und trainierter Persönlichkeit auch eine interessante Ecke.

Irgend etwas, das ihn unverwechselbar macht. Irgendeine Leidenschaft, die andere Menschen anregt und berührt. Denn in jedem Geschäft kommt der Moment, wo das Geschäft vom Tisch ist und die Seelen auffliegen.

> „*Irgend etwas, das ihn unverwechselbar macht.*“

Viele internationale Manager bezaubern heute durch beachtlichen Sachverstand in Teilbereichen der Kunst.

# Die Werkzeuge des Geistes

# Lob des sinnlosen Wissens

Plädoyer für den chaotischen Erwerb von sinnlosem Wissen aller Art, um eines Tages nicht nur gebildet, sondern richtig gescheit zu sein.

*„The utmost extent of man's knowledge is to know that he knows nothing."*
(Joseph Addison, England)

I.

Addison, 1672–1719, war ein großer Publizist. Sein Hauptwerk hieß „Versuch über den Stolz" („Essay on Pride"). Das ist bemerkenswert, denn sein Stolz ließ es immerhin zu, für das obige Zitat gefeiert zu werden, obgleich es von Sokrates gestohlen war.

Das wirft ein Licht auf das Wissen seiner Zeit, und seine Zeit ist schon unsere Zeit, die geistig heraufstieg aus dem fünfzehnten Jahrhundert, der Renaissance.

Doch egal, ob Addison oder Sokrates: Der Satz, das höchste Wissen liege im Begreifen, daß wir nichts wissen, hat zwei Schneiden.

Er ist einerseits weise, sofern damit gemeint ist, daß wir die zwei wesentlichen Dinge nicht begreifen, nämlich wie Gott beschaffen ist und wie es nach dem Tod weitergeht.

Er ist andererseits der große Schmarren. Noch nie hat es so viel Wissen auf der Welt gegeben. Der durchschnittliche Bürger weiß hundertmal mehr, als seine Vorfahren wissen konnten, allerdings hat er auch hundertmal mehr Probleme, sein Wissen mit Vergnügen zu erwerben und klug zu verwalten.

„*Noch nie hat es so viel Wissen auf der Welt gegeben.*"

II.

Es lohnt, ein wenig in die „Geschichte des Wissens" zurückzugehen. Es gab darin fünf markante Epochen: die Antike, das Mittelalter, die Renaissance, die Französische und industrielle Revolution als Block, dann die heutige Zeit.

Es macht Sinn, bei den alten Griechen anzufangen. Sie waren später das Vorbild der Renaissance, die sich an antiken Idealen orientierte. Den Griechen war das Kluge wie Spielzeug. Sie lasen ihren Homer mit dem gleichen Entzücken, mit dem heutzutage die Zillertaler ihre Schürzenjäger hören – was ein Argument sein mag, der Evolution der Menschheit zu mißtrauen.

Die spätere Wissenstradition, vor allem in Arabien und im Europa des Mittelalters, war ein Rückfall. Sie war erstens elitär. Wenige Auserwählte konnten sich durch das Privileg des Wissenserwerbs ungewöhnlich hoch über die Masse erheben, voran die Kirchenherren. Zweitens war dieses Wissen einseitig. Man verstand darunter die Naturwissenschaften. Oder das, was dafür gehalten wurde, ein seltsames Gebräu aus Faktenhopfen, metaphysischem Malz und esoterischen Schaumflocken. Der mittelalterliche Wissende war in erster Linie gut in Astrologie, Alchimie und Pharmakologie. Das vom Wissensprivileg ausgeschlossene Volk machte sich eher lustig. Im elften Jahrhundert hielt man Silvester II. für den ersten Papst, der als Schwarzkünstler mit dem Teufel im Bunde war – nur weil er Bücher las.

In der Renaissance kam die antik-fröhliche Freude am Geistigen wieder auf, erhöht durch fruchtbare Freizügigkeiten in Geist und Kunst. Unwissen und Aberglauben des Mittelalters wurden radikal überwunden. Philosophie, Geometrie und Astronomie waren geachtet wie alles, was wenig oder nichts mit Magie zu tun hatte. Medizin gehörte noch nicht dazu, während lateinische und griechische Sprache zum Rüstzeug des Gentleman gehörte, so wie ab dem sechzehnten und siebzehnten Jahrhundert die Mathematik.

Ein seltsamer Wendepunkt war das achtzehnte Jahrhundert. Einerseits steigerte dieses „Jahrhundert der Genies“ (Goethe, Schiller, Voltaire, Mozart, Beethoven, Kant) den Wissenshunger generell, verschob ihn aber qualitativ. Die Französische Revolution färbte ihn politisch. Die industrielle Revolution färbte ihn in Richtung „Nützlichkeit“.

## III.

Das Politische schadete nicht. Es erhöhte die Temperaturen und Temperamente der Köpfe.

*„Das Nützliche schadet ungeheuer.“*

Das Nützliche schadete ungeheuer. Wir leiden bis heute daran. Parallel zur Entwicklung der Maschinenwelt – zuerst Eisenbahnen, Textilmaschinen, Bergbau – wurde zunehmend der Wert des sogenannten unnützen Wissens angezweifelt. Mit wachsender Ausschließlichkeit wurde jenes Wissen gefördert, das sich im Wirtschaftsleben gewinnbringend verwenden ließ.

Im zwanzigsten Jahrhundert gab es wunderliche Inseln des „sinnlosen Wissens um seiner selbst“ eigentlich nur noch in Frankreich und England. Deutschland zeigte sich viereckig und pragmatisch, trug dadurch allerdings auch viel zur nützlichen Chemie und Elektrizitätswirtschaft bei. Als noch radikaler pragmatisch erwiesen sich die Supermächte Rußland und Amerika.

Rußland sah zu, daß alles Gelernte einen staatspolitisch nützlichen, erzieherischen Wert hatte. Und Amerika meuchelte die Sprache. Daß diese auch einen losgelöst-ästhetischen Glanz haben könne, wurde als unwichtig verworfen. Das führte zu einer Verelendung der alten Bildungssprachen. Nur die Kirchen blieben eine Ausnahme, auch bei den Sowjets und Amerikanern. Das Altgriechische und Lateinische boten einen mystischen Schmelz, der es leichter machte, die nicht gerade naturwissenschaftlichen Inhalte der Theologen zu transportieren.

In den USA ist man bis heute affenstolz auf die Verkleinerung der Sprache. Rationalisierung! In der Geschäftskorrespondenz verwendet man gerade noch tausendfünfhundert Wörter, ist aber bekümmert, daß es so viele sein müssen. Tatsächlich entwickelte man „Sprache light“, das sogenannte „Basic English“, das mit achthundert Wörtern auskommt.

Achthundert Wörter sind keine Sprache mehr. Das ist Stammeln. Es reicht noch für die Aufnahme des Inhalts des Falk-Blattes „Die ganze Woche“. Die „ZiB 2“ ist schon nicht mehr zur Gänze drin.

> „*Achthundert Wörter sind keine Sprache mehr.*“

Der Aufbau einer anspruchsvollen Phantasiewelt braucht einen Schatz von gut zweihunderttausend Wörtern.

## IV.

Egoisten, die nicht nur am äußeren schönen Leben interessiert sind, das der Kapitalismus zur Verfügung stellt, sondern auch einen inneren Durst nach Schönem und Hohem befriedigen möchten, leben jetzt in einer überraschend günstigen Zeit.

• Rein zyklisch ist nach der langen utilitaristischen Epoche des Nützlichkeits-Vorranges ein Umschwung zu erwarten. Das Pendel ruht schon im Totpunkt oder ist bereits auf dem Weg zurück. Indizien dafür sind wachsende Kunstbegeisterung und beispielsweise die erstaunlich hohen Einschaltquoten des „Literarischen Quartetts“, das ja – anders als die ebenfalls erfolgreiche TV-Serie „Universum“ – völlig der nutzlosen Phantasiewelt geweiht ist.

• Der Computer, zunächst geeignet, mit seinem primitiv-binären System die Welt endgültig zu verflachen, stellt nun im Dschungel der Software-Vielfalt auch fruchtbare Palmen zur Verfügung, die eine höhere Sicht erleichtern.

In den Mittelpunkt eines neuen Wissens-Kultes werden die sogenannten „References" rücken, hauptsächlich die Enzyklopädien auf CD-ROM.

Die wichtigsten Beispiele mit einem hohen Anteil von Microsoft sind: „Encarta" und „Lexirom" (alle drei MS), „Discovery" (Bertelsmann) sowie „Grolier" und „Compton's".

Diese Lexika sind bereits von zahllosen anderen Planeten und Monden umkreist, die große Leuchtkraft in anspruchsvollen Teilbereichen haben: CD-ROM-Literatur wie „Thomas Mann – Rollende Sphären" und „Goethe in Weimar", CD-ROM-Kunst wie „Dr. Barnes – a Passion for Art" oder „Louvre" (oder die hervorragende CD-I über Österreichs Nationalbibliothek) oder CD-ROMs wie „Alte Kulturen" und das international ausgezeichnete österreichische Architektur-Produkt „Visionäre im Exil".

*„Zwei Eigenheiten der CD-ROM, die sie über die alten, schweren Lexika heben."*

Die zwei Eigenheiten der CD-ROM, die sie über die alten, schweren Lexika heben, sind logische, blitzschnelle Such-Pfade und Multimedia: Texte, Ton, Bilder und Video werfen das Wissen in die Köpfe, als käme es aus dem wirklichen Leben. Der entscheidende Vorteil: Man merkt sich alles leichter, weil dichtere Assoziationsketten im Hirn gebildet werden. (Das Internet hat gegenüber CD-ROM noch einige Schwächen.)

Die Perfektion der CD-ROMs hat einen einzigen Nachteil. Man sucht sehr gezielt und wird nicht mehr abgetrieben wie bei den älteren Wälzern von Brockhaus und Meyers. Dort haben viele wegen der Mühsal, einen dicken Band zurückzustellen und einen neuen herauszunehmen, einfach alle Stichwörter, die zufällig hintereinander kamen, studiert. Manche wußten alles, was unter dem Buchstaben „A" versammelt war, und sonst nichts.

Das ist aber etwas Schönes. Denn das Wunderliche und Zufällige, so weiß man heute, ist ein Wert für sich und fügt sich im Lauf der Zeit von selbst zum Nützlichen.

## V.

Die Wissens-Chemie ist überhaupt eine seltsame Sache. Sie entspricht nicht dem Hausverstand.

Beispielsweise haben Untersuchungen ergeben, daß nicht die peinlich-geordnete, verschwitzte und ein wenig lustlos-brave Wissensaufnahme das Bessere ist, sondern das schlampige, wilde Chaos.

Grund: Beim chaotischen Verfahren spielt auch die rechte Gehirnhälfte mit, die sonst brachliegt. Überdies ist die Angst unbegründet, daß einer, der das Schöne und Kluge wie Kraut und Rüben einwirft, am Ende gar nichts weiß.

Es ist gerade umgekehrt. Das Hirn ist unausgelastet. Es sehnt sich danach, Ordnungsaufgaben zu übernehmen. Es seufzt glücklich, wenn es den Sauhaufen gliedern und schubladisieren kann.

Da dies ganz zwanglos geschieht, gehen keine Energien und keine Lust-PS verloren.

Resümee: Der Liebhaber des scheinbar sinnlosen Wissens hat heutzutage einen guten Buchhändler, einen guten PC mit CD-Laufwerk und die Bereitschaft, auf die geistige Ordnungsliebe seiner Vorfahren zu pfeifen.

So schließt sich der Kreis vom scheinbar sinnlosen Wissen zum nützlichen Wissen von selbst.

Spitzenkräfte der Wirtschaft sind auf höchster Ebene nur dann angesehen, wenn sie neben Soll und Haben auch noch Spinoza und Hollein, Sun-Tse und Hammurabi im Kopf führen.

*„Das Hirn seufzt glücklich, wenn es den Sauhaufen gliedern kann.“*

# Die Anziehungskraft des Schurkischen und die Angst, als guter Mensch unter die Räder zu kommen

Wer sagt eigentlich, daß man immer verliert, wenn man anständig durchs Leben geht?

*„Nach einem Sturz vom Pferd habe ich jedes Gefühl für Moral verloren."*
(Alphonse Allais)

I.

Wir haben nicht die geringste Ahnung, ob es mehr gute oder mehr schlechte Menschen gibt. Die lautstarke Minderheit – beispielsweise Politiker, Theaterleute, Journalisten – würde den Schluß nahelegen, daß das Dunkle, ja Umnachtete im Gewinnen ist. Die stumme Mehrheit aber ist ein Rätsel, und darin liegt die Hoffnung, dort könnte das Gute das Böse überwiegen; die mit den weißen Cowboyhüten könnten zahlreicher sein als die mit den schwarzen.

II

*„Jeder einzelne weiß in jeder Sekunde, ob er richtig oder falsch gehandelt hat."*

Wobei eine Definition dessen, was gut oder böse sei, ganz und gar unnötig ist – es gibt da ohnehin ein instinktives Übereinkommen.

Jeder einzelne weiß in jeder Sekunde, ob er im Sinn einer höheren Wertigkeit richtig oder falsch gehandelt hat. Der unbestechliche Schiedsrichter *Gewissen* entscheidet darüber. Er befindet, ob alles mit fairen Dingen zuging. Das Gewissen entscheidet, ob ein Täter stolz in den Spiegel blicken kann oder ob dies ein Anblick ist, schrecklich und gemein.

Und so wie jeder einzelne in jeder Sekunde über sich Bescheid weiß, so weiß es auch das ganze Volk. Gemeinschaften, die über Jahrhunderte auf dem gleichen Fleck leben, haben ein starkes Wertesystem, das von Generation zu Generation weitergetragen und verfestigt wird. Die Zehn Gebote der Christenwelt mögen einmal wichtig gewesen sein – heute ist ihr Inhalt durch Lehre, Erbe und Übung längst automatisch verankert. Jedes Kind weiß auch ohne Kirchenbuch, daß man den armen Nächsten lieben soll wie sich selbst, ihm zumindest nicht die Ohren langziehen oder die Rolex wegnehmen soll.

Böse im Sinne dieses Essays: einer, der sich über die Spielregeln der Gemeinschaft hinwegsetzt. Ein ungesunder Egoist, der mit einer Politik der verbrannten Erde über die Interessen der Mitmenschen hinwegstürmt, um auf deren Kosten seine eigenen Vorteile zu maximieren.

## III.

Es ist schon lange her, daß mich ein Student der Linzer Universität auf das Thema brachte. Ich bereitete mich gerade in einem Uni-nahen Wirtshaus auf eine Podiumsdiskussion vor. Der Student kam zu meinem Tisch und knallte *trend* und *profil* hin. Er wies auf die beiden eleganten Blätter „Wie haltet ihr das aus? Wenn man das alles liest, glaubt man, daß die Welt aus lauter Schurken besteht. Steuerhinterzieher, Unterschleifer, Geber, Nehmer, reiche Pleitiers, noch reichere Rauschgifthändler, korrupte Politiker jetzt auch schon in Tokio."

„In Tokio waren sie schon immer korrupt", sagte ich.

*„In Tokio waren sie schon immer korrupt."*

„Sie sollten nicht scherzen. Sie gehören doch auch zur sogenannten 68er-Generation? Sie haben 's leicht. Sie haben Ihre Illusionen schon verloren. Wir 20jährigen haben noch welche. Aber wahrscheinlich auch nicht mehr lang. Man muß sich schön langsam die Frage stellen, wie man sich aufs Leben nach der Uni vorbereitet, unter anderem auf die Karriere. Und mehr und mehr stelle ich mir die Frage, ob man sich den Schurken anpassen muß, um erfolgreich oder wenigstens reich zu werden. Wie ist das? Ist es gescheiter, der Anziehungskraft des Schurkischen nachzugeben, oder geht 's auch mit Anstand und Würde?"

„Ich hab' keine Ahnung", sagte ich, „ich würde Ihnen gerne einen Tip geben, aber ich habe keinen. Noch vor einem Jahr hätte ich blindlings gesagt, Sie sollten anständig sein, schon aus Egoismus, weil 's nämlich angenehmer ist. Das glaub' ich zwar immer noch, aber ob 's fürs Geschäft und die Karriere g'scheiter ist, wie Franz von Assisi durch die Welt zu gehen, weiß ich nicht mehr so genau."

„Früher hat es immer geheißen, die Älteren hätten so viele Vorschläge für die Jüngeren. Den Eindruck habe ich nicht gerade. Kennen Sie irgendeinen sinnvollen Vorschlag, der jemals von einem Älteren kam?"

„Ja", sagte ich, „ich kenne zwei. Ob sie was helfen, weiß ich allerdings nicht. Conrad Hilton sagte, nach 80 Lebensjahren könne er im

Grund nur eines mit Sicherheit sagen, daß es nämlich gescheiter sei, beim Duschen den Vorhang in die Badewanne hängen zu lassen. Und Heimito von Doderer meinte, man sollte am besten im Bett bleiben: *Wir haben Reichtum in den Träumen. Beim Erwachen machen wir Bankrott, nehmen dann ganz geduldig das Leben eines armen Teufels auf uns und vergessen, daß wir einst bessere Nächte gesehen.“*

„Sehr witzig“, sagte der Student, „aber hinsichtlich Gut und Böse hilft ’s ja wirklich nicht weiter.“

„Vielleicht doch“, sagte ich, „vielleicht kann man es dialektisch sehen. Das Gute als These und das Böse als Antithese und die Ironie als Synthese. Vielleicht sollte man halb schurkisch und halb engelhaft und vollironisch durchs Leben gehen.“

*„Wenn sich einer fürs Schurkische entscheidet, sollte er es wenigstens mit Witz tun.“*

Ich meine, wenn sich schon einer fürs schwungvoll Schurkische entscheidet, sollte er es wenigstens mit Witz tun. Vorbild könnte der Franzose Alphonse Allais sein – siehe Zitat am Beginn des Essays.

## IV.

Ob sich einer vom Schurkischen oder vom Anständigen mehr Erfolg erwartet, hängt nur davon ab, ob er glaubt, hauptsächlich unter Schurken oder Anständigen zu leben. Lebte er unter Schurken, würde er wohl als Anständiger untergehen wie ein törichter, naiver Simpel, der gelegt wird, wo er geht und steht.

Unglücklicherweise dürfte die pessimistische Auffassung überwiegen. Das hat erstens mit der aktuellen Gegenwart zu tun. Ein Land, das in regelmäßigen Abständen seine kleinen Skandale hat, scheint der Engel bar. Zweitens vertiefen die Medien mit ihren Mann-beißt-Hund-Geschichten den Eindruck, das Absurde, Dämonische und Böse überwiege.

Und drittens, das ist besonders ernst zu nehmen, sind auch viele der berühmtesten Philosophen zu den bittersten Auffassungen gekommen. Man muß da gar nicht die weltberühmten Grantscherben wie Nietzsche und Schopenhauer („Glück ist die vorübergehende Abwesenheit von Unglück“) als Beispiel nehmen. Schon unter den eher fröhlichen griechischen Philosophen kamen etliche zu dem Schluß, das Böse überwiege.

Die schönste diesbezügliche Geschichte spielt in Delphi. Die sieben Weisen hatten ein Rendezvous beim Orakel des Apollo. Die Priesterin, die sie empfing, nützte die Gelegenheit und ersuchte die tollen Burschen, je einen wesentlichen Denksatz in die Tempelwand zu schlagen. Chilon von Sparia meißelte: „Erkenne dich selbst." Kleobulos: „Alles mit Maß." Periandros: „Das Schönste auf der Welt ist die Ruhe." Solon: „Lerne zu gehorchen, und du wirst lernen zu befehlen." Thales: „Gedenke der Freunde." Pittakos verewigte den völlig umnebelten Satz: „Gib das Verwahrte zurück", und Bias von Priene weigerte sich stundenlang, irgend etwas zu tun. Schließlich erlag der Arme dem Drängen seiner berühmten Freunde. Mit zitternder Hand ergriff er den kleinen Meißel.

Dann schlug er ewige Worte ein: „Die meisten sind schlecht."

## V.

Luciano De Creszenco, ein zu Witz, Harmonie und zum Guten tendierender Italiener, hat in seinem Buch „Die Vorsokratiker" verzweifelt versucht, dem Satz des Herrn Bias den Schrecken zu nehmen.

Creszenco schreibt: *Man könnte die Maxime des Bias vielleicht auch so auslegen: Die meisten sind schlecht, aber nur, solange sie die Mehrheit bilden. Mit anderen Worten, als einzelner ist jeder Mensch gut, nur in der Masse verwandeln sich alle in wilde Tiere.* Creszenco weiter: [...] *ich* [...] *hatte immer eine Neigung, mich unter die Minderheiten zu mischen, und daher muß ich mich fragen, habe ich die Massen gemieden, um mich nicht von der kollektiven Bösartigkeit anstecken zu lassen? War das nur reiner Snobismus von mir? Angst, zum Herdentier gemacht zu werden? Antidemokratischer Rassismus eines Menschen, der sich einbildet, einer Gruppe der WENIGEN, ABER GUTEN anzugehören?*

Diesen Rassismus und Snobismus ließe ich mir gefallen. Seine Segnungen scheinen mir anziehend – so sehr, daß sie die Anziehungskraft des Schurkischen überwiegen.

Und ein weiterer Grund, sich den Guten zuzugesellen, liegt in einem Auseinanderhalten von Weisheit und Idealismus.

Es mag weise sein, ans Schlechte zu glauben. Aber Weisheit ist nichts anderes als gesunder Menschenverstand und reiche Lebenserfahrung. Idealismus hingegen ist der unwiderstehliche Wille, an eine bessere Zukunft zu glauben.

Es mag für den Tag günstiger sein, sich auf die Seite des Schurkischen zu schlagen. Für die Zukunft aller und jedes einzelnen aber ist es gescheiter, im Team der Guten zu spielen.

„*Für die Zukunft ist es gescheiter, im Team der Guten zu spielen.*"

# Weiterbildung und Umbildung als Einbildung

Kann man aus einem Betonierer einen Programmierer machen? Kann man einen Pudding an die Wand nageln? Ja, aber es ist schwieriger, als wir dachten.

*„Das Leben ist einfach ein verdammtes Ding nach dem anderen."*
(Elbert Hubbard)

Dieser Essay hat zum Ziel, die vielleicht wichtigste Aufgabe der Gegenwart kühler und konstruktiver zu sehen. Das könnte den unglücklichen Arbeitslosen eher helfen als die vielen frommen Initiativen zu ihrer Rettung.

Das wichtigste ist Geduld statt Hysterie: zu erkennen, daß nur eins nach dem anderen geht, eine Politik der kleinen Schritte und der richtigen Reihenfolge.

## II. Eine Sieben-Jahre-Herausforderung

Zuerst die guten Nachrichten à la „Fürchtet Euch nicht, alles wird gut".

Es gibt dafür zwei Anhaltspunkte:

• Die Arbeitslosigkeit regelt sich bald von selbst – sie kippt dann ins Gegenteil.

• In der prinzipiell richtigen Umschulung von Handarbeitern (blue collar workers) zu Kopfarbeitern (white collar workers) werden Fehler gemacht. Das klingt nach schlechter Nachricht, ist aber insofern eine gute, da in jedem heutigen Fehler eine Reserve für eine bessere Zukunft schläft.

## III. Die Arbeit und die Alterspyramide: Der Terror der grauen Panther

*„Die Arbeitslosigkeit wird sich im Jahre 2005 ins Gegenteil drehen."*

Die Arbeitslosigkeit wird sich im Jahre 2005 ins Gegenteil drehen. Der Effekt der Babyboom-Jahre wird versiegt sein. Unternehmer werden auf Knien jeden Dahergelaufenen bitten, um ein mörderisches Gehalt irgendwelche Handgriffe oder Denkarbeiten zu verrichten.

Heute sind die Arbeitsanbieter knapp, die Nachfragenden zahlreich. 2005 wird es umgekehrt sein – eine massenpsychologisch erfreuliche, volkswirtschaftlich nicht ungefährliche Situation, etwa im gleichen Maße gefährlicher, als eine Deflation schlimmer ist als Inflation.

Wir werden also aus demoskopischen Gründen mehr Arbeit als Arbeiter haben. Und so nebenbei werden wir zum ersten Mal erkennen dürfen, was es bedeutet, wenn ältere Menschen die Macht der Mehrheit haben. Die „grauen Panther" werden durch die Mathematik der Bevölkerungspyramide und die Segnungen der Medizin das Land beherrschen und vielleicht terrorisieren, wohl angeleitet durch Hans Dichands „Kronen Zeitung", die einen genialen Sinn für Mehrheiten hat.

*„Die ‚grauen Panther' werden das Land beherrschen."*

Das wird ziemlich enervierend oder witzig werden, doch schieben wir diesen Aspekt zur Seite.

Für die nächsten Jahre haben wir uns noch mit gebührendem Ernst über die Herausforderungen „Arbeitslosigkeit" und „Umbildung" den Kopf zu zerbrechen. Die Arbeitslosen können nicht jahrelang warten. Man kann als guter Mann wie Heinrich Harrer auch sieben Jahre in Tibet überleben, wenn man dort eine Aufgabe hat, beispielsweise die Schulung des Dalai Lama. Man kann aber nicht einmal fünf Jahre im eigenen Land überleben ohne ein Gefühl der Nützlichkeit.

Bemerkung am Rande: Wem zum Begriff „Arbeitsloser" gleich der Begriff „Tachinierer" einfällt, der ist herzlos und dumm. Es gibt sie zwar. Sie sind aber eine verschwindende Minderheit. Ein westlich und wettbewerbsorientierter Staat wie Österreich, der diese Minderheit – manchmal Lebenskünstler, oft desorientiert, meist krank – nicht akzeptieren und finanzieren mag, verdient nicht, die Nummer sieben in der Wohlfahrtsstatistik von 200 Staaten dieser Welt zu sein.

## IV. Arbeitslosigkeit: Auf hohem Niveau im Kreis gehen

In der klassischen Diskussion über die Arbeitslosigkeit drehen wir uns im Kreis. Allerdings immer qualifizierter. Es wäre lächerlich anzunehmen, daß nichts geschieht. Es vergeht kein Tag in der Europäischen Union ohne eine große einschlägige Konferenz.

Nur: Wirklich neue Rezepte standen nicht auf. Sind vielleicht auch nicht mehr möglich, bei aller Berücksichtigung kreativer niederländischer und primitiver amerikanischer Modelle.

## V. Umschulung: Die Überschätzung des direkten Wegs

Das Hauptproblem: Blaue Arbeit geht aus, weiße Arbeit ist gefragt.

Umschulung von blau auf weiß ist eine unserer größten pädagogischen und budgetären Herausforderungen.

Von den ursprünglichen Anlagen der Betroffenen her ist das meist kein Problem. Der beste Schüler meiner Hauptschule in Pottschach, der in seiner Brillanz Kreise um uns andere zog (Initialen F. T. ), wurde von seinem irregeleiteten Vater in eine Karriere als Former & Gießer bei Schoeller-Bleckmann in Ternitz genötigt. Er ist ein Beispiel von Hunderttausenden, denen das Schicksal die Weichen falsch stellte. Er wäre heute vielleicht ein neuer Einstein oder Stephen Hawking.

Theoretisch ist das wieder gutzumachen. Praktisch ist es schwierig. Nicht, weil der Geist so leicht umzubringen wäre.

> „Hauptproblem ist das intellektuelle Selbstvertrauen."

Das Hauptproblem ist das intellektuelle Selbstvertrauen, das mit jedem Tag verliert, so wie das Ufer eines Flusses jeden Tag an das dumpf fließende Wasser einen Stein abgibt.

Nach einem Vortrag vor Jugendlichen in Oberösterreich, die immerhin schon Twens waren (Schiele und Büchner starben mit 28!), antworteten auf die Frage, was ihrer Karriere im Wege stünde, alle und fast ausnahmslos mit: „Mein eigenes mangelndes Selbstvertrauen."

Das kann kein Zufall sein.

Die Stoßrichtung der heutigen Umbildung ist daher vermutlich schlichtweg falsch. Sie vermittelt in erster Linie Inhalte: Englisch, Windows 2000, Servicetechnik. Das ist toll und nützt. Was wir aber elementar ändern müßten, wären zunächst die Grundhaltungen tief drin in jenen, die aus eigener Trägheit oder äußerem Schicksal als Erwachsene zu keinem Sieg und keinem Applaus kamen.

Sonst lackieren wir mit großem Aufwand verrostete Seelen.

# Die lockenden Goldschätze der rechten Gehirnhälfte

Die Kunst liegt darin, das eckige Gestein der linken Gehirnhälfte beiseite zu räumen.

*„Im Grunde genommen ist es so,*
*wie es schon mit 15 Jahren war.*
*Am schönsten ist das Leben,*
*wenn man sich etwas ausdenkt,*
*etwas phantasiert, etwas erspielt,*
*also in der sogenannten Wirklichkeit.“*
(Peter Turrini)

## I.

Dieser Satz, der ein Interview der Tageszeitung „Standard“ abschloß, fällt in die Kategorie „Glück durch Aktivierung der rechten Gehirnhälfte“.

Die RH (rechte Hirnhälfte), in der Steinzeit wichtig, weil sie für den Instinkt zuständig ist, wurde in den modernen Zeiten seit der sogenannten Aufklärung immer unwichtiger. Es kam zur Karriere der LH (linken Hirnhälfte), in der die Vernunft und die Vierecke zu Hause sind.

Turrini, wenn er sich etwas ausdenkt, etwas phantasiert, etwas erspielt, ist einer der Pioniere der Wiederentdeckung der RH.

Abkehr von der Außenwelt.
Hinwendung zur Innenwelt.
Abkehr von der Realität.
Hinwendung zum Traum.
Abkehr vom Gewußten.
Hinwendung zum Erspürten.

Der Wechsel von der überstrapazierten LH zur unterstrapazierten RH ist wohltuend, weil man weich fällt. Man fällt aus der Welt des Vierecks in die Welt der Watte, aus der Geometrie in die Spirale, aus der Welt der Sprache in die Welt des Bildes, aus dem technisch präzisen Verstand in den schwierig zu benennenden Verstand der Seele.

*„Man fällt aus der Welt des Vierecks in die Welt der Watte.“*

II.

Die RH und die LH sind medizinisch nachweisbar. Unappetitliche Schaubilder zeigen uns zwei Teile des grauen Gewölks, die durch einen geheimnisvollen Nervenkabelstrang, den sogenannten „Balken“ (Corpus callosum) verbunden sind. Dieser ist Gegenstand einer fiebrigen, noch nicht zufriedenstellend abgeschlossenen Forschung.

Die Hirnforscher, nach meiner Auffassung die Creme der Creme, vergleichbar den Wirtschaftsforschern, die dem Wesen des Geldes auf die Spur kommen wollen, also tapfere Suchende in abstrakten Dschungeln, sind weit gekommen, aber noch lange nicht am Ziel.

*„Neben dem Verstand das Gefühl wieder achten.“*

Sie sind sich allerdings einig in der Vermutung, daß in der heutigen Zeit jeder großes Heu in seine Scheune fährt, der vor den anderen die rechte Hirnhälfte wiederentdeckt. Es hätten, so wird gesagt, jene einen Vorteil, die neben dem Verstand das Gefühl wieder achten; und neben dem Wissen das Ahnen; und neben dem Kopf das Sonnengeflecht.

Die RH, einst überbeschäftigt durch den steinzeitlichen primitiven Menschen und heute unterbeschäftigt durch den neuzeitlichen gebildeten Menschen, steht vor einer Renaissance.

III.

Einige Aussagen:

„Jeder Schöpfungsakt setzt eine neue Unschuld der Wahrnehmung voraus, befreit vom grauen Star der überlieferten Meinungen.“

Arthur Koestler: „Die Nachtwandler“.

„Die wichtigste Erkenntnis, die sich herauszukristallisieren scheint, ist die, daß es anscheinend zwei Denkweisen gibt, die Verbale und die Nonverbale, die weitgehend getrennt voneinander von der linken und der rechten Hemisphäre repräsentiert werden. Unser Bildungssystem wie auch unsere Wissenschaft allgemein neigen dazu, die nonverbale Form der Intelligenz zu vernachlässigen. Das hat zur Folge, daß die rechte Gehirnhälfte seitens unserer Gesellschaft diskriminiert wird.“

Roger Sperry in „Lateral Specialization of Cerebral Functions in the Surgically Separated Hemispheres“.

„Die Daten beweisen, daß die besonderen Fähigkeiten der niedriger eingestuften stummen rechten Hemisphäre in der Gestaltwahrnehmung liegen, da sie in der Verarbeitung der aufgenommenen Reize vorwiegend synthetisch vorgeht. Die höher bewertete, sprachkundige linke Hemisphäre dagegen scheint stärker logisch-analytisch, ähnlich einem Computer, zu operieren. Ihre sprachliche Umsetzung ist den blitzschnell ablaufenden, komplexen Synthesen der rechten Hirnhälfte nicht gewachsen."

Jerry Levy, 1978

IV.

Um die zwei Welten der RH und LH klarzumachen, haben einige Wissende eine Reihe von Gegensätzen oder Polarisationen formuliert. Ehe ich zwei der wichtigsten anführe, möchte ich einen mnemotechnischen Trick verraten.

Wie kann man sich merken, welche Gehirnhälfte für den mathematischen Verstand und welche für das Gefühl zuständig ist? Ich hatte damit ein Problem, weil ich links mit Herz und Gefühl assoziierte, was in der Hirnforschung aber grade umgekehrt die Seite der kalten, eckigen Vernunft ist (ich halte mich bei der Definition von rechts und links an die wichtige angelsächsische Literatur).

Am leichtesten merkt man sich die Zuordnung nach einer Idee von Betty Edwards, die ein großartiges, auch ins Deutsche übersetztes Buch schrieb: „Garantiert zeichnen lernen – Das Geheimnis der rechten Hirnhemisphäre und die Befreiung unserer schöpferischen Gestaltungskräfte".

Betty Edwards schlägt vor, sich die LH als fettes eckiges „L" (wie „links") vorzustellen, die RH hingegen wie ein sanftes, schmales, verschlungenes „R" (wie „rechts").

So merkt man sich 's leicht.
L ist der Stechschritt.
R ist der offene Tanz.

V.

Zu den Polarisierungen, die als Merkmale von R und L formuliert wurden, zitiert Edwards zunächst „I Ging", das „Buch der Wandlungen". Dort ist der Dualismus von Yin und Yang verzeichnet, nichts anderes als der Unterschied der rechten und der linken Gehirnhälfte.

*„Der Dualismus von Yin und Yang ist nichts anderes als der Unterschied der rechten und der linken Gehirnhälfte."*

Das sieht so aus:

| | |
|---|---|
| links | rechts |
| Yang | Yin |
| männlich | weiblich |
| positiv | negativ |
| Sonne | Mond |
| Licht | Dunkelheit |
| aggressiv | nachgiebig |
| kalt | warm |
| Frühling | Herbst |
| Sommer | Winter |
| bewußt | unbewußt |
| linkes Hirn | rechtes Hirn |

Da wir einen Aufschrei moderner Frauen befürchten, beeilen wir uns ängstlich, eine zweite Hirnhälften-Assoziationsreihe anzubieten, die Joseph E. Bogen in „Some Educational Aspects of Hemisphere Specialization“ darlegte, und zwar so:

| | |
|---|---|
| links | rechts |
| Verstand | Intuitives Erfassen |
| konvergent | divergent |
| digital | analog |
| sekundär | primär |
| abstrakt | konkret |
| zielgerichtet | freischweifend |
| analytisch | relational |
| linear | nichtlinear |
| rational | intuitiv |
| analytisch | ganzheitlich |
| objektiv | subjektiv |

„*Lerne wieder, vor deinem Kopf deinem Bauch zu vertrauen.*“

Jetzt, nachdem vielleicht etwas klarer ist, wie LH und RH arbeiten, interessiert nur noch die größte Dreier-Frage unseres endlichen Daseins:

Was geht mich das an?
Was habe ich davon?
Wie kann ich das nützen?

Moderne Managementtechniker geben darauf eine enorm schlichte Antwort: „Lerne wieder, vor deinem Kopf deinem Bauch zu vertrauen, und vor deinem Verstand deinen Gefühlen.“

Zu ihrem Glück wissen sie nicht, daß sie damit eine Maxime von Leuten vertreten, die sie normalerweise verachten: der Militärs, die seit jeher, soferne es das Schlachtfeld zuläßt, „eine Entscheidung 24 Stunden überschlafen".

*„Eine Entscheidung 24 Stunden überschlafen"*

Das ist nichts anderes als eine Delegierung aus den Händen der staubtrockenen Vernunft in die Moschus-Arme des Unterbewußtseins.

## VII.

Wer beide Hirnhälften nützen kann, ist anderen gegenüber im Vorteil.

Die linke Hemisphäre (das eckige rationale „L") kann heutzutage jeder. Die rechte muß wieder dazugelernt werden.

Wie vorteilhaft sich die Zu-Gesellung der entwöhnten rechten Hemisphäre auswirkt, kann in drei kreativen Bereichen besonders schön nachvollzogen werden.

Was das Schreiben betrifft, hat mein All-time-Science-fiction-Lieblingsautor Ray Bradbury (berühmt seit „Fahrenheit 451") in der schmalen Abhandlung „Zen und die Kunst des Schreibens" folgende Ansicht vertreten: „Zunächst mußt du arbeiten, hart arbeiten, viel arbeiten. Aus der Quantität erwächst die Qualität. Und dann gilt: NICHT DENKEN! Deine Figuren und Romanhelden werden dir selber zeigen, wo es langgeht."

Was das Zeichnen betrifft, belehrt uns Betty Edwards ebenfalls, unser Denken und WISSEN aufzugeben, um zur besten Gestaltung zu kommen. Eine ihrer Anfangsübungen für Zeichenschüler führt fort vom Zeichnen der Gegenstände und hin zum Zeichnen der abstrakten Zwischenräume, die sich zwischen den Gegenständen als LEERE empfehlen, aber fortan als Form gesehen werden sollten. Die Idee, die dahintersteckt, ist diese: Solange man etwas zeichnet, das man zu kennen glaubt, zeichnet die Vernunft mit ihrer eckigen Hand. Das Unbekannte aber zeichnet das Gefühl mit seiner runden künstlerischen Schrift (ich fürchte mit all der mir zur Verfügung stehenden Zen-Demut, ich habe das jetzt kürzer und schöner als Betty ausgedrückt, der eine größere linkshemisphärische Vernunft im Wege steht).

Das allerschönste Beispiel für die Würde einer RH-Kreativität liefern die alten Fotografen. Der Zauber und die Makellosigkeit der alten Schwarzweißfotografien von Ansel Adams und Edward Weston sind zu einem großen Teil in ihrem Werkzeug begründet, das auch heute noch jedem zur Verfügung stünde, der seine Bequemlichkeit aufzugeben imstande ist.

Sie arbeiteten mit sogenannten Großformatkameras (meist 8×10 Inch, rund 20×25 cm). Das sind jene Monsterkameras, die auf riesigen Stativen ruhen. Der Fotograf komponiert das Bild, attraktiv unter einem schwarzen Tuch versteckt, auf einer großen Mattscheibe. Deren Geheimnis liegt darin: Das Bild wird nicht nur seitenverkehrt (Abstraktion erster Art), sondern auch auf dem Kopf stehend gezeigt (Abstraktion zweiter Art). Der Fotograf erkennt den Gegenstand nicht mehr so, wie er ihn WEISS. Er erkennt ihn nur mehr abstrakt. Er gestaltet keine Vertrautheiten, sondern Formen, Farben und Flächen. Er tritt aus dem WISSEN in die Welt des FÜHLENS. Er läßt sich nicht mehr ablenken von einem Gesicht, sondern balanciert das Gewicht von dunklen und hellen Bildteilen, die seinem Wissen fremd sind.

## VIII.

Peter Turrini, so wie die meisten großen Künstler, hat die RH im Wege seiner aus dem Gefühl strömenden Kunst selber aufgesucht, hat höflich angeklopft. Es wurde ihm aufgetan.

*„Den Versuch wagen, der rechten Hemisphäre eine Verlobung anzutragen.“*

Wir, die Mathematiker des Lebens, die Professoren der Vernunft, der wirtschaftlichen und politischen Realität („was 's wiegt, das hat 's“), sollten vielleicht den Versuch wagen, der rechten Hemisphäre ebenfalls eine Verlobung anzutragen.

Und sei es nur, weil wir davon banal profitieren wollen und der nächste Quartalsgewinn höher sein soll als der vorige.

# Der verhängnisvolle Verlust der Stille

Der Höllenlärm des Karriere-Alltags zernagt die Kräfte. Der Lärm des Privatlebens gibt den Rest. Die erfolgreichsten Männer und Frauen der Zukunft werden den schnellen Wechsel von Wallstreet-Hektik zur Idylle schaffen. Sie werden sich auch öfter aus dem Verkehr ziehen, um stärker wiederzukommen.

*„Die ganze Würde des Menschen liegt im Denken."*
(Blaise Pascal)

I.

Können wir aus der Geschichte der Menschheit lernen?

Diese Frage ist oft verneint worden. Das ist unverständlich und unzutreffend. Man weiß gar nicht, wo man anfangen soll, die Lehren der Geschichte aufzuzählen.

Einige Erkenntnisse sind ja offen sichtbar. Man könnte sie sogar gewinnbringend nützen.

Beispielsweise die politische Erkenntnis, daß ohne umfassende Befriedigung der nationalökonomischen Grundbedürfnisse des Essens, Wohnens und Kleidens ein langer sozialer Friede nicht denkbar ist: Armut war immer der Nährboden für Diktatoren und Kriege.

Oder, anderes Beispiel, die zyklische Natur der Abläufe. Sie ist unübersehbar. Für die Enthüllung der Wirtschaftszyklen hat Wassily Wassilowitsch Leontief 1973 sogar den Nobelpreis erhalten. Das Zyklische gilt nicht nur für die Konjunkturen. Es geht weit hinein ins liebenswürdig Lächerliche, beispielsweise die Moden.

Gibt es auch einen Zyklus von lauten und leisen Zeiten?

*„Gibt es einen Zyklus von lauten und leisen Zeiten?"*

II.

Die Frage nach dem Lauten und Leisen in der Geschichte ist nicht leicht zu beantworten. Oberflächlich gesehen, ist die Welt auf natürliche Weise lauter geworden. Die 500.000 Bewohner des Diluviums waren leiser als die sechs Milliarden von heute.

Das hilft uns nicht weiter. Auch eine Abwägung Babylons, Ägyptens, des alten Griechenland und Roms fällt ziemlich schwer. Die historischen Zeugnisse sind multimedial unzureichend. Wir erhielten nur einfache Gegenstände, Bilder und Texte, aber kein Audio und Video. Wir lesen von einer erstaunlichen, vier Jahrhunderte umfassenden Friedensepoche unter den Hethitern und stillen Hirtenzeiten. Anderseits haben alle meine Lehrer die Geschichte offenbar als lückenlose Kette metallischer Kriege gesehen.

Die wichtigste Erkenntnis, die wir aus der jüngeren Historie seit Christi Geburt ziehen können, ist die, daß Stille oder Lärm einer Zeit noch keinen Rückschluß auf ihre Qualitäten zuläßt.

Die relativ verquasselte Zeit der alten Griechen, als Sokrates mit den Mächtigen und seiner Xanthippe stritt und Perikles seine Architekten niederbrüllte, war nicht furchtbar, sondern fruchtbar.

Die leise Zeit des Biedermeier, als sich die Menschen unter dem Polizeistaat Metternichs duckten, ist hingegen an Zeugnissen weiterführender Intelligenz arm.

Laut ist also nicht prinzipiell schlechter als leise.

Es ist aber auch nicht prinzipiell besser.

Beide Extreme sind elend.

Wir hatten im Mittelalter eine Totenstille.

Und haben jetzt einen Totenlärm.

### III.

Es muß irgendwas vorliegen, was das heutige Laute vom gestrigen Lauten und das gestrige Leise vom heutigen Leisen unterscheidet.

Beim Leisen kann man es schwer beurteilen. Es ist ja heute kaum mehr vorhanden. Wenn du es finden willst, mußt du auf entlegene Almen oder in die Außenbezirke Pekings gehen, was übrigens heute von Wien aus die gleiche Zeit erfordert, rund einen halben Tag. Die Alternative ist ein eigenes Heim mit hohen, schalldichten Mauern und modernen abschottenden Hilfen wie Fax, Internet-Adresse und E-Mail.

*„Wenn du es finden willst, mußt du auf entlegene Almen oder in die Außenbezirke Pekings gehen."*

Das Laute von heute ist eine eigene Kategorie.

Ich habe mit größtem Interesse und wachsendem Unmut vieles darüber gelesen. Fast immer sind es Boulevardzeitungen und Discos, Radio und Fernsehen und Wirtshäuser und Hi-Tech und Computer, die angeblich daran schuld seien, daß die Welt laut und dumm wurde.

Mit Verlaub: Einzelne dieser „Schuldigen" sind schon zum Teil unerfreulich. Aber machen die meisten dieser Phänomene die Welt nicht eher leiser? Zu den Vereinigten Staaten der Eingeschnorchelten? Es gibt nichts Stummeres als eine Disco und TV und Home-PC. Da singt man ja keine eigenen Lieder.

Das wirklich Laute kommt woanders her. Es kommt aus dem Inneren.

*„Das wirklich Laute kommt aus dem Inneren."*

IV.

Wer vor unserer Zeit geboren wurde, hatte ein leiseres Innenleben. Je weiter zurück wir in der Geschichte gehen, desto leiser wird es.

Das hatte früher einen elementaren Grund: Du starbst als der, als der du geboren wurdest. Es war undenkbar, aus seiner Kaste auszubrechen. Wer Sklave war, blieb es. Wer Bauer war, blieb es. Wer sogenannter Herr war, blieb es.

Heute kann jeder alles werden. Die meisten von uns kommen aus einer statistisch gesehen mittleren Position. Es liegt letztlich tatsächlich meist an uns selbst, ob wir zum sozialen Pflegefall oder zum Präsidenten der Weltbank werden.

Das macht unruhig und laut.

Die Bescheidenen schlagen um sich, um nicht Obdachlose zu werden.

Die Unbescheidenen schlagen um sich, um Präsident zu werden.

Das ist zwar im Einzelfall so laut wie das Klatschen mit einer Hand.

In Summe macht es einen Lärm, den es früher nicht gab.

V.

Die Studentenrevolution von 1968 hatte nicht zuletzt das Ziel, die Zwangsläufigkeit aller Kasten zu durchbrechen. Die Jungen sollten gegen die Alten, die Armen gegen die Reichen, die Denker gegen die Militärs, die Frauen gegen die Männer eine Chance haben.

Im Gegensatz zu den spöttischen Essays, die ich 1993 (zu ihrem 25. Geburtstag) darüber gelesen habe, halte ich die Revolution für geglückt. Es gab in der Geschichte der Menschheit keine Gesellschaft, die so durchlässig wurde wie die heutige.

Aber das heißt noch lange nicht, daß die Übergangsgenerationen, die den Wechsel zu verkraften haben, deswegen glücklich sein müssen.

Denn jetzt ist der kalte Wettbewerb über ein Volk hereingebrochen, das in der muffigen, aber gemütlichen Geborgenheit alter und bewährter Diktaturen aufgewachsen war: der Diktatur von Herr über Knecht, Mann über Frau, Politiker über Stimmvieh und, ökonomisch gesehen, der verstaatlichten Industrie und Hunderter Kartelle gegen den explosiven, einfallsreichen einzelnen.

## VI.

Der Wettbewerb hat laut gemacht.

Es ist der Laut des Nach-oben-Fliegens, so steil wie möglich. Nichts ist lauter als ein Hubschrauber, der senkrecht abhebt.

Wir erleben heute viele, die beruflich weiter sind, als sie es ursprünglich für möglich gehalten hätten, und trotzdem praktisch am Ende sind. Sie sind mitten im Erfolg unglücklich.

Ich glaube nicht, daß die Betroffenen beruflich überfordert sind. Es ist wahrscheinlich einfacher. Es ist zu laut geworden.

Zuviel Fremdbestimmung. Zu viele Hubschrauber rundherum.

Alle sind nervlich fertig. Sie glauben, sie müssen weiter rotieren, sonst stürzen sie ab.

» *Eine Elite, die zunächst für sich die Stille zurückgewinnt.* «

Was wir allmählich dringend brauchen würden, wäre eine Elite, die zunächst für sich die Stille zurückgewinnt. Die begreift, daß ihr im Grunde materiell nichts mehr passieren kann. Die auch weiß, daß sie nichts mehr beweisen muß. Die sich nach Schrems und Henndorf oder Lissabon zurückzieht, um einmal im Jahr mit einer wirklich großen Idee einen Quantensprung zu bringen. Und alle fünf Jahre auf ein Semester völlig verschwindet, auf das Risiko hin, vergessen zu werden, und auf die Chance hin, als ein Besonderer zurückzukehren.

Um unter all den ängstlichen Hubschraubern, die im eigenen und fremden Lärm stotternd schwanken, vielleicht sogar einer zu sein, dessen Propeller wedeln und auf eine Art funkeln, die vorher nicht möglich war.

Blaise Pascal, Erfinder der Rechenmaschine, großer Philosoph und Verehrer der Stille: „Das Unglück der Menschen rührt daher, daß sie nicht imstande sind, ruhig in einem Zimmer zu verweilen.“

# Zeit ist Gold

## Die innersten Werte sind im Wandel, mit ihnen ist es auch bald die Wirtschaft

### I.

Dieser Essay hat zum Ziel, die Umrisse einer Zukunft zu zeichnen, in der nicht nur die Jungen, die Grünen und die Herrgottsschnitzer, sondern auch die Führungskräfte der Wirtschaft in der Zeit etwas Neues sehen: nicht nur eine Maschine zur Vermögensvermehrung, sondern ein Feld der Freude.

Heute gilt: Zeit ist Geld – man versucht, sie schnell zu machen.

Morgen wird gelten: Zeit ist Gold – man versucht, sie langsam zu machen.

*„Zeit ist Gold – man versucht, sie langsam zu machen."*

Die Auswirkungen auf die Wirtschaft sind ungewiß. Konservative Manager, die noch in den alten Backformen gemacht wurden und in ihrer Denkweise wie ein Semmerl dem anderen gleichen, müssen darin eine krasse Umwertung und damit Katastrophe sehen. Tatsächlich aber könnte es auch das Beste für unsere künftige Wirtschaftswelt sein.

### II. Die Jungen und die Zeit – Die Ernten der Revolutionen – „Zeit ist keine Ware"

Eine Freundin mit Vornamen Kasumi, damals tätig für die zweitgrößte Zeitung der Welt, „Asahi Shimbun", erzählte schon vor gut zehn Jahren, an Japans Universitäten gebe es eine dreifache Revolution.

Erstens: Die jungen Frauen würden niemals die wirtschaftsfreundliche Rolle ihrer Mütter spielen. Diese seien nichts anderes als Watschenfrauen für ihre Männer, die von der Arbeit ausgelaugt und mit Whisky abgefüllt heimkämen, um sich dort abzureagieren und Kraft zu tanken.

Zweitens: Die jungen Frauen und Männer seien nicht mehr bereit, den Workaholics der Vätergeneration nachzueifern. Ihr Motto sei: „Unsere Zeit ist keine Ware, sie ist ein Wert." Sie hätten andere Vorstellungen, ihr Leben hinzubringen, wenn auch noch reichlich unklare.

Diese erste Welle verebbte. Das kam nicht unerwartet. Denn auch die gleichartige Revolution der Jungen im Westen, die es schon zwanzig Jahre früher gegeben hatte, war im Sand des Alltags ausgelaufen wie eine müde gewordene Brandung. Hier wie da änderte sich praktisch nichts. Die Revolutionäre der Spätsechziger, dichterisch befeuert von Kerouac und Dylan und beinahe militant geführt von Leuten wie Rudi Dutschke und Daniel Cohn-Bendit, wurden blitzartig Reaktionäre, sobald der Ernst des Lebens auf sie zukam, mit Familie, Kindern und Haus und Auto und Versicherung. Sie schlüpften so rasch in die alten Nadelstreifanzüge ihrer Väter, daß man seinen Augen kaum traute. Auch für sie wurde die Zeit eine Geldmaschine.

Dylans „The Times They Are A-Changin'" galt nicht mehr – weder im übertragenen noch im engeren Sinn.

So war es auch in Japan, vielleicht nur noch schärfer. Die Jungen, sobald sie an die Fettnäpfe kamen, traten in sie hinein. Sie haben kein Jota an der Filzokratie und der Korruption ihrer Vätergeneration geändert. Sie sind voll mitschuldig an dem, was man den „Asien-Crash" nannte.

Nun schob sich aber lautlos eine zweite Welle ein, eine Art leiser, komplexer Revolution der Jüngsten, vielleicht als Reaktion auf die achtziger Jahre. Diese werden als „Jahrzehnt der Gier" in die Geschichte eingehen. „Smart und clever" war die Devise. Man hielt jeden für dumm, der mit reiner Arbeit statt mit Aktien sein Geld verdiente. Die Propagierer dieser Geisteshaltung sind heute zum Teil selbst noch relativ jung, werden aber von der jüngsten Internet-Generation bereits als Greise gesehen, deren Weltbild man nicht übernehmen möchte.

*„Eine bewußte Vereinzelung im Geistigen, begünstigt durch das sensationelle Internet."*

Wie das neue aussieht, ist noch unklar. Es ist nicht einfach ein äußeres „Aussteigen" wie bei den 68ern, die es toll fanden, nach Indien zu fahren und den Lehren eingerauchter, allerdings geschäftstüchtiger Gurus zu lauschen. Es ist mehr ein „Abtauchen nach innen". Eine bewußte Vereinzelung im Geistigen, begünstigt durch Computer, Multimedia, Mind-Software und das sensationelle Internet, das es erstmals ermöglichte, unter weltweiten Freunden zu weilen, ohne die Splendid isolation aufzugeben.

„Meine Zeit gehört mir", könnte das Motto heißen, durchaus vergleichbar dem Kampfruf der ersten revolutionären Jungmütter: „Mein Bauch gehört mir."

Selbst die Outdoor-Typen zeigen Revolution und ein neues Zeit-Bewußtsein. Snowboarden wurde nicht als neuer Sport erfunden, sondern in erster Linie als Ärgernis und Demütigung der greisen Skifahrer. Und am Skateboard, dem Rollschuh, Inline-Skater und Inline-Scooter schätzen die Jungen die nahtlose Einbringung eines Freizeitgefühls in jeden Meter des Alltags.

Zeit ist nicht Geld für sie. Sie sind oft auch unendlich genügsam, Weltmeister der Sparsamkeit.

Ist diese neue Jugendlichen-Revolution bedeutsam?

Antwort: nein.

Jugend ist ein Synonym für Revolution, der normalste Vorgang seit den ersten Zusammenrottungen des Homo erectus. Die Welt ändert sich erst dann wirklich, wenn die Mächtigen, also jene mittleren Alters, von Änderungssehnsüchten befallen werden. Das ist nun der Fall – und das ist neu.

## III. Die Mächtigen und die Zeit – Die innere Revolution der Satten – „Das kann doch nicht alles gewesen sein"

Prof. Holger Rust, als Kommunikationsforscher, Pädagoge und Schriftsteller ein Multitalent, hielt jüngst ein glänzendes Referat im Hotel Bristol. Darin geißelte er seine liebsten Feinde, die Trendforscher, die er schon zuvor in Büchern zuschanden geritten hatte.

Rust gehört einer Bewußtseins-Avantgarde an. Er ist eine Art Dialektik auf zwei Beinen. Der Versuch, die besten Zeit-Werte der Alten und der Neuen Welt zu einer Lebenssynthese zu fügen, scheint bei ihm auf einem guten Weg.

Der alte Zeit-Wert: Schnelligkeit und Effizienz in allen beruflichen Dingen.

Der neue Zeit-Wert: die Entdeckung der Langsamkeit in den privaten Dingen.

Das ist ein *rusty nail* ins Stirnholz einer Generation, die entweder Tag und Nacht arbeitet oder Tag und Nacht nichts tut – nach dem Paretoschen Prinzip: „20 Prozent der Menschen machen 80 Prozent der Arbeit."

> „*20 Prozent der Menschen machen 80 Prozent der Arbeit.*"

Rust als Profi: höchste Produktivität, also Output pro Stunde und disziplinierte Schnelligkeit.

Rust als Freizeitler: bedächtige Reisen in asthmatischen italienischen Oldtimern durch Gegenden, die ein langsamer Pulsschlag auszeichnet, beispielsweise die steirischen Weinstraßen oder die Bucklige Welt im Süden Niederösterreichs oder das ganze Mostviertel.

Das ist genau das, was sein virtueller Feind Gerd Gerken den Sprung zur Zeit-Intelligenz nannte: „Der Manager von morgen braucht eine spezifische Zeit-Intelligenz für den Augenblick."

Nun gibt es aber im Mittelbau der Altersstufen, also jenem, in dem 95 Prozent der Mächtigen befindlich sind, noch eine weitere Avantgarde, die krasser ist. Sie beschneidet radikal ihre eigene Arbeitszeit.

Sie will in einem vom Schöpfer vielleicht gutgeheißenen Akt die Gewichte verschieben.

„Zeit ist Geld" soll unwichtiger werden.

„Zeit ist das Gold der Lebensfreude" soll wichtiger werden.

Vermutlich zeichnet sich diese Avantgarde dadurch aus, daß sie schon jetzt erfolgreich und wohlhabend ist. Als eine, die das Zuviel ihres Besitzes allmählich als belastenden Schrott empfindet, vielleicht sogar ein Herz für jene hat, die noch viel zuwenig haben. Als gutes Beispiel könnte der renommierte und vielbeschäftigte Medienforscher Alexander Späth gelten. Er liebt Medien. Noch mehr liebt er Jazz, den er als Kontrabassist glänzend spielt. Sein Ideal ginge dahin, möglichst viel Jazz ins Leben zu bringen und nur noch jene Medienforschungsaufträge anzunehmen, die ihn persönlich in Neuland werfen und geistig weiterbringen.

Dazu fehle ihm, wie er mir sagte, noch die notwendige Fähigkeit des brutalen Nein-Sagens gegenüber Auftraggebern, aber er sei auf einem guten Weg.

## IV. Fazit

Wir bewegen uns im Nebel einer neuen Landschaft, doch scheinen es die Nebel einer schönen Landschaft, nicht jene von Dartmoor zu sein.

Es wäre vermutlich vorteilhaft für die Volkswirtschaft, wenn unter den Erfolgreichen der mittleren Generation diese neue Zeit-Intelligenz griffe und eine neue Zeit-Avantgarde entstünde.

Dies wäre die momentan einzige Form von Arbeitszeitverkürzung, die wirtschaftlich akzeptabel, sozial überwältigend und als Kunstwerk einer menschlichen Existenz von höchster Eleganz wäre.

*„Es wäre vorteilhaft für die Volkswirtschaft, wenn eine neue Zeit-Avantgarde entstünde."*

# Die friedliche Kunst der Dialektik

Sie würde unsere wilden Diskussionen funkelnder, friedlicher, fruchtbarer machen

*These: „Ich denke."*
*Antithese: „Ich bin."*
*Synthese: „Ich denke, daher bin ich."*
*Synthese: „Manchmal denke ich, und manchmal bin ich."*
*Synthese: „Manchmal denke ich, ich bin, und manchmal bin ich ein Denker."*
(Der Autor)

## I.

Ich habe grade im Kalender nachgeschaut. Mit ziemlich genau 50 Vorträgen, Podiumsdiskussionen, Hochschulreferaten und Managementseminaren habe ich in diesem Jahr den freundlichen Geist vertreten. Meist war 's eine fröhliche und fruchtbare Angelegenheit. Vortragende lernen ja an diesen Abenden mehr als die Herrschaften im Auditorium. Vor allem bei den für gewöhnlich den Referaten folgenden Diskussionen. Die Fragen sind oft aufschlußreicher als die Antworten.

Alles war gut und schön, bis auf eines: die Erkenntnis, daß es mit der Dialektik noch nicht weit her ist. Wir leben noch im Mittelalter von Schwarz und Weiß, von hopp oder dropp. Die Diskussionen mit der A-Schicht haben sich wohl dem Inhalt und der Lautstärke, nicht aber im Aufbau der Argumente von Wirtshausdebatten unterschieden.

„*Wir leben noch im Mittelalter von Schwarz und Weiß.*"

Hier wie dort gilt noch in reichem Maße, daß nur einer charakterfest ist, der eine extreme Position vertritt. Das gilt besonders auf dem Land am Stammtisch, wo jede Mittelposition als „patzweich", ja „warm" verhöhnt wird, und wo der gewinnt, der lauter brüllt. Das ist manchmal ganz witzig, meist aber bedrückend. Noch bedrückender ist, daß dieses Primitivverhalten – abgesehen vom eleganteren Wortschatz und dem leiseren Anschlag – auch für intellektuell-urbane Gespräche gilt, Parlamentsdebatten ausdrücklich *nicht* ausgenommen.

Was durchwegs fehlt und daher auch in die Schulpläne geschmuggelt werden sollte, sind Übungen in *Dialektik*.

## II.

Dialektik kommt vom griechischen „dialegesthai". Es bedeutet „sich unterhalten", auch „Rede und Gegenrede führen". Die Dialektik hat eine tiefe, teils verwirrende Geschichte. Sie trat in verschiedenen Gestalten auf und verfolgte nicht immer das gleiche Ziel. Ursprünglich, in der griechischen Philosophie, war es die Kunst, durch geschickte Unterscheidungen auch widersprüchlich scheinende Lehren akzeptabel zu machen. Die bösen Sophisten nützten ihre dialektischen Fähigkeiten zum Zweck der „Überredung zu beliebigen Meinungen" – die zynischste aller Varianten. Platon, nicht sonderlich verständlich, wies der Dialektik die Aufgabe zu, den Gesprächspartner „durch begründete Begriffsbildungen zu Ideen zu führen", was immer das sein mag. Aristoteles bezeichnet mit Dialektik die wesentliche Methode, über Richtigkeit und Falschheit einer Meinung zu entscheiden.

Einen ersten großen Schritt in die heutige Richtung machte der blendende Redner Cicero. Er unterschied die Dialektik von der Rhetorik. Rhetorik ist die Rede eines einzelnen, gerichtet an eine Herde stummgläubiger Zuhörer. Dialektik laut Cicero aber ist Rede und Gegenrede: Ein scharf und knapp formulierter Disput, in dem die Wahrheit so ermittelt werden soll, daß man die Folgen einer Meinung *und ihres Gegenteils* abwiegt und so zu einem Urteil kommt.

„Es war neu und ärgerte vor allem die Kirche."

So selbstverständlich dies heute klingen mag: Es war neu und ärgerte vor allem die Kirche. Im Mittelalter wurde die ciceronische Idee ketzerisch begriffen. Sie führte zu teilweiser Emanzipation von der religiösen Autorität. Fromme Rebellen wie Peter Abelardus und Berengar von Tours meinten mit unschuldigem Augenaufschlag, die Dialektik (von ihnen „Vernunft" genannt) begründe ein Prüfungsrecht gegenüber allen Behauptungen – selbst solchen, die sich auf göttliche Offenbarungen beriefen.

Seit dem 16. Jahrhundert teilte man die Logik in zwei Teile:

- Analytik als Lehre vom logisch notwendigen Schließen
- Dialektik als Lehre von den bloß wahrscheinlichen Schlüssen.

Großer Sprung in die Jetztzeit: Im Werk des Philosophen Fichte findet sich zwar erst spät das Wort „Dialektik", doch hatte er durchwegs schon philosophisch praktiziert, was später jener Mann ausformulierte, der heute als „Vater der Dialektik" gilt: Georg Wilhelm Friedrich Hegel.

III.

Es gibt wahrscheinlich keinen Philosophen, der Normaldenker ärger gedemütigt hätte als Hegel. Viele seiner Sätze und Begriffe fördern vor allem die Einsicht, daß man zu blöd ist für die Philosophie.

Kostbare Beispiele:

„Das Absolute, der Geist, als metaphysisches Vernunftprinzip, das die Einheit von Subjekt und Objekt garantiert";

„Identität der Identität und Nichtidentität";

„Entstehen und Vergehen, das selbst nicht entsteht und vergeht".

Und so weiter. Wir normalen Dumpfgummis müssen uns da schnell abwenden. Andernfalls werden wir verstummen, anstatt zu lernen, besser zu diskutieren – so wie auch ein Tausendfüßler nicht mehr gehen könnte, wenn er zu tief darüber nachdächte, warum er mit seinen vielen Füßen zu Rande kommt.

Hegels Verdienst für uns alle liegt in seiner gut begreifbaren Dreischritt-Theorie, die er „die absolute Methode des Erkennens" nannte.

Der Dreischritt lautet:

These – Antithese – Synthese.

*„These – Antithese – Synthese."*

Man kann, wie Hegel selbst und Karl Marx, dies wieder komplizieren und in die dunklen Höhen einer „Logik und Realdialektik" (Hegel) bzw. „Explikation des Ganges der Sache" (Marx) aufsteigen lassen, doch kann man es auch für den Hausgebrauch aufs Verständlichste reduzieren.

So nämlich, daß man in der Diskussion seine eigene Meinung als These nimmt, die abweichende Meinung des Gesprächspartners als Antithese begreift und dann nach einer Synthese sucht, die meist irgendwo dazwischen liegt – und hoffentlich geistig höher als jede der zwei Originalmeinungen.

Ein spontanes Beispiel:

Eine Gruppe forciert ein Kraftwerk – ihre Begründungen sind die These.

Eine zweite Gruppe ist drastisch dagegen – ihre Begründungen sind die Antithese.

Die mittig und zugleich höher gelegene Synthese könnte darin liegen, daß wohl ein Kraftwerk gebaut wird, aber an anderer, klügerer Stelle als geplant.

Erfahrungsgemäß funktioniert das theoretisch gut.

In der Praxis hat es zwei krasse Nachteile.

IV.

> „Sich ausreichend selbst achten, um andere achten zu können."

Der erste Nachteil liegt darin, daß diese Vorgangsweise souveräne Menschen verlangt. Solche, die nicht mehr aus Komplexen heraus starr sind, sondern ausreichend in sich ruhen, um durchlässig und offen zu sein; die sich ausreichend selbst lieben, um andere lieben zu können; sich ausreichend selbst achten, um andere achten zu können.

Es gibt mehr Menschen dieses Formats, als Pessimisten glauben wollen. Doch selbst berüchtigte Optimisten wie ich glauben nicht, daß sie schon in der Mehrzahl sind.

Der zweite Nachteil liegt darin, daß der dialektische Dreischritt nur jenen möglich ist, die zuhören können. Nur wenige sind an der Meinung ihres Gegenübers wirklich interessiert. Ein einfacher Test bestätigt das: Lassen Sie Ihren Gesprächspartner reden, ermuntern Sie ihn nur durch „ah" und „oh" – er wird Ihnen am Ende für eine herrliche, abwechslungsreiche und temperamentvolle Diskussion danken, die beste seit langem, an die er sich erinnern kann.

Viele sind durchs eigene Denken schon so überlastet – teils erkennbar an Stirnfurchung, gepreßter Stimme und stierem, wie angeschraubtem Blick –, daß sie beim besten Willen keine Kraft mehr aufbringen zuzuhören oder gar mit dem Kopf des Vis-à-vis zu denken. Vielleicht, um es auch positiv zu sehen, kommt da ein sportliches Moment hinzu: Man geht mit einer Theorie aufs Spielfeld und möchte mit ihr einfach mehr Tore schießen als der Gegner mit seiner.

Das ist noch keine Katastrophe. Bei den meisten und beliebtesten Themen ist es ohnehin egal, wer gewinnt.

Anders sieht es in der Politik aus.

Dort wären geschulte Dialektiker ein Segen, nur sind sie weit und breit nicht zu sehen. Die Affentreue zur Parteimeinung, nicht zuletzt einbetoniert durch den Fraktionszwang bei Abstimmungen im Parlament, steht dem im Weg, und manchmal wohl auch die Intelligenz und allgemeine Veranlagung der politischen Profis.

Oberflächlich gesehen könnte man in diesem Bereich als leuchtendes Beispiel die Sozialpartnerschaft hinstellen. Diese mündet aber meist nicht in Dialektik, sondern in Mathematik. Man kommt wohl ungefähr in der Mitte zusammen, aber nicht auf höherem Niveau.

Wenn der Öl-Branche-Sprecher 20 Schilling pro Liter verlangt und sein empörtes Gegenüber einen Schilling pro Liter, und sie einigen sich auf zehn Schilling und 50 Groschen, ist das ein Triumph der kleinen elektronischen Taschenrechner der Bundeskämmerer und Arbeiterkämmerer, aber noch keine Dialektik.

Ich versuche, sehr tapfer und irgendwie auf dialektischem Weg, eine neue und für die Praxis brauchbare Definition:

Synthese in Wirtschaft und Politik heißt *Kompromißbereitschaft plus Kreativität.*

Kaum schreibe ich das hin, kommt es mir schon bekannt vor. Es erinnert an eine der möglichen Definitionen des Begriffs „Intelligenz".

Sie lautet: „Zwei bekannte Dinge zu einem dritten, besseren Ding zu kombinieren".

*„Zwei bekannte Dinge zu einem dritten, besseren Ding kombinieren."*

Dies würde bedeuten,

*Intelligenz und Dialektik kämen aus ein und demselben Stall, verlangen den gleichen Bauern und das gleiche Heu.*

Das gefällt mir gut.

Ich lasse das einmal als These stehen.

Und weil es so schön ist, braucht jetzt nicht gleich irgendein Dahergelaufener mit einer Antithese zu kommen. Woher soll ich die Zeit nehmen, ihm zuzuhören?

# Sehr verehrte Damen und Herren!

Warum soll ich nicht auch vor Ihnen sprechen? Ein Publikum ist so gut wie 's andere. Das Thema ist der Wert der Rhetorik.

*„Ich begriff, daß Menschen zwar zueinander sprechen, aber sich nicht verstehen.“*
(Elias Canetti)

I.

In jedem Sachbuch à la „So werden Sie in einer Minute erfolgreicher als Liaunig, Langes und Longin zusammen“ steht völlig korrekt, daß es vorteilhaft ist, nicht zu stottern und zu stammeln, vielleicht sogar Reden halten zu können, die einen Anfang und Schluß haben und irgendeinen Sinn ergeben.

Meist steht dieser Ratschlag in dem unentbehrlich gewordenen Standardkapitel: „Kommunikation ist alles!“

Ich halte diesen Satz für gefährlich, zumindest bescheuert. Nach 25 Jahren Wirtschaftsjournalismus bin ich immer stärker zur Auffassung gelangt, das einzig wirklich Wichtige für den geschäftlichen Erfolg sei die Qualität des Produkts: neuartig, anders als andere, nützlich und schön.

Wer ein tolles Produkt hat, darf seine Kunden ruhig auch verabscheuen, notfalls sogar beschimpfen. Manche Wirte machen eine Masche daraus.

II.

*„Schlechte Redner sind eine Art sinnlicher Uweltverschmutzung.“*

Daß ich hier die Rhetorik aufgreife, hat zwei Gründe. Erstens, weil viele Unternehmer und Manager eben nicht über ein überragendes Produkt verfügen, sondern etwas unter die Leute bringen müssen, das langweilig und gewöhnlich, manchmal sogar Schrott ist. In diesen Fällen braucht man jede Hilfe, die man kriegen kann, eben auch die Kunst der Rede.

Zweitens, weil schlechte Redner eine Art sinnlicher Umweltverschmutzung darstellen, die Leistungskraft von Mitmenschen durch Demotivierung zersetzen und – im Falle von Parlamentariern – sogar die Demokratie gefährden. Viele Zuschauer der TV-Sendung „Hohes Haus“ werden sich gedacht haben, ich nähme auch einen Diktator, wenn er nur nüchtern, verständlich und höflich sprechen könnte, ohne das angeheiterte Gelalle mancher Abgeordneter, die gerade aus der sogenannten „Milchbar“ kamen, und ohne das berühmte „Hoits die Gosch'n“, das ein Nationalratspräsident in das tobende Abgeordnetenrudel gerufen haben soll, was ich im Zweifelsfall glaube und in edlen Momenten auch gut verstehe.

Grund genug also, über die Kunst der Rede nachzudenken. Am besten, man geht dabei modulartig vor, nimmt einen Baustein nach dem anderen und fängt mit dem Anfang an.

## III.

Im Anfang ist die Konzentration: Der Titel dieses Essays zeigt ein Beispiel, was gleich in der Anrede passieren könnte – und nie mehr zu reparieren wäre. Ich habe es mit Bedacht gewählt. Es wurde mir von einem Holding-Chef als Alptraum genannt. Seither habe ich im Wege der Abfärbung diesen Alptraum selbst.

Die einzige Möglichkeit, über die ersten Klippen der Begrüßung zu kommen, ist erstklassige Konzentration. Es gibt dafür keine Zaubermittel. Konzentration aber ist gar nicht so leicht. Wir wissen das von der japanischen Sumi-E-Tuschemalerei. Dort muß man einen Bambus fünf Minuten lang konzentriert mustern, um ihn dann mit einer einzigen fließenden Pinselbewegung zu malen. Europäer brechen bei dieser Übung schweißüberströmt zusammen.

> „*Europäer brechen bei dieser Übung schweißüberströmt zusammen.*“

Anderseits: Die Begrüßung von Zuhörern ist kein Bambus. Dafür braucht man gerade zehn Sekunden. Wer das nicht schafft, ist nahe daran, zum schwer vermittelbaren Sozialfall zu werden. Aber es kann passieren. Zwei Fälle möchte ich als Abschreckung nennen. Einen erlebte ich selbst, der andere ist gut dokumentiert.

Beispiel 1: Ich hatte im ORF einen „Club 2“ zu leiten. Die wichtigsten Gäste konnten am vorgesehenen Abend dieser Live-Sendung nicht dasein. So machten wir eine Vormittagsaufzeichnung, kamen aber überein, den Live-Charakter vorzutäuschen (was insofern ehrlich blieb, als nichts geschnitten wurde). Einer der Gäste sagte in der Sendung dann prompt: „Guten Morgen.“ Das war zwar objektiv korrekt, klang für die Zuseher aber wie geistesgestört.

Beispiel 2: Der berüchtigte Ex-Ex-Ex-Bundespräsident Lübke (D) war der tollste Redner unter allen Führungskräften Europas. Zur Queen

*„Meine sehr verehrten Damen und Herren, liebe Neger.“*

sagte er beim Pferderennen: „Equal goes it loose“ (Gleich geht's los). Und er schaffte bei einer Rede in Afrika folgenden ersten Satz: „Meine sehr verehrten Damen und Herren, liebe Neger!“ So einen Begrüßungssatz hätte nicht einmal der große römische Redner Cicero aus dem Feuer gezogen.

## IV.

Gibt 's also gar keine Hilfe als die eigene Konzentration für diese furchtbaren, entscheidenden ersten Momente, die Begrüßung? Und keine für das Zweitwichtigste, die ersten fünf Minuten, die über den Sympathiewert und die Autorität des Redners entscheiden?

Doch, eine Hilfe gibt es. Wir verdanken sie den Opernsängern. Sie helfen uns, die Sauerstoffprobleme zu lösen. Es ist ja – zumindest bei den ersten großen Reden – nicht wirklich leicht, die Atmung im Zaum zu halten, wenn 500 geistvolle Zuschauer im Raum sitzen oder 300.000 vor dem Fernseher lauern, teils boshaft wie die Affen, wartend auf deine Fehler.

Die Opernsänger raten uns in folgenden Punkten:

- Nicht aufs Atmen vergessen.
- Ein bißchen hyperventilieren, also vorher heftig ein- und ausatmen. So kommt viel Sauerstoff ins Blut. Der hilft auch über längere Sätze, ohne wie ein kurzatmiger Karpfen nach Luft zu schnappen.
- Nicht einatmen, Luft anhalten und dann sprechen, sondern im Ausatmen beginnen. Das flutet dann und trägt dich als Welle über den ersten Strand.
- Bewußt aus dem Bauch, nicht aus dem Kopf sprechen. Das macht die Stimme dunkler, was allgemein als sympathisch gilt und größere Sicherheit des Redners suggeriert als eine hohe, gepreßte Kopfstimme. Gottlob passiert das bei den meisten Rednern automatisch, wenn sie grundsätzlich beim Ausatmen mit dem Sprechen beginnen.

Vortragende Führungskräfte sollten sich bewußt einige Arien anhören. Nicht nur die Sänger selbst, auch die Instrumente des Orchesters atmen in der ersten Sekunde des Gesangsvortrags aus.

Wer die Atmung nicht kann, verliert. Er gehört dann zu den rotköpfigen Kopfstimmlern, die mit hoher Stimme vor Pressung keine Vokale mehr können und zur freundlichen Begrüßung sagen: „Mnne srrr verrrrrrten Dmmen und Hrrrrn.“

Wer will und mag das schon?

V.

Zettel oder nicht Zettel: Das ist die Frage der Fragen, und es gibt für mich eine deutliche Antwort – keinen. Das gilt aber nicht unbeschränkt. Es gibt Ausnahmen.

Diplomaten müssen bei subtilen Statements worttreu im Text bleiben, sonst gibt 's am Ende Krieg. Kein Grund allerdings, daß die für ihren Small talk gefürchteten Botschaftergattinnen vom Zettel lesen: „Das Buffet ist eröffnet."

Auch Wissenschafter können oft nicht anders, als vom Zettel vorzutragen. Ein Professor für vergleichende Sprachwissenschaften kann unmöglich das Ungarische, Baskische und Finnische zur gleichen Zeit auswendig vortragen.

Vorträge von Managern sind im allgemeinen anders geartet. Sie sollen geraffte Information übertragen, Sympathie und Achtung schaffen. Damit unterscheiden sie sich nullo von Gesprächen unter Freunden. Der einzige Unterschied liegt darin, daß man die Freunde kennt. Man hat keine Angst wie vor Fremden. Die Angstfreiheit führt zu einem blendenden Vortrag.

Es geht also um den Erwerb von Angstfreiheit.

Angststufe 1: Man liest vom Zettel, weil man Angst hat, sonst von Linz nach Wien über Slowenien zu fahren, heillos vom Thema abzutreiben und nie mehr heimzufinden.

Angststufe 2: Man legt neben dem vollen Text einen Stichwortzettel an und trägt tapfer nach diesem vor.

Angststufe 3, zugleich der Beginn der Angstfreiheit: Man hat nur noch den Stichwortzettel.

Angstfreiheit 4: Man steckt den Stichwortzettel als letzte Rettung in die Innentasche des Sakkos, als SOS für ein vollständiges Blackout.

*„Stichwortzettel als SOS für ein vollständiges Blackout"*

Angstfreiheit 5–100: Man verzichtet auf jede Hilfe und verläßt sich wie beim Gespräch mit Freunden darauf, daß alles unverkrampft im Gehirn vorhanden ist.

Je weniger Hilfen du bei dir trägst, desto höher ist der Adrenalinspiegel und damit die Konzentration und die Wahrscheinlichkeit, daß erstens der Vortrag gut wird und zweitens alle Frauen und Männer im Auditorium dich als Geistesathleten achten. Du bist dann einer der wenigen, die stets den Augenkontakt halten und niemals unhöflich auf einen Zettel schauen mit diesen peinlichen Sekundenpausen, wo jeder hofft, der Redner fände die Fortsetzung.

Vielleicht gibt 's aber auch da einen Sonderweg. Im Silicon Valley, USA, erlebte ich einen blendenden Redner. Er hatte einen Zettel, auf den er, wenn Applaus kam, unauffällig schaute. Dort standen keine Worte. Er hatte kleine Zeichnungen und Symbole – in der heutigen Computerzeit „Ikonen“ genannt – aufgemalt. Das scheint mir extraschlau. Bilder können auf einen schnellen Blick viel übertragen, binden dich aber an keinen Text. Du hast einen Überblick über den Inhalt und behältst die Schönheit der freien Rede.

VI.

*„Die Größe der Gedanken wächst mit der Weite des Ausblicks.“*

Goethe sagte: „Die Größe der Gedanken wächst mit der Weite des Ausblicks.“ Auch die Härte der Sitzunterlage hilft. Auf einer Couch fällt jedem nur Unsinn ein. Die besten Reden werden im Stehen gehalten. Zumindest sollte man den Augenkontakt zu allen Zuhörern haben, nicht nur zur ersten Reihe. Man sollte weit sehen können, von links nach rechts und von vorne bis hinten. Sitzreden sind nur von hohen Podien akzeptabel.

Die international besten Reden werden wahrscheinlich ganz locker im Stehen gehalten, an den kultivierten Business-Bars der großen Hotels. Dort retten Manager, Bankiers und Broker oft die Welt mit brillanten Visionen. Unglücklicherweise weiß am nächsten Tag keiner mehr, wie das Rezept aussah.

# Die Fortschritte im Humanismus und die Angst vor den Genies

In der geistigen Entwicklung geht was voran, aber nur in eine Richtung.

I.

Eine edle Gesellschaft, in ihrem Idealanspruch ein Traum wie Atlantis, hätte vier Merkmale: die gute Behandlung von Fremden, Alten, Kindern, Genies.

In den ersten drei Punkten ist Österreich ganz gut – besser jedenfalls, als die Selbstgeißler unter uns meinen. Im vierten Punkt, der Behandlung der „Genies“, sind wir schlecht, was auch ein Nachteil für die Wirtschaft ist.

„*In der Behandlung der ‚Genies‘ sind wir schlecht.*“

II.

Erste und schwierigste Stufe: „Die Kultur eines Volkes zeigt sich darin, wie es seine Fremden behandelt.“ Dieser Satz ist von Goethe. Das Vorhaben mag in der zweiten Hälfte des 18. Jahrhunderts leichter gewesen sein als heute. Es gibt aber die Linie vor. Und Österreich hat sich im Vergleich zu anderen Ländern (nicht nur gegenüber Frankreich und Italien) gut gehalten. Das Verhalten während der ungarischen Oktoberrevolution war glänzend. Auch die jetzige Fremdenpolitik ist bemühter und besser, als viele Kaffeehauskritiker meinen.

Zweite und zweitschwierigste Stufe: die Behandlung der Alten. Die derzeitige Abschiebung aus der Familie in teure Alterspensionen oder in die Obhut des Sozialstaats kann kein gutes Zeichen sein, ist schon ein Stigma. Die grauen Panther werden allerdings zahlreicher, wohlhabender und damit mächtiger. Wirtschaftlicher Egoismus wird daher zu ihrer Besserstellung führen.

Dritte und scheinbar leichteste Stufe: die Behandlung der Kinder. Diese ist im allgemeinen in Ordnung. Es gibt viel weniger tierische und heillos vertrottelte Eltern, als die Boulevardpresse glauben macht. Die natürliche Liebe alles Großen zum Kleinen sorgt normalerweise dafür, daß die Kinder in den wichtigen ersten Minuten, Stunden, Tagen,

Wochen, Monaten und Jahren soviel menschliche Wärme wie möglich spüren. Alles andere ist relativ unwichtig. So gut wie alle Missetaten werden von Erwachsenen verübt, die als Kind in der Wurzel verkühlt wurden.

Diese drei Stufen gehören in das Fach Humanismus, also Menschlichkeit. Es gibt kaum einen ernstzunehmenden Bürger, der sich nicht diesem Lager zurechnete und nicht wenigstens der Kompromißformel zustimmen würde, man müsse bei den Fremden, Alten und Kindern das Lineal „einer so hohen wie möglichen Zuwendung“ anlegen.

Diese Formel sei, werden Idealisten sagen, reichlich dürr. Sie haben recht. Sie übersehen aber den Fortschritt. Noch vor zweihundert Jahren, also praktisch gestern, hat man in einer rein agrarischen Gesellschaft das Fremde ermordet, das Alte ausgehungert. Und im ersten Schub der industriellen Revolution wurden Kinder an Sonntagen in Bergwerken für sechzehn Stunden unter Tag geschickt.

Der heutige Humanismus mag nicht überwältigend sein. Gleichwohl ist er ein Gewinn. Selbst dort, wo heutige Menschen ihren Humanismus nur vorspielen, ist das besser als gar nichts. Es zeugt wenigstens von schlechtem Gewissen. Und wer lange genug den Humanisten oder Ethiker (oder Grünen) spielt, wird es eines Tages auch wirklich sein.

Wir mögen im Fach Humanismus keine Weltmeister sein, aber alles in allem spielen wir in der oberen Liga.

## III.

*„Die größere Prüfung: Wie halten wir es mit den Genies?“*

Unglücklicherweise ist das nur eine Seite der Medaille. Humanismus ist die den Schwächeren zugewandte Liebe.

Die größere Prüfung wäre: Wie halten wir es mit den Genies?

Sind wir auch imstande, jene zu mögen, zu fördern und vor den Vorhang zu holen, die besser sind als wir? Dafür braucht es eine größere innere Kraft als für den elementaren Humanismus gegenüber den Schwachen.

## IV.

Antwort für Österreich: nein. Wir haben in diesem Land die Genies (hier Sammelbegriff für alle Großartigen) immer so behandelt, daß einer Sau graust.

Für diese Feststellung brauche ich keine Umfrage der Marktforscher. Wenn man begreifen will, wie Begeisterung für das Überdurchschnittliche aussehen kann, muß man in die USA fahren. Zumindest in den Bildungszentren an der Ostküste (New York, Boston) und der Westküste (San Francisco, Los Angeles, Silicon Valley) ist eine neidlose Freude an Höchstleistungen zu spüren, die einem bei der Rückkehr nach Österreich schmerzhaft abgeht.

Wenn in Amerika einer ein Licht anzündet, kommen zehn andere und zünden auch eines an. Wenn in Österreich einer ein Licht anzündet, kommen zehn andere und blasen es aus.

*„Wenn in Österreich einer ein Licht anzündet, kommen zehn andere und blasen es aus."*

Wenn ein junger Unternehmer mit Risiko, Einfallsreichtum und Fleiß zu viel Geld kommt, ist er in den USA gut dran, in Österreich aber ein verdächtiges Subjekt.

Als der junge Bill Gates von „Microsoft" seine erste Milliarde Dollar in der Tasche hatte, machte man sich keine Gedanken, ob der Halunke vielleicht sein Geld in die Schweiz verbringe – das wäre die erste Negativreaktion und größte Sorge in Österreich –, sondern die Amerikaner schlossen ihn beinahe sizilianisch in ihr Herz: „Arbeitet er nicht zuviel?" und „Wann heiratet er endlich?" waren die besorgten Fragen, die man rund um Redmond auch von einfachen, ärmeren Bürgern hören konnte.

In Österreich hingegen wird jeder, der aus der Norm schlägt, mißtrauisch beäugt. Es macht beinahe keinen Unterschied, ob er nach unten oder nach oben auszuckt. So und so irritiert er. Über die Auszucker nach unten möchte ich nicht weiter nachdenken. Wer weiß, wie viele Österreicher die Todesstrafe für Ladendiebe befürworten würden.

Bleiben wir bei den „Genies". Ein Halm, der zu hoch wächst, wird nach Möglichkeit gemäht.

## V.

Das muß noch keine Katastrophe sein. Solange es sich um Erwachsene handelt, können sie sich gegen die gleichmacherische Sense halbwegs wehren. Vielleicht sind manche Künstler – die hierzulande als Schriftsteller und Maler erst verehrt werden, wenn sie tot sind (wie viele Freunde Thomas Bernhard plötzlich hat!) – durch den Widerstand der Gesellschaft erst zu Höchstleistungen gereift. Auch die erfolgreichen Unternehmer werden mit dem reifen Neid relativ gut fertig.

Wirkliche Sorge muß man nur dort haben, wo es um überdurchschnittliche Kinder geht. Würde man diese vorbehaltlos fördern, wäre die halbe Zukunft gewonnen. Aber mit der Begabtenförderung geht in Wirklichkeit nichts weiter. Absichtserklärungen gibt es Tausende. Aber, auch hier das gleiche Phänomen wie im ganzen: Solange es um Humanismus ging – die Schaffung einer wunderbaren Chancengleichheit für die Armen –, war Österreich gut und schnell. Bei der Behandlung des „Genies" aber ist Sand im Getriebe.

## VI.

Man kann dieses Verhalten natürlich auch gelassen sehen. Abgesehen von Amerika (und Hongkong und Schanghai), ist es wahrscheinlich nirgendwo anders. „Der Neid ist ein Hund", sagen die weisen Steirer, und Hunde gibt es überall.

Es gibt aber ein Phänomen, das noch peinlicher ist als der Neid und an dem die Massenmedien ihre gerüttelte Schuld haben. Wenn es nicht gelingt, einen Überdurchschnittlichen zu Fall zu bringen, wird er von einem Tag zum andern verehrt – auch das wieder ohne Maß und Ziel.

*„Wenn einer uneinholbar weit vorne ist, wird er nicht mehr beneidet, nur mehr bewundert."*

Der bekannteste Neidforscher, Helmut Schoeck, erklärt: „Wenn einer uneinholbar weit vorne ist, wird er nicht mehr beneidet, nur mehr bewundert. Man kann sich nicht mehr in seine Situation versetzen. Er fällt als persönlicher Konkurrent aus."

Genies sind in Österreich entweder Unsympathler oder Helden. Das demotiviert viele, die hoch hinaus wollen. Es schadet daher der Entwicklung eines Landes, das in vieler anderer Hinsicht besser ist, als man glaubt.

# Erfolgsfaktor Heiterkeit

Die Wettbewerbswirtschaft ist zu alt und weise geworden, um noch mit diesem düsteren Gesicht herumzulaufen. Unternehmer werden bald danach gemessen werden, ob sie die Welt auch fröhlicher machen.

*„Ich weiß wohl, daß jeder denkende Mensch seine Zeit für die allererbärmlichste hält."*
(Arthur Schopenhauer)

I.

Menschen, die nichts Helles in sich haben, zeigen der Welt gerne ein Gesicht, das von einem Hintern nicht zu unterscheiden ist. Sie führen dafür edle Gründe an. Einen davon nannte Schopenhauer: die Erbärmlichkeit der Zeit.

Die Zeit, in der man lebt, ist immer die allererbärmlichste.

Tatsächlich hat jeder Fühlende den Hang zur Betroffenheit, jeder Denkende die Pflicht, sich besonders anzustrengen und seinen kleinen Beitrag zu leisten, wenigstens das eigene Land intakt und friedlich zu halten.

Beides, die Betroffenheit und das Bemühen ist zu loben. Dennoch möchte ich von zwei Arten von Bürgern sprechen, deren eine widerlich und deren andere kurzsichtig ist.

Die widerliche Art sind jene, die ihrem Hang zur Misanthropie völlig ungehemmt nachgeben. Sie beklagen, Kreuze auf die Brust schlagend, das Schicksal aller geprüften Völker, die ihnen in Wirklichkeit wurscht sind. Sie gehen mit ihrem tiefempfundenen Mitleid hausieren. Sie sind Betroffenheitsdarsteller. Mir fällt auf, daß viele Trinker zu dieser Sorte gehören. Weltuntergänge waren immer ein beliebtes Thema unter jenen, die gerne zum Glas greifen, weil sie mit sich selbst nicht zu Rande kommen.

„*Weltuntergänge waren immer ein beliebtes Thema unter jenen, die gerne zum Glas greifen, weil sie mit sich selbst nicht zu Rande kommen.*"

II.

Eine andere, ebenfalls üble, weil kurzsichtige Art von Bürgern sind die gar nicht wenigen Unternehmer, die in berufsfremder Manier zur Hysterie neigen.

Sie zählen aus drei Gründen nicht zur ersten Wahl.

Erstens fehlt es ihnen an Kaltblütigkeit. Wenn alle wie die Hendln herumrennen, geht der Besonnene in Ruhe seiner Arbeit nach – wissend, daß er damit seinen Vorsprung vergrößert.

Zweitens fehlt es ihnen an geschichtlichem Überblick.

Wenn die Geschichte irgend etwas lehrt, dann dies: Die Schicksale wie die Moden verlaufen in Zyklen. Auch an der Börse verdienen jene das große Geld, die billig kaufen, was vorher viele panisch abgestoßen haben.

Drittens fehlt ihnen das Gefühl für die Erfolgsfaktoren der modernen Wirtschaft. Diese entwickeln sich seit Mitte des 18. Jahrhunderts unbeirrt weiter. Sie haben sich, wenn man von den wirklich langen Katastrophen der Weltkriege absieht, nicht verzögern lassen, geschweige denn stoppen.

Die derzeit gültigen modernen Erfolgsfaktoren lauten:

- Öffentlichkeitsarbeit,
- Umweltschutz als Teil einer neuen höheren Ethik,
- Design als Teil einer neuen höheren Ästhetik.

Diese Erfolgsfaktoren haben den Nachteil, erst auf Umwegen Gewinn zu schaffen (und ihr Anteil daran schwer zu berechnen ist), und werden gern über Bord geworfen, sobald eine echte oder eingebildete Krise winkt: „Angesichts der internationalen Lage haben wir andere Sorgen", lautet eine beliebte Ausrede. Man verzichtet auf die lästige Öffentlichkeitsarbeit, kürzt die grünen Investitionen und wirft den einzigen Designer hinaus.

Das ist die Art schlechter Unternehmer.

Gute Unternehmer bleiben der eingeschlagenen modernen Linie treu.

Sehr gute gehen noch einen Schritt weiter und fragen, was der nächste Erfolgsfaktor sein könnte. Sie treffen damit geistige Vorsorge für die kommenden besseren Zeiten.

„*Ich glaube, daß die Menschen, vor allem aber die jüngere Generation, die beladenen Gesichter und schwergewichtigen Auftritte bald satt haben werden.*"

## IV.

Was könnte der nächste Erfolgsfaktor sein? Meine Prognose: eine gewisse Art von Heiterkeit. Ich glaube, daß die Menschen, vor allem aber die jüngere Generation, die beladenen Gesichter und schwergewichtigen Auftritte bald satt haben werden. Dies gilt sogar für Priester. Um wieviel mehr erst für Unternehmer, die keineswegs die Aufgabe haben, uns für freudvolle Sünden büßen zu lassen und uns vorzubereiten auf Tod und Hölle.

Die Wettbewerbswirtschaft ist nun über 200 Jahre alt. Ihre Apostel, die Unternehmer, sind lange genug düster aufgetreten. Sie werden schon bald danach gemessen werden, ob sie die Welt auch schöner, heller und witziger machen.

## V.

Einer der bekanntesten und bestverdienenden Managementphilosophen ist Gerd Gerken, ein gut formulierender Deutscher. Manche Marketing-Manager halten ihn für ein Schlitzohr, das sich blendend verkaufe. Ich halte ihn für sympathisch, gescheit, originell, manchmal brillant. Einer seiner Bestseller heißt „Geist". Die Lektüre hatte ich mir für den Sommerurlaub aufgehoben (als könne man Geist abhängen lassen wie gutes Rindfleisch), aber ich las im deutschen Magazin „Top Business" ein paar seiner neueren Thesen. Sie haben mir schon deshalb gefallen, weil sie sich mit meinen Auffassungen decken.

Eine davon ganz grob: Blut, Schweiß, Tränen, Zeitnot, Streß, Überforderung werden demnächst als Prestigefaktoren ausgedient haben. Sie werden ersetzt werden durch: entspanntes Lächeln, Gelassenheit, fühlbare Nichtüberforderung, Einklang mit sich selbst.

> „Blut, Schweiß, Tränen, Zeitnot, Streß, Überforderung werden demnächst als Prestigefaktoren ausgedient haben."

Ich gehe noch einen Schritt weiter: Ähnliches wird auch für Wirtschaftsunternehmen im ganzen gelten, vom Würstelstand bis zu OMV, Daimler-Chrysler, Toyota und Boeing. Auch sie werden nicht dann geliebt und geachtet werden, wenn sie wie Bleigewichte des Weges gehen, sondern eine leichte Hand zeigen und ein Land des Lächelns sind.

## VI.

Diese Prognose hat zwei Schwächen. Zu viele werden sie als zu frivol verwerfen. Die Zeiten seien zu bitter. (Waren sie wirklich besser, als es vor rund 275 Jahren die Pest, vor 153 Jahren die Revolutionen, vor 128 Jahren den ersten Wiener Börsenkrach, vor 87 und 61 Jahren den Ersten und Zweiten Weltkrieg gab und als vor bald 28 Jahren die Angst umging, wir würden an der Ölkrisen-Inflation zugrunde gehen?

Die zweite Schwäche einer Propagierung des Erfolgsfaktors Heiterkeit liegt darin, daß die wichtigsten Vorreiter ihren Schwanz eingezogen haben.

Der eine war Ikea, die schwedische Möbelfirma. Der andere war Computerhersteller Apple.

> „*Sie hatten großen Erfolg. Sie eroberten die Herzen. Irgendwann aber wollten sie auch an die Brieftaschen der nadelgestreiften* corporate world.“

Ikea hatte den Elch und das Du-Wort erfunden, Apple den menschlich-witzigen Zugang zu einer kalten Welt der Technik.

Sie hatten großen Erfolg. Sie eroberten die Herzen. Irgendwann aber wollten sie auch an die Brieftaschen der nadelgestreiften *corporate world,* der Firmen, die in der „Fortune“-Top-500-Liste (USA) oder trend-Top-500-Liste (Österreich) verzeichnet stehen. Da stellten sich die Ikea- und Apple-Manager vor den Spiegel, holten die Krawatten aus den Truhen und banden sie um und bemühten sich – durchaus erfolgreich – um ein neues seriöses G'schau.

Eines Tages werden sie zu ihren jugendlichen, fröhlichen Wurzeln zurückkehren. Dann werden sie aber nur noch zwei von vielen sein.

# Von den Persönlichkeiten in Wirtschaft und Politik

Warum findet man sie so häufig in Unternehmerkreisen und warum so selten in Management und Politik?

*„Kaum war Clemenceau Außenminister geworden, als er einen seiner Parteifreunde als Botschafter ins Ausland schickte. Worauf ein hoher Beamter des Außenministeriums sagte: ‚Um einen Trottel zum Botschafter zu machen, hätte er nicht einen Politiker nehmen müssen. Den hätte er bei uns im Amt auch gefunden.'"*
(Aus Georges Hoyau: „Hohes Haus", Paul Neff Verlag)

I.

Solche Zitate erfrischen natürlich und erfreuen besonders die vielen Bürger, die zu Bürokratenhassern und Politikerverächtern wurden.

Ich glaube hingegen, daß in den Spitzenrängen der Politik, selbst in den Botschaften, verhältnismäßig wenig Trottel zu finden sind. Das vermuten nur jene, denen der Neid den Blick verstellt. Tatsächlich hat fast jeder, der sich bis an die Spitze vorkämpfte, eine Reihe außergewöhnlicher Fähigkeiten, die ihn von der Masse abheben. Das können im Idealfall gute, sittlich anerkannte Fähigkeiten sein. Es können aber auch fragwürdige Talente sein, beispielsweise die makellose Beherrschung der Kunst der Intrige. Doch auch in diesem Fall kann nicht von Idiotie gesprochen werden, ganz im Gegenteil. Es erfordert ein Bündel bewundernswerter Teilintelligenzen, unter Außerachtlassung ehrbarer Arbeit mit Tricks und linken Griffen an die Spitze zu kommen.

*„Es können auch fragwürdige Talente sein, beispielsweise die makellose Beherrschung der Kunst der Intrige."*

Nicht Unintelligenz ist also das Problem. Eher schon Persönlichkeit.

II.

Zur Definition der Persönlichkeit: Ich glaube zwar, daß es in einem geschlossenen Kulturkreis wie dem unseren ohnehin ein stillschweigendes Einverständnis gibt, was eine Persönlichkeit ist. Dennoch möchte ich die drei Punkte anführen, die meiner Auffassung nach wesentlich sind.

Erstens: *Persönlichkeit* ist ein wohlverstandener Egoist, der durch liebevollste Behandlung der eigenen Person im Frieden mit sich selbst lebt. *Einer, der in sich ruht* – und aus dieser inneren Stärke heraus souverän nach außen agieren kann. Man erkennt diese Herrschaften an zweierlei: Sie teilen ihr eigenes Glück gerne und freiwillig, sind keine Zwangsbeglücker, aber bereit zu helfen. Und sie können auch zuhören, nicht nur reden, da sie keinen inneren Überdruck haben, sondern innere Gelassenheit.

Zweitens: Sie machen genau die Arbeit, die sie wirklich machen wollen. Das ist wichtig, da die Arbeit in Wirklichkeit die Geliebte Nr. 1 ist, ob dies der katholischen Kirche gefällt oder nicht. Wer eine häßliche und unangenehme, in keiner Weise zu ihm passende Geliebte hat, kann unmöglich dieses zufriedene Antlitz zeigen, das wir von Persönlichkeiten erwarten. Außerdem leben wir in einer westlichen Leistungsgesellschaft. Persönlichkeit ist daher immer auch mit einem gewissen Erfolg verbunden. Und dieser ist nur mit Arbeit zu erwarten, die man liebt.

Drittens: Sie haben einen fühlbaren ethischen Anspruch. Den tragen sie aber nicht kerzerlschluckend wie eine Monstranz vor sich her. Das ist auch besser so. Denn die zuverlässigste Ethik wurzelt wieder in einem gesunden Egoismus: im Wunsch, sich täglich in den Spiegel schauen zu können, was auch der größte Luxus ist.

## III.

Das ist eine herbe Definition des Begriffes Persönlichkeit, vielleicht zu streng. Das würde erklären, warum ich in vielen Jahren Journalismus so wenige Persönlichkeiten kennenlernte – in den Managementhierarchien großer Konzerne genauso wenige wie in den Regierungen und Parlamenten.

Was die Manager betrifft, war auffällig, wie viele von ihnen brave Workaholics waren, aber sichtlich auf der Flucht vor sich selbst. Und wie wenig sie ihre Arbeit wirklich liebten, war an ihrer Sprache zu erkennen. Sie äußerten sich verschwitzt und ergrimmt über unfähige Mitarbeiter, treulose Kunden, unpünktliche Lieferanten. Ihr Hauptwort war „Problem“, nicht etwa „herrliche Herausforderung“. Man war meist froh, diese bitteren, negativen Menschen zu verlassen. Es kann nicht Merkmal einer Persönlichkeit sein, gern verlassen zu werden.

» *Man war meist froh, diese bitteren, negativen Menschen zu verlassen. Es kann nicht Merkmal einer Persönlichkeit sein, gern verlassen zu werden.* «

Eine völlig andere Ausprägung zeigte sich in der Politik. Einige der Merkmale waren geradezu absurd, wären auch erheiternd gewesen, wenn nicht die Politik doch zu wichtig wäre. Extrem auffällig zunächst, daß viele Politiker mit ihrer auf Zeit geborgten Berühmtheit nicht umgehen können. Im Durchschnitt verwechseln sie schon nach drei Tagen ihre Rolle. Sie, der Idee nach ein Ebenbild des Dieners, werden mit faustischem Wahn zum Ebenbild der Gottheit. Eine unerträgliche Leutseligkeit paart sich unglücklich mit der Unfähigkeit, konzentriert zuzuhören. Daß ein guter Teil der Damen und Herren nicht nur nicht zuhören, sondern auch nicht reden kann, macht die Sache für den ratlosen Wähler nicht leichter.

*„Sie, der Idee nach ein Ebenbild des Dieners, werden mit faustischem Wahn zum Ebenbild der Gottheit.“*

Die Politiker lassen noch eine absurde Variante der Un-Persönlichkeit erkennen, die den Managern weitgehend fremd ist: glühende Eifersucht. Schwungvolle Persönlichkeiten der Wirtschaft freuen sich sogar, wenn man ihnen von tüchtigen anderen erzählt, und geringere Kaliber fühlen dabei zumindest keinen Schmerz. Ganz anders in der Politik: Ich habe die Steigerungsformel von Herbert Krejci („Freund–Feind–Parteifreund“) anfangs für eine seiner kräftigen, witzigen Übertreibungen gehalten. Bald kam ich dahinter, daß sie ein Abbild des Lebens war.

Loben Sie vor einem ÖVP-Politiker einen SPÖler, und er wird traurig sein.

Loben Sie vor einem ÖVP-Politiker einen ÖVPler, und er wird krank. Ich glaube nicht, daß FPÖ und Grüne einen stärkeren inneren Zusammenhalt haben. Aber in den beiden traditionellen Großparteien kann man das teuflische Lobe-einen-Parteifreund-Spiel mit dauerndem Erfolg spielen. Wie die Herrschaften zum Lob des Parteifreundes verzerrt lächeln, ist Bette Davis. Und wie sie ihn darin mit falschen Komplimenten abmontieren („der Karli spricht wirklich schon viel besser als früher“) ist Walter Matthau in seiner infamsten Rolle, jener des Zeitungsherausgebers in „Extrablatt“.

# Kehren Sie nach dem Urlaub nicht mehr zur Arbeit zurück

Plädoyer für ein Ruhejahr zur Lebensmitte

In einer betagten Ausgabe der „Harvard Business Review" las ich vom Gedanken des „Sabbatjahres" Eine gute Bezeichnung, weil adressiert an die tüchtigste Minderheit Amerikas, die semitische, und weil angelehnt an die Idee, den siebenten Tag völlig frei von jeder Arbeit zu halten.

Nur daß hier Tag mit Jahr vertauscht wurde. Jeder möge in jedem siebenten Jahre ruhen – bei mehr oder weniger voller Bezahlung.

Eine faszinierende Idee. Aber, wenn man sie voll durchdachte, was die Harvard-Autoren unterließen, völlig undemokratisch. Denkbar für mächtige Manager, aber nicht für den Einzelhandelsreisenden und, wegen der wahnsinnigen Firmenkosten, wohl auch nicht für normale Arbeiter und Angestellte.

Es war aber eine Idee, auf die man bauen konnte, wenngleich um ein Stockwerk niedriger: Ein einziges Jahr zur Lebensmitte wäre viel weniger als das Sabbatjahr, aber unendlich viel mehr als das, was wir haben.

*„Ein einziges Jahr zur Lebensmitte wäre viel weniger als das Sabbatjahr, aber unendlich viel mehr als das, was wir haben."*

Die Frage, wann die Lebensmitte sei, muß sich jeder selbst beantworten, am besten mit der gefühligen rechten Hirnhälfte statt der vernünftigen linken. Optimisten setzen sie etwa bei 50 an. Für Genies wie die Dramatiker Georg Büchner und Novalis oder den Maler Egon Schiele wäre sie bei 14 gelegen, ein bißchen früh vielleicht für eine ausgedehnte Rast.

Wann immer auch die Halbzeit sein mag, sollte sie gefeiert werden. Vor allem zwei Gründe sprechen für ein Ruhejahr.

Das eine ist schiere Kraft, geistig und körperlich. Eine Regenerierung des Kopfes und eine Sanierung der Ruine sind in 90 von 100 Fällen angebracht. Man kann vielleicht sogar von 100 Prozent reden, wenn die Beobachtung stimmt, daß oft ein besonders junggebliebener Kopf auf einer Ruine sitzt, wohingegen oft ein erstklassiger Tennisspieler sein Maturaniveau nie mehr erreichen wird.

Es geht also darum, ein Jahr lang ungestört von Routine, Mitarbeitern, Terminfrust und Fremdbestimmung die Physis und Psyche aufzufrisieren

Zweitens, das bisherige Leben zu ordnen und zu verwalten, um mit größerer Ruhe in die zweite Hälfte zu gehen. Nach vorne getrieben, blieb keine Zeit für den Blick zurück. Wie war es? Was war gut getan, was schlecht? Was ist daraus zu lernen? Wie lange schon wurden die Verwandten und Freunde nicht betreut, wie sie 's verdienten? Tausend wichtige Fragen und keine Antworten, weil normalerweise keine Zeit da ist. Aber sehr wohl das Gefühl, hier läge Staub, hier sollte man endlich aufräumen und Ordnung schafen.

Das Bedürfnis dazu ist latent. Seine Befriedigung wird auf die Pension verschoben.

Wein wird mit dem Alter besser. Der Mensch nicht unbedingt. Das Leben ist – wenn man von äußerst fragwürdigen Erfahrungszuwächsen absieht – eher eine lineare schiefe Ebene, wie ein Tau, das von einem Segelmast schräg abwärts zum Deck führt. Die meisten von uns zehren von der geistigen wie körperlichen Hochsubstanz zur Zeit der abgeschlossenen Mittelschul- und Hochschulbildung und verbrauchen diese in unmerklich kleinen Portionen.

Es ginge darum, mit Hilfe des Ruhejahres zur Lebensmitte einen zweiten hohen Mast aufzustellen, aus dem Einmaster einen Zweimaster zu machen.

Die Engländer, Portugiesen und Spanier können bezeugen, daß man mit einem Zweimaster mächtiger vorankommt, mehr Länder entdeckt, mehr Kolonien erobert, zu mehr Gold, Glanz und Gloria gelangt.

”

*Es ginge darum, mit Hilfe des Ruhejahres zur Lebensmitte einen zweiten hohen Mast aufzustellen, aus dem Einmaster einen Zweimaster zu machen.*

“

Daher: Kehren Sie demnächst aus dem Urlaub nicht mehr an die Arbeit zurück.

Das ist nur scheinbar ein Vorschlag wider die Leistungsgesellschaft. Es ist einer, der nützt dem Egoisten in uns und nützt unserer Volkswirtschaft.

Zweimaster ersegeln ein ganz anderes Bruttonationalprodukt.

# Huch, ein Buch

Selbst Manager müssen keine Angst vor dem Lesen haben.

*„Ein Buch ist wie eine Schaufel,*
*mit der ich mich umgrabe."*
(Martin Walser)

## I.

Die Frankfurter Buchmesse zeigte wieder alle Schrecken des Preises und der Finsternis. Noch ärger als in den Jahren zuvor präsentierten sich Buchhändler und Buchverleger und das ganze nachgeordnete Gewerbe, die Buchdrucker, Buchbinder und Repro-Artisten als zitternde Herde unter den Hufen apokalyptischer Reiter.

Die Hierarchie ihrer Sorgen:

1. Wird es nach einem – auf Dauer wohl unvermeidlichen – Wegfall der Preisbindung nur noch geile Bestseller und goldenen Schrott geben?

2. Werden durch Mammut-Verleger wie Bertelsmann alle kleinen Verleger sterben?

3. Werden durch Mammut-Händler und/oder Internet-Händler wie Libro alle kleinen Buchhändler sterben?

*„Wird eine Kultur zugrundegehen, die so alt ist wie unser Datum?"*

4. Werden durch das akustische und das elektronische Buch alle zugrundegehen, die von der Herstellung papierener Bücher leben? Wird also eine Kultur zugrundegehen, die genau so alt ist wie unser Datum? Um Christi Geburt gab es die ersten Kodizes aus Papyrus und Pergament, gefaltete Blätter, ineinandergelegt und geheftet, zwischen zwei Holzdeckeln befestigt.

5. Wird künftig überhaupt noch gelesen werden?

## II. Fünf Fragen und sechs Antworten

Erstens: Die Sache mit Preisbindung & Qualität ist beinah religiös und immerhin soweit eine Glaubensfrage, daß die EU lange Zeit hin- und herschwankte. Zweitens: Die bisherigen Erfahrungen mit dem Kapitalismus gehen dahin, daß Riesen ihre Vorzüge haben, aber fast immer die Fähigkeit der Flexibilität so weit einbüßen, daß gute, individuelle Konkurrenten in den Nischen gutes Geld verdienen, sofern sie sich *auch* der neuesten Techniken bedienen. Drittens: siehe zweitens. Viertens: Die Hör-Bücher (ideal für Autofahrer und Blinde) werden ein winziges Segment bleiben, die elektronischen Bücher (mit ihrer Möglichkeit der Verbindung zu glossarischen Stichwörtern) werden im Sachbuchbereich stark werden, wie dies schon jetzt Lexika wie Microsoft's *LexiRom* und *Encarta* zeigen. Literatur und Lyrik werden zeit unseres Lebens zum größten Teil in der beliebten, haptisch angenehmen, sinnlichen Papierform verbleiben. Die fünfte Frage teilt sich in zwei weitere Fragen und Antworten.

## III. Good News I: alt vs. jung, intellektuell vs. reich

Die Frage, ob überhaupt noch gelesen wird, ist m. E. nicht durch Umfragen zu klären, weil die auf besonders idiotische Weise verfälscht sind. So oberschlau, daß man vernünftige Zahlen daraus erhielte, kann man Menschen gar nicht fragen, ob sie gute Liebhaber, gute Autofahrer oder gute Leser sind.

> ” *Man kann Menschen gar nicht fragen, ob sie gute Liebhaber, gute Autofahrer oder gute Leser sind.* “

Die Vermutung, junge Leser läsen weniger als alte, verwerfe ich. Erstens steckt der Hochmut aller Alten dahinter. Diese waren immer bereit, die aufkommenden Jungen als größere Trotteln als sich selbst zu sehen. Die Wahrheit liegt darin, daß schon die Alten erbärmlich wenig lesen. Und die Jungen wenigstens die Chance haben, den großen Lese-Feind TV nur im Hintergrund laufen zu lassen, daneben aber zu lesen – eine Doppelbegabung, die kaum ein Älterer hat.

Auch lesen die Intellektuellen nicht mehr als die Reichen, weil jeder wirklich helle Intellektuelle irgendwann auch wohlhabend wird. Die Frage stirbt in sich selbst. Doch auch hier läge die Wahrheit darin, daß beide zuwenig lesen, um die wunderbare Buchmacherzunft glücklich zu machen.

## IV. Good News II: das Potential der Manager

Je nach Definition sind das 500.000 bis 1 Million in Österreich. Zunächst stimmt, daß sie wenig lesen. Schlimmer noch: sie renommieren damit auch noch – „ich habe keine Zeit“. Und wenn sie lesen, ist es nicht Literatur & Lyrik. Ihre Darlings sind Sachbücher, die niemals entspannen, nur ehrgeiziger und nervöser machen. Im Urlaub lesen sie maximal ein gutes spannendes Buch von Donna Leon oder Leon de Winter. Der Trend zum zweiten erzählerischen Buch hat sie noch nicht erfaßt.

## V. Good News III. Manipulation der Manager

Die mit potentiell hohem Buch-Budget gesegneten Manager wären, da geistig knackfrisch, relativ leicht zu Lesern zu machen. Man hat sie nur noch nicht angesprochen. Ich empfehle der Buchbranche zwei Headlines, die über die Angstschiene laufen:

1. Wer nicht liest, wird schwach. Eine Sache des Energiehaushaltes. Jeder Manager gibt viele Wörter, als Vortragender, Präsentator, Motivierer, Programmschreiber. Wenn er nicht als Leser eben so viele Wörter aufnimmt, läuft er wie ein 200-Meter-Sprinter unter Sauerstoffschuld und saugt an seinem eigenen Blut.

2. Wer nicht liest, läuft auf einem Bein. Manager sind in der linken Gehirnhälfte daheim. Dort residieren die Vernunft und Berechnung. Die rechte, in der die Wolken und Gefühle zu Hause sind, ist trotz moderner Trainings verwaist. Manager gehen mit schiefem Kopf. Man darf auch sagen: sie hinken.

Es ist für Buchverleger und Buchhändler Aqua Alta, höchstes Hochwasser, die beste Zielgruppe mit diesen Argumenten zu gewinnen.

*„Manager wären als Leser leichter zu gewinnen, als die wunderbare Buchmacherzunft glaubt."*

# Microsoftware

Über den PC-Giganten und sein derzeit feinstes Produkt Encarta

I.

Im wilden Westen der Hi-Tech gibt es eine Firma, die Millionen Feinde hat. Sie heißt Microsoft. Ihr Chef ist Bill Gates. Das einstige Wunderkind ist heute auch nicht mehr taufrisch, aber immer noch der jüngste reichste Mann der Welt, sofern der Aktienkurs von Microsoft gerade günstig steht.

II.

Ich bin ein ausdrücklicher Freund dieser Firma, zunächst aus einem bedenklichen Grund: wahrscheinlich schmeichelt es mir, Mister Gates gut zu kennen. Ich hatte schon zu einer Zeit ein Interview und eine TV-Sendung mit ihm, als man „Microsoft" in Österreich noch für etwas winziges Weiches hielt.

» *Es gab eine Zeit, in der man Microsoft für etwas winziges Weiches hielt.* «

Dazu kam, daß sein erstes Buch („The Road Ahead") zugleich das erste war, das man in einer CD-ROM-Version auf dem Bildschirm lesen konnte. Es bot sinnvolle Verknüpfungen zu hunderten Stichworten und war eine neue Erfahrung in „Lesen & Lernen".

III.

Die wirklich guten Gründe, Microsoft zu verteidigen, sind die gleichen, weswegen die Firma angefeindet wird. Als PC-Power-User hielt ich es immer für einen Vorteil, daß die Softwareschmiede aus Seattle eine Art verschränktes Monopol hat. Sie liefert das fundamentale Betriebssystem und viele Anwendungsprogramme, also zugleich die Straße und Autos.

Wie bei jedem Monopol ist zu befürchten, daß die Preise zu hoch werden. Das ist m. E. hier nicht der Fall, zumindest aber sind zwei Vorteile für den Anwender wichtiger.

Erstens paßt bei Microsoftprogrammen alles zusammen, es gibt querbeet eine einzigartige Homogenität. Die wesentlichen Handgriffe für Installation, Bedienung und De-Installation sind vereinheitlicht.

Sie gelten für *Word* und *Excel* genauso wie für den *Flight Simulator* oder das Golfsport-Programm *Links 2001*. Zweitens beweist Microsoft seit zwanzig Jahren den Willen und die Fähigkeit, die Software permanent zu verbessern. Jedes Programm wird laufend in einen Ozean von Programmierern geworfen, um den nächsten Jahrgang noch feiner zu machen als den vorherigen.

Dieser Fleiß ist freilich auch notwendig. Microsoft zählt nicht zu den kreativsten Glühbirnen der Branche. Die Erstausgaben neuer Programme waren immer hölzern. Feinheit, Witz und Eleganz kamen erst mit den Jahren.

## IV.

Gerade jetzt ist für die PC-User wieder Vorfreude angebracht.

- Das Betriebssystem, das einst unter dem Namen DOS armselig begann und später als WINDOWS angenehm wurde, soll bald unwiderstehlich sein. Dann kommt die neueste Version auf den Markt, die jetzt noch unter dem Code „Whistler" im Beta-Test liegt. Whistler wird die Power und Stabilität von Windows 2000 und Windows NT mit der verspielten Anwendungs-Vielfalt von Windows 95 und 98 verbinden.
- Bei der Anwendungs-Software hat das integrierte Softwareprogramm „Microsoft Office" die Konkurrenz hoffnungslos abgehängt, nicht zuletzt, weil aus allen Ecken und Enden dieses Schreib-Rechen-Datenbank-Präsentations-Organizer-Universalprogramms auf das Internet zugegriffen werden kann. Dazu kommen Spiele aller Art, wie Age Empires, Motocross Madness, Star Lancer oder die elektronische Wiedergeburt der ältesten Brettspiele, die absolut funktionssicher laufen und mit spezieller Microsoft-Hardware wie Mäusen und Joysticks perfekt harmonieren.

## V.

*„Mein absoluter Favorit ist* Encarta, *eine bunt schimmernde Arbeits-Studier-Bildungssoftware."*

Mein absoluter Favorit unter der aktuellen Microsoftware ist das Arbeits-, Studier- und Bildungsprogramm *Encarta 2001*, eine elektronische Enzyklopädie.

Der neue Jahrgang wurde besonders edel. Dies ist umso bemerkenswerter, als schon die Version 2000 alle einschlägigen deutschen Tests gewann. Einige Beispiele von Kommentaren:

CHIP: „Sehr gute Infos exzellent aufbereitet."

TV-Spielfilm: „*Encarta* ist die beste deutschsprachige Multimedia-Enzyklopädie und sticht jedes klassische Buch aus."

C't: „Die beste deutschsprachige Enzyklopädie ist Microsoft's *Encarta.*"

Auch Computermagazine, die sich um besondere Verständlichkeit für Anfänger bemühen, wie *PC-go!*, *Computer-easy* und *Computer-bild*, hatten *Encarta* eindeutig vorn.

Jetzt, mit der Version 2001, ist der Vorsprung noch größer. Etliche schlaue neue Features erhöhen den Spaß und erleichtern die Arbeit.

Es gibt drei *Encarta*-Varianten. Die Basisversion empfehle ich nicht. *Encarta Plus* ist ein guter Mittelweg. Der wirkliche Überhammer ist *Encarta Professional 2001* mit 5 CDS. Dort gibt es 53.000 Artikel, 1000 Experten-Aufsätze, 21 Millionen Wörter, 19.500 Fotos, 250 Videos und Animationen, 26 Stunden Audio-Beispiele – und dazu noch den elektronischen *Encarta Weltatlas*, ein eigenständiges, hinreißendes, auch separat kaufbares Programm.

## VI.

Der PC ist jetzt genau 20 Jahre alt. Bis dato gab es keine bessere Software als *Encarta 2001* für Studenten, Wissenschafter, Journalisten und generell alle, die an ihrer Halbbildung leiden.

» *Bis dato gibt es keine bessere Software als* Encarta. «

Sollten Sie bei der verspielten Arbeit mit *Encarta* Kopfschmerzen kriegen, ist dies kein Grund, gleich wieder auf Microsoft böse zu sein. Der Schmerz mag daher rühren, daß das Hirn wächst oder am Vorabend das falsche getrunken wurde.

# Web Side Story

Zeit für ein Tänzchen im größten Musical

I.

Auch in der Hi-Tech gibt es eine Gnade der späten Geburt. Je jünger man in die verwirrende Welt von PC, Handy und Internet geboren wurde, desto lustiger ist sie.

Die *Gruftis* (über dreißig) und *Kompostis* (über fünfzig) tun sich erfahrungsgemäß schwer. Ihnen stehen alte Tugenden im Weg. Sie nähern sich allem Digitalen mit Respekt. Vor allem ihre Betulichkeit und Ordnungsliebe stehen einer lustvollen Eroberung im Weg.

» *Die Gruftis über dreißig und Kompostis über fünfzig tun sich erfahrungsgemäß schwer.* «

Die Alten wagen es nicht einmal, die Power-Taste („ON") eines neuen Geräts zu drücken, ehe sie nicht alle Gebrauchsanleitungen bis zur letzten Seite gelesen haben. Dann erst machen sie die ersten Gehübungen wie Babys, nur patscherter.

II.

Die Kids, Teens und Twens nähern sich dem Zeug wie kleine Hunde und Katzen, verspielt, unverkrampft, furchtlos. Ich kenne ein Schulkind, das den PC in einem Tag begriffen hat und das erste WAP-Handy, Nokias 7110, in zwei Stunden, inklusive SMS, Wecker und allen eingebauten Spielen.

So ist es auch kein Wunder, daß die Wunderkinder der Digital-Technologie und viele Chefs von „Start-Ups" (Gründungsfirmen der New Economy) schon vor dem ersten Geschlechtsverkehr die erste Million Dollar hatten. Xy Andriessen (Netscape), Jeff Hawkins (Palm PDA) und Shawn Fanning (Napster) waren noch grün hinter den Ohren, als sie weltberühmt und steinreich wurden, so wie zuvor Bill Gates von Microsoft. Gates als junger Gatsby blieb keine Ausnahme, wie es einst schien, sondern wurde zur Regel. Auch Österreich kennt zahlreiche Wunderkinder, u. a. im Bereich der *costumer-relations-software* (Bauernfeind & Fallmann von Fabasoft) und *games-software* (Schilcher & Tobler von JoWood).

Leben wir also in einer Welt, in der die Jungen und Jüngsten herrschen und die Älteren nur noch Treppenputzen dürfen? Eine Zeitlang schien es so. Die Gefahr ist vorüber.

III.

Die erste Internet-Busineß-Hysterie verglomm wie ein Strohfeuer. Sie verbrannte viele junge Pioniere, törichte Börsianer, Banker und fiebrige Privatinvestoren. Aus heutiger Vogelschau gesehen, machte man einen Riesenfehler:

Man warf das faszinierende Digitaltechnik-Geschäft (also IBM, Ericsson, Cisco etc.) in einen Topf mit dem eigentlichen Business-by-Internet. Das Internet und seine Sekundärwerkzeuge, im wesentlichen Computer, Telefone und deren Verbindungen, sind ja nur Infrastruktur. Sie sind smarte Hi-Speed-Schienen, auf denen das eigentliche Busineß (von den kleinen Reisebüros und Buchhandlungen bis zur globalen Automobilindustrie) schneller und billiger laufen sollte als bisher.

IV.

*„Keine einzige Firma sah ihre Erwartungen erfüllt."*

Genau das aber funktioniert bis heute nicht so gut wie erwartet. Keine einzige Firma sah ihre Hoffnungen voll erfüllt. Auch der erste weltberühmte Internet-Verkäufer, der Buchversandgigant *amazon.com*, wakkelt mehr als er steht. Dabei schaffte es amazon-Chef Jeff Bezos am ersten Höhepunkt der New Economy (1999), TIMEs „Person of the Year" zu werden, mit 35 Jahren die viertjüngste nach Charles Lindbergh (25), Elisabeth II. (26) und Martin Luther King Jr. (34).

Pioniere wie er oder „Österreichs Mr. Bezos", Andre Rettberg von Libro und *lion.cc,* mußten erkennen, daß vor der Kapitalvermehrung die Kapitalverbrennung steht. Erstens ist der Markt noch relativ unreif. Die Konsumenten reagieren nicht so flexibel wie erwartet. Zweitens mußten die ersten Übers-Internet-Verkäufer lernen, daß es nicht reicht, eine *Website* mit einer hübschen *Homepage* und einem lockenden Bestellformular ins *World Wide Web* zu stellen. Die ganze Unternehmenskultur, von der Werbung bis zur Lager-und Vertriebslogistik, muß angepaßt werden. Auch eine grundlegende Umschulung der Mitarbeiter schadet nicht. Für all das aber braucht man die Erfahrung der Gruftis und Kompostis unter den Managern, die auf dem Stellenmarkt jetzt wieder stärker gefragt sind.

V.

> „Darf der Nabucco-Gefangenenchor jetzt in ein haltloses Aida-Triumphgeheul fallen?"

Was bedeutet die momentane Situation für Unternehmer, die sich bisher dem Internet aus Angst oder geistiger Trägheit verweigerten? Um die Frage ans Jubiläumsjahr Giuseppe Verdis anzupassen: Dürfen jene, die schon resigniert den Nabucco-Gefangenenchor gesummt hatten, dank der New-Economy-Krise jetzt schadenfroh in ein Aida-Triumphgeheul fallen? Antwort: Nur dann, wenn sie wie der verwirrte Othello endgültig verlieren wollen.

Zwei Teilbereiche des Internet *müssen* sie jetzt endgültig und sofort nützen. Erstens E-Mail: Ein Unternehmer ohne E-Mail ist so modern wie Rita Hayworth und wird vom Markt gelacht. Zweitens das *World Wide Web (WWW),* das praktisch die gelben Telefonbuch-Seiten des Internet darstellt. Wer darin nicht mit seiner Multimedia-Visitenkarte (website) vertreten ist, verliert tausende moderne Kunden, die sich angewöhnt haben, durch Schmökern im Internet ihre Einkäufe vorzubereiten.

Der eigentliche Verkauf übers Internet kann in den meisten Fällen noch warten. In vielen Branchen, zumal den beratungsintensiven und lustbetonten, wird er sogar ewig sinnlos bleiben.

Wer aber die zwei Goodies „E-Mail & Website" nicht bietet, wird spätestens dann zur Asche, wenn mit den neuen, schnellen Handys das M-Business (*mobile business*) voll entflammt, was laut Robert Hartlauer, einem der maßgeblichen Auskenner, ab Herbst 2001 der Fall sein wird.

# Gast-Essay

# Nutzen und Gewinn von Schule

von Prof. Mag. Dr. Walter Weiss

*Fredmund Malik, Professor und Leiter des Managementzentrums St. Gallen, stellt in seinem Artikel „Gebt uns Arbeit" im Magazin „trend" von Oktober 1997 die These auf, vordringlichste Aufgabe von Unternehmen wäre es nicht, Arbeitsplätze oder Gewinn zu schaffen, sondern Nutzen. Walter Weiss, 27 Jahre lang Professor an einer Wiener AHS (Fächer Philosophie, Psychologie, Geographie und Wirtschaftskunde), Schriftsteller, Publizist und Verleger, ergänzt diese These: Würde die Maliksche Sicht 1 : 1 auf das Unternehmen Schule umgelegt, ergäben sich Nutzen, Gewinn und zusätzliche Arbeitsplätze für die Lehrer.*

Es gibt wohl keinen Staat in der Gruppe der Industrienationen und schon gar keinen innerhalb der EU, der nicht Probleme mit seinem Schulsystem hätte: was die Effizienz der Leistung seiner Lehrer, seiner Schüler, den Nutzen der ganzen Ausbildung und die Gesamtkosten des Bildungssektors beträfe. In (fast?) allen Staaten gibt es einen Überhang an Lehrern (alleine in Österreich warten rund 8000 Junglehrer auf einen Posten), in allen Staaten wird der Nutzen der momentanen schulischen Ausbildung für die Wirtschaft in Frage gestellt, und in allen Staaten fehlt den Regierungen das nötige Geld, das – stets kritisierte – Schulsystem nutzenoptimal zu bedienen.

Durch die Maastricht-Kriterien gepeinigt, sparen alle Regierungen der EU-Staaten vor allem dort, wo es vorerst nicht schmerzt und wo es erst später zum Debakel kommen wird: im Bildungsbereich. Dieser bietet sich für ein kurzfristiges und -sichtiges Sparpaket nachgerade in klassischer Manier an: Nutzen (nämlich ökonomischen, also in Geldwerteinheiten umlegbaren) erwirtschaftet jedes Bildungssystem stets erst nach frühestens neun bis spätestens 20 Jahren – dann nämlich, wenn der Auszubildende (AZUBI oder Schüler) die Schul- oder Universitätsbank verläßt und ins Berufsleben einsteigt: als manuell Werkender (Lehrling oder Hilfsarbeiter) mit 15, als Akademiker mit (im Schnitt) 26 Jahren. Alles, was sich der Staat an Kosten im Ausbildungs-

„Alle Regierungen sparen dort, wo es vorerst nicht schmerzt: im Bildungsbereich."

sektor heute erspart, wird zwar budgetär sofort wirksam, rächt sich aber in neun bis 20 Jahren.

„Was Hänschen nicht lernt, lernt Hans nimmermehr" ist nur die sprichwörtliche Variante jener modernen Erkenntnis, nach der heute eher eine lebenslange Ausbildung anzustreben sei, denn eine nur einmalige während der Schulpflicht. Denn lernt der AZUBI in jungen Jahren nicht lernen und sich lernend beständig weiterzubilden, wird er – in späteren Jahren – dies auch nicht tun bzw. gar nicht können.

Nicht nur aus ökonomischer Sicht ist ausreichende, besser: exzellente (Aus-)Bildung der Grundstein bzw. die Voraussetzung zur Erzielung größtmöglichen Nutzens – und Nutzen ist, wie es Malik kurz und prägnant ausdrückt, jenes wirtschaftliche Vorgehen, etwas zu erzeugen, das auch gekauft wird. Um zufriedene Kunden zu finden, müssen Produkte geschaffen werden, die Kunden gerne bezahlen. Angesichts der enormen Konkurrenz innerhalb der Marktwirtschaft (freie oder soziale) ist es die größte Kunst des Unternehmers, solche Produkte auf den Markt zu bringen, die trotz Marktpräsenz anderer, auch durchaus ähnlicher oder sogar gleichwertiger Produkte, ohne Rücksicht auf tatsächlichen Bedarf gekauft – und immer wieder gekauft – werden (Markentreue).

Der Zweck eines Unternehmens ist also – ökonomisch gesehen – nichts anderes als, wie Malik es nennt, Ressourcen in Nutzen zu transformieren. So einfach ist das, und es ist nicht Sache des Unternehmers, sich Gedanken darüber zu machen, ob Tamagochis, Wegwerfkameras oder eine Antarktiskreuzfahrt tatsächlich einen – ideellen – Gewinn für den Kunden darstellen. Sobald er dafür zahlt, ist der geschaffene Mehrwert (= Wertschöpfung) akzeptiert und volkswirtschaftlich wirksam.

Im Zeitalter der Globalisierung ist es nun gar nicht so einfach, Dinge zu erzeugen oder Dienstleistungen anzubieten, die von Kunden auch angenommen, sprich: bezahlt werden. Also müssen gerade Fähigkeiten, die solche Produktionen überhaupt erst ermöglichen, nämlich Querdenken und Innovationsbereitschaft, geschult werden. Innovatives und Vor-Denken wird aber in unserem Schulsystem entweder nicht, oder wenn – bei mutigen Lehrern – nur selten gefördert. Dabei sollten es gerade die folgenden Fähigkeiten sein, die in der heutigen schulischen Ausbildung geweckt und unterstützt werden sollten:

- neuen Ideen wagen
- Phantasie entwickeln
- Kreativität schöpfen
- Durchsetzungsvermögen beweisen
- Durchhaltevermögen zeigen

*„Fähigkeiten wie Querdenken und Innovationsbereitschaft müssen geschult werden."*

- optimal kommunizieren beherrschen
- über Teamfähigkeit verfügen
- Konkurrenzdenken praktizieren
- Elitenbewußtsein (weniger schroff: Selbstbewußtsein) stärken
- kämpferischer Qualitäten anwenden
- und konfliktfähig sein.

All dies sind Eigenschaften, die in dem nun fast 35jährigen sozialistischen bzw. sozialdemokratischen Schuldenken nicht nur nicht gefördert, sondern massiv unterdrückt worden sind.

## Die Grenze zum Obszönen

»*Wer bei der (Aus-)Bildung spart, bewegt sich an der Grenze zur Obszönität.*«

Wer bei der (Aus-)Bildung spart, bewegt sich an der Grenze zur Obszönität und verletzt obendrein den Generationenvertrag. Wobei obszön als Synonym für unanständig und schamlos steht – etwas, das zu sein man von Pädagogen und den ihnen Vorgesetzten (sie verwaltenden; also der Schulbehörde selbst) am wenigsten erwartet. In den Geruch des Obszönen kommt deren Verhalten auch deswegen, weil mangelnde Ausbildung die späteren Erwerbschancen des mangelhaft Ausgebildeten automatisch schmälert, also eine bewußte und beabsichtigte Schädigung des AZUBIS beinhaltet. Das aber grenzt nicht nur ans Obszöne, es ist auch ethisch bedenklich und somit völlig unvertretbar. Derartiges Verhalten wird aber politisch vertreten und auch noch verteidigt, u. a. auch mit dem Argument, (auch) an der Schule müsse gespart werden, weil (Maastricht!) dem Staat nicht ausreichend Geld dafür zur Verfügung stünde. Und es wird tatsächlich (auch) an der Institution Schule gespart, weil es dort den Steuerzahler – jetzt! – am wenigsten schmerzt und der gesamtwirtschaftliche Katzenjammer erst längst nach dem Ausscheiden der für solche Frivolitäten verantwortlichen Politiker (vom Bundeskanzler über den Finanzminister, die Unterrichtsministerin bis zu den Landes- bzw. Stadtschulratspräsidenten, die da mittun) wirksam wird. Nach der Erfüllung der Maastricht-Kriterien die Sintflut, ökonomischer Nutzen her oder hin!

Was nun ist der Nutzen von Schule? Er kann im Malikschen Sinn kein direkter (Wer „kauft" schon Schüler?), sondern muß ein indirekter sein. Der Nutzen von Schule muß darin liegen, Menschen auszubilden, die dereinst in der Lage sein müssen, ökonomischen Nutzen zu schaffen. Dazu müssen sie richtig ausgebildet sein, einen richtigen Posten erhalten und dort die richtigen Entscheidungen treffen. Werden diese Ausgebildeten vom „Kunden gekauft" (= finden sie einen Unternehmer, der ihnen einen adäquaten Arbeitsplatz bietet), wird aus dem Nutzen der Schule (= den richtig Ausgebildeten) Gewinn für die Schule: etwa durch Dotationen von Unternehmervertretung(en) und Wirtschaftsförderungsinstitut(en), die aus den von ihnen gesponserten Schulen dann die nach den Bedürfnissen des Marktes ausgebildeten Schulabgänger an Firmen empfehlen. Oder (allgemein gehalten): Der Gewinn der Schule liegt darin, durch Aussicht auf einen gesicherten Arbeitsplatz (und damit Aussicht auf ein entsprechendes Einkommen) ausreichend für Leistung und Lernbereitschaft motiviert zu sein. Dies entspricht auch der Malikschen Definition von Gewinn: Laut Malik ist „der Gewinn nicht der Zweck eines Unternehmens, sondern er ist der Maßstab dafür, wie gut das Unternehmen seinen eigentlichen Zweck erfüllt, nämlich Nutzen für die Kunden zu schaffen".

Gewinn ist also, wirtschaftswissenschaftlich gesprochen, die Umlegung des Nutzens in Geld, das dem Unternehmer, nach Abzug seiner Kosten, bleibt. Gewinn – zeitverzögert umgelegt auf das Unternehmen Schule – ist jenes Geld, das der (nun optimal) Ausgebildete dem Unternehmen, dem er jetzt als für die Produktion Verantwortlicher dient, erwirtschaftet. Also:

Die Kunden der Schule sind die Wirtschaftstreibenden, der Nutzen der Schule ist es, ihre „Produkte" (AZUBIS, Schüler) „kundengerecht" (= auf die Anforderungen des Marktes) vorzubereiten, sie also im realen Wirtschaftsleben unterzubringen. „Gewinn" der Schule tritt dann ein, wenn ihre „Produkte" (= Schüler) „gekauft" werden, also einen Arbeitsplatz geboten kriegen. Dann – und nur dann! – produziert die Schule nicht am (Arbeits-)Markt vorbei!

> *„Die Schule stiftet – zur Zeit – Schaden."*

Zur Zeit wird aber am Arbeitsmarkt vorbeiproduziert. Sie stiftet damit – nach Malik – Schaden, geht „aus dem Ruder", wird „unkontrollierbar und korrupt". Will sie das alles nicht (Will sie das wirklich nicht?), muß sie sich ändern: Sie muß ihre Produkte (= Schüler) dem Markt (= der Nachfrage) anpassen und via entsprechende Lehrinhalte die Fähigkeiten der Schüler für die Bedürfnisse des Arbeitsmarktes effektiver fördern und entwickeln.

## Persönlichkeiten stiften Nutzen, Mitläufer verrichten (nur) Arbeit

Wie erhöht man die Effizienz (wirtschaftswissenschaftlich: die Produktivität) der Schüler? Es ist seit langem bekannt und alle Pädagogen wissen es: durch Reduktion der Klassenschülerzahl auf 12 bis 15. (Zur

Zeit sind in Österreich bis zu 36 Schüler[1] möglich bzw. gesetzlich gedeckt.) Mit einer Klassenstärke von 12 bis 15 findet jeder Lehrer optimale Lehrbedingungen vor, die persönliche Betreuungs- (= Zuwendungs-)zeit, die auf den einzelnen Schüler der Klasse entfällt, erhöht sich auf das Zwei-bis Dreifache. Der einzelne Schüler versinkt mit seiner Leistungsbereitschaft (die zu fördern wäre und nicht abzusenken, wie es in den letzten 30 Jahren besonders in Wien der Fall gewesen ist) nicht, wie bisher, in einem fast schon anonymen Haufen von bis zu 36 Kommilitonen,[2] sondern wird – bewußt oder unbewußt, eher zweiteres – mit den Leistungen seiner Kameraden häufiger und schärfer konfrontiert. Und das mit all seinen psychischen Begleiterscheinungen: vom Ansporn bis zum Frust.

Nur in sozialistischer (heute: sozialdemokratischer) Diktion ist Frust ausschließlich negativ besetzt. Jeder Psychologe weiß, daß Frustrationsgefühle notwendig sind zur Selbstfindung und zur Stärkung des Selbstbewußtseins – freilich unter begleitender und betreuenden Mithilfe eines Verantwortlichen. Im Schulbetrieb ist dies der erfahrene Lehrer. Bei 12 bis 15 Schülern muß der Lehrer seine Zuwendung und Aufmerksamkeit nicht auf eine mehr oder weniger anonym bleibende Klasse aufteilen (= verschwenden), sondern kann sich den werdenden Persönlichkeiten der einzelnen Schüler häufiger und intensiver zuwenden und somit an deren Persönlichkeitsbildung aktiv mitwirken! Erst solche Persönlichkeiten bilden aber die Grundvoraussetzung für das, was Malik im Wirtschaftsleben „Nutzen" nennt: Nur Persönlichkeiten können Nutzen schaffen; Mitläufer verrichten bestenfalls Arbeit. Und:

*„Nur wer Nutzen schafft, lukriert auch Gewinn."*

Nur wer Nutzen schafft lukriert auch Gewinn. Wer bloß arbeitet, tut seinen Job – aber nicht jede Arbeit stiftet bekanntlich auch Nutzen!

Wie immer das Steuersystem der Zukunft aussehen wird, sei es ein modifiziertes Einkommensteuersystem mit einem staatlich garantierten Sockelbetrag für die Grundbedürfnissicherung oder ein (was wahr-

1 Gesetzlich vorgesehen sind maximal 30 Schüler pro Klasse; doch wird vom Gesetz ein Plus bis zu 20 % Schüler „toleriert"(!)

2 Wiens ehemaliger – mittlerweile ins politische Ausgedinge komplimentierte – SSR-Präsident Scholz argumentierte noch vor fünf Jahren, er werde vier bis fünf Kinder mehr in jede Pflichtschulklasse setzen; dadurch könnten Klassen eingespart und Werteinheiten (= Dienstposten) frei werden: für Psychagogen. Der Einwurf, daß mit einer solchen Klassengröße das Arbeitsfeld für Psychagogen ja erst geschaffen werde – die größere Schülerzahl fördere ja „verhaltensoriginelle" Schüler („verhaltensgestört" ist heute ein „politisch unkorrektes" Wort!) –, wurde von ihm weggewischt.

scheinlicher ist) maschinenbesteuertes Wertschöpfungssteuersystem – nur Wirtschaftsgewinne bringen dem Staat die nötigen Steuereinnahmen. Die Kosten dafür (keine Einnahmen ohne Kosten) hat der Staat einen Ausbildungszyklus früher dafür ausgelegt – aber beim Unternehmen Schule dabei sehr gespart.

Wir befinden uns heute in diesem Ausbildungszyklus für morgen. Und da wir – siehe oben – am Markt vorbei ausbilden, wird der später lukrierte Gewinn des Staates (seine Steuereinnahmen) durch den verfehlten Nutzen (falsch ausgebildete, daher unfähige, nicht innovative Manager) sehr gering sein. Der zukünftige Staat wird – durch seine verkehrte Schulpolitik heute – seinen heute fehlausgebildeten Bürgern später weniger bieten können (Einsparungen auf dem Sozialsektor; geringerer Lebensstandard überhaupt): Der Generationenvertrag wird von den heute Verantwortlichen bewußt, und damit böswillig gebrochen; die heutigen AZUBIS werden wissentlich betrogen: um ihren späteren Lebensstandard, der niedriger als der unsere sein muß.

*„Der Generationenvertrag wird heute böswillig gebrochen.“*

## Die Besten entsorgen?

Nach Malik ist es nicht Aufgabe eines Unternehmens, vorrangig Arbeitsplätze zu schaffen, sondern Nutzen zu generieren. Arbeitsplätze ergeben sich – wie Malik allerdings zugibt: noch – aus dem Umstand, daß Arbeit – ebenfalls noch – eine Ressource ist, also einen Produktionsfaktor darstellt. Das wird bei manueller Arbeit nicht mehr lange der Fall sein, nicht einmal mehr eine Generation lang, bei geistiger oder sozialer Arbeit hingegen immer, da diese nicht mechanisierbar ist. Der Lehrer vereint in seltener institutionalisierter Überlappung geistige (= fachliche und autoritäre) und soziale (= persönliche, erzieherische) Disziplinen und wird daher nie durch Maschinen ersetzbar sein. Lehrer wird man immer brauchen – Lehrer sind daher ein Beruf, dem höchste Wichtigkeit und höchste Priorität im „Ranking“ von Berufen einzuräumen ist.

Das Lehrerbild hat sich gewandelt. Die Aufgabe des modernen und zukünftigen Pädagogen ist nicht mehr die reine Wissensvermittlung, sondern vielmehr den Schülern nahezubringen: Wie gehe ich mit dem Wissen, das ich mir aus den neuen Medien – sprich: Internet, u. ä. – geholt habe, richtig um? Wie bewerte ich dieses Wissen und wie suche ich das für mich Wichtige und Richtige aus? Der Lehrer wird so zu einem Lernbegleiter, Superviser und „Animateur“ fürs Lernen – aber er ist sicher kein bloßer Wissensvermittler mehr!

Nach Malik muß in einem Unternehmen größtmöglicher Nutzen angestrebt werden; gelingt dies, ergeben sich größtmöglicher Gewinn und eine maximale (in diesem Fall: optimale) Zahl von Arbeitsplätzen quasi von selbst. Umgelegt auf die Schule liest sich das so: Die schon erwähnte Senkung der Klassenschülerhöchstzahl auf 15 bedeutet eine schlagartige Schaffung von Arbeits-(Lehrer-)plätzen um etwa ein Viertel bis zu einem Drittel der derzeitigen Planposten (die Hälfte kann es nicht sein, da tatsächlich nur die wenigsten Klassen 36 Schüler aufweisen! Aber die wartenden 8000 Junglehrer wären sofort versorgt).[1]

Die maximal 15 Schüler einer Klasse erführen sofort eine um ein Vielfaches bessere Ausbildung, der einzelne Lehrer wäre effizienter eingesetzt (= genutzt). Seine effizientere Nützlichkeit diente den Schülern, die damit zu fundierterem und besser verankertem Wissen kämen – von der sozialen und humanen Komponente der nun individuelleren Betreuung durch den (die) Lehrer einmal ganz abgesehen. In heutigen Unternehmen sind humane und soziale Komponente so wichtig geworden, daß erst ein befriedigendes Zusammenspiel dieser beiden Bereiche eine optimale Entfaltung des Wissens und Könnens zum höheren Nutzen aller ermöglicht. Nach der Schulzeit wandelte sich die nun nutzenoptimierte Ausbildung der nun Gereiften in ökonomischen Nutzen für die Unternehmen und über deren Steuerzahlungen auch für den Staat um.

*„Altlehrer werden – aus Kostengründen – zur Altlast.“*

Die höheren Ausgaben für Lehrergehälter jetzt flössen mehr als einmal durch die dann effizienteren Unternehmen wieder an den Staat zurück.

Zur Zeit wird in Österreich dagegen das „Gehrer-Modell“ in Gesetze geschmiedet, nach dem bewährte, bestens ausgebildete, auf der Höhe ihrer pädagogischen Fähigkeiten stehende Lehrer kostenneutral „entsorgt“ werden sollen. Um Platz für Junglehrer zu schaffen, möchte man ihnen den Gang in die Frühpension „schmackhaft“ machen – mit Vorschlägen, die nur ein sonstwie mit Einkommen Abgesicherter akzeptieren kann.[2] Ministerieller (Finanz-)Hintergedanke dabei: es soll Geld

1 Gleichzeitig werden im Bildungssektor für 4,5 Mrd öS Überstunden geleistet. Und dies bei der größten Lehrerdichte Europas! Wir wären – im Prinzip – allen anderen Staaten an geistigem Potential überlegen, scheitern jedoch an der – gewerkschaftlich betonierten! – Struktur des Systems.

2 Pro Jahr Frühpension ab dem 55. Lebensjahr minus 5 % Abschlag von den – noch! – gesetzlichen 80 % des Letztbezugs. Das wäre für einen 55jährigen Frühpensionisten eine um mehr als ein Viertel verminderte Pension – auf Erlebenszeit bei noch niedrige(re)m Gehalt, weil er in den fünf Jahren auf seine 60 ja noch im Gehalt gestiegen wäre (Bienniensprünge und ev. Dienstalterszulage).

gespart werden, da Junglehrer natürlich um vieles billiger kommen, als „Alt"lehrer, die – aus Kostengründen – zur Altlast werden.

Ich darf an die Maliksche Nutzenanalyse erinnern: Das Schaffen von Arbeitsplätzen ist bestenfalls ein Nebeneffekt des Nutzenstrebens. Lehrer sind also im Schulsystem niemals Selbstzweck, sondern – bestenfalls – Nebeneffekt. Weil sie aber unverzichtbar sind (Roboter können Schüler niemals pädagogisch betreuen!) sind sie für den Schulbetrieb notwendig! Und – um Malik sinngemäß zu zitieren: Arbeitsplätze – so sie notwendig sind – dürfen nicht abgebaut, sondern müssen bestmöglich genutzt werden.

*„Arbeitsplätze dürfen nicht abgebaut, sondern müssen bestmöglich genutzt werden."*

Die bestmögliche Nutzung von Lehrern kann aber nun wirklich nicht darin liegen, gerade die bewährtesten (= besten) in Pension zu schicken, sondern müßte vielmehr darin gesehen werden, sie optimal einzusetzen

Das muß nicht unbedingt vor der Klasse sein und könnte zum Beispiel in die Ausbildung von Junglehrern (= Betreuungslehrer) münden. Solche „Betreuungslehrer" gibt es nun zwar schon seit nahezu 20 Jahren, sie sind aber weder entsprechend ausgebildet, noch werden sie nutzenmaximierend eingesetzt. Einmal Betreuungslehrer – immer Betreuungslehrer. Einmal schlechter Betreuungslehrer – immer schlechter Betreuungslehrer. Einmal guter Betreuungslehrer – immer frustrierter und durchaus pensionsfreudiger Betreuungslehrer, den nur das Skandalöse am Gehrer-Modell davon abhält, es an- und ernst zu nehmen. Seit der Gehrer-Vorschlag vor vier Jahren Realität geworden ist, haben sich tatsächlich jede Menge durch ihren Fehleinsatz Frustrierte, darunter auch einige der bewährtesten und besten Betreuungslehrer (natürlich auch andere), in die Pension geflüchtet; dies aber vor allem aus Gründen, die durch das neue Pensionssystem der neuen Bundesregierung den Beamten zusätzlich geliefert worden sind.

Damit ging dem Unternehmen Schule enormer potentieller Nutzen verloren. Und Gewinn – nachhaltiger nämlich, der erst in bis zu 20 Jahren rückflösse – erst recht.

## Das Vierjahres- oder Von-Wahl-zu-Wahl-Denken

Freilich: von einer Frau Gehrer und einem Herrn Scholz wird dann niemand mehr etwas wissen – in 20 Jahren? Oder? Otto Glöckel hingegen kennt heute noch jeder Pädagoge und er weiß, daß jener einer der größten Schulreformer unseres Landes war. Wenn Gehrer und der inzwischen kaltgestellte Scholz (und natürlich all die anderen Landesschulräte Österreichs) im Malikschen Sinn die Diskussion um diese dringend nötige Schulreform rechtzeitig ins Parlament gebracht und dieses (damals regierte ja noch die SPÖVP-Koalitionsregierung) die entsprechenden Gesetze mit der erforderlichen Zweidrittelmehrheit beschlossen hätte, wäre Österreich im letzten Jahr des ausgehenden 20. Jahrhunderts um ein paar Schulreformernamen reicher und die nächste Generation um einige Prozente der künftigen BSPs wohlhabender geworden. Von der derzeitigen Regierung ist solches nicht zu erwarten: Es fehlt ihr die nötige Zweidrittelmehrheit!

Österreich hätte, arm an sonstigen Ressourcen im Konzert der übrigen EU-Länder, gegenüber diesen einen enormen Vorsprung gehabt: Es hätte wieder über jene geistige Elite verfügt, die die Länder der Ersten Welt so bitter benötigten, wie sonst nichts: angesichts der rasant fortschreitenden Globalisierung und – dies betrifft nur Österreich – des enormen Wettbewerbsvorteils, den Deutschland und die anderen größeren (noch) nationalen Märkte gegenüber der kleinen Alpenrepublik auf fast allen Gebieten haben.

*„Wir haben die Möglichkeit verschlafen, Europas beste Schüler heranzubilden!“*

Wir haben die Möglichkeit verschlafen, Europas beste Schüler heranzubilden!

Denn ungebildete und nicht zur Kreativität angehaltene Schüler sind nur solche, die später einmal – oder gar schon jetzt! – das Kleinformat lesen und auch unkritisch glauben, was dort als „Objektivität“ zu finden ist. Wie leicht gehen sie dann populistischen Politikern auf den Leim! Bisher konnte man daher durchaus den Verdacht haben, daß den Schulpolitikern mündige Bürger gar kein echtes Anliegen waren. Es gab ja nur zwei Großparteien, die sich irgendwo in der Mitte trafen. Jetzt allerdings ist eine populistische Partei von rechts an der Macht! Es sollte daher verstärktes Anliegen jener Verantwortlichen sein, die *auch* an der Macht sind, dafür zu sorgen, daß aus jenen Schülern, die ihnen via Schulsystem überantwortet sind, kritische und selbstbewußte Staatsbürger werden – und keine meinungslosen Mitläufer, die wahllos Vorgesetztes willig wiederkäuen.

Aber kann solches von Politikern erwartet werden, die – meist – nach vier Jahren ihren Posten wieder räumen? Oder – hoffentlich – räumen müssen?

# Phänomene, Rückschläge, Siege

# Der nächste Erfolgsfaktor wird die Ästhetik sein

*„Häßlichkeit verkauft sich schlecht."*
(Raymond Loewy, Designer, USA)

I.

Gestern haben wir den Wirtschaftsfaktor Ethik erfunden. Das ist lange her. Morgen ist die Ästhetik dran. Sie wird die Guten von den Schlechten, die Erfolgreichen von den Versagern scheiden.

II.

Unglaublich, wieviel Ethik plötzlich auf der Welt ist. Sachbuchbestseller heißen nicht mehr „How to become rich", sondern „The Power of Ethics". Managementschulen lehren nicht mehr den Konkurrenten-Kill, sondern „Management by Love". Jüngst bekam ich sogar die Visitenkarte eines amerikanischen Managers in die Hand, der sich als Leiter der denkbar witzigsten und absurdesten Abteilung auswies, des „Ethics Department" seiner Firma – so, als wäre Ethik ein Spezialfach und nicht eine Einstellung, die in Kopf und Herz jedes einzelnen zu Hause ist.

Die Wirtschaftshaie dieser Welt wälzen sich in „Liebe" und „Verantwortung" wie Topfenknödel in den Bröseln, und das ist natürlich schön und gut. Wir begrüßen diese kulinarische Läuterung enthusiastisch. Sie ist viel gescheiter als all das, was wir in den frühen sechziger Jahren hatten und später während der beiden Ölschocks. Damals bewunderte man „Offensive" und „Schneid" und „Brutalität". Was zählte, war einzig die Zahl, die rechts unten in der Erfolgsabrechnung stand. An der Umwelt interessierte nur die Verfügbarkeit des Rohstoffs. Am Konsumenten interessierte nur das Geld, am Produkt interessierte nur der kapitale Umschlag.

*„Verantwortung, die jeder einzelne von uns für die gesamte Biosphäre hat."*

Das also hat sich gewandelt. Selbst die calvinistisch-kapitalistische „Neue Zürcher Zeitung" sprach mit dem verlegenen Lächeln des Konvertiten von der „Verantwortung, die jeder einzelne von uns für die gesamte Biospähre hat". Wunderbar.

„Ethik" ist zum Erfolgsfaktor geworden. Die Betonierer und Bedenkenlosen, die Verwüster und Verschmutzer finden keinen Rückhalt in der Politik mehr und immer weniger Zuspruch der Konsumenten, vor allem der jungen, die morgen alles bestimmen werden.

Das ist alles gut, aber eigentlich schon wieder ein alter Hut. Goethes „sausender Webstuhl der Zeit" verlangt, das alles weitergehe und weiterwebe, hin und her und her und hin, wie es im „Prolog im Himmel" der Faust-Tragödie heißt.

„Ethik in der Wirtschaft" ist nicht das Ende der Weisheit und des Machbaren. Sie wird wohl, soweit wir das beurteilen können, gültig und in Kraft bleiben. Aber es werden neue Erfolgsfaktoren dazukommen. Die Frage ist nur: welche?

*„Der nächste Hammer wird die Ästhetik sein."*

Meine spekulative Prognose: Der nächste Hammer wird die Ästhetik sein.

III.

Ästhetik als Maßstab für die Güte von Managern und A-Unternehmern ist im Kommen. Wahrscheinlich ist sie schon da, sie ist nur schwer einzukreisen und zu definieren.

Am schwierigsten gelingt dies mit dem philosophischen Ansatz. Aber ein Versuch kann ja nicht schaden.

Die offiziellen Definitionen sind ziemlich sperrig. Die semantische Quelle der Ästhetik liegt im griechischen „aisthanesthai". Das heißt: DURCH DIE SINNE. Im weitesten Sinne ist „Ästhetik" eine Theorie, die beide Erscheinungsformen des SCHÖNEN zum Gegenstand hat: das Naturschöne (natürlich Schöne) und Kunstschöne (künstlich Schöne). Es gibt auch Ästhetik im engeren Sinne.

So wird gelegentlich unterschieden in Produktions-Ästhetik, Formal-Ästhetik, Wirkungs-Ästhetik, Werk-Ästhetik, Gehalts-Ästhetik. Schwamm drüber. Auch die Auslassungen großer Philosophen zu diesem Thema sollten wir nur ehrfürchtig streifen, mit dem festen Willen, uns von ihren teils kraß auseinanderfallenden, teils hochwunderlichen Auffassungen nicht verwirren zu lassen.

Wohltuend ist die ganzheitliche Sicht unseres alten Freundes Karl Marx. In seinen „Thesen über Feuerbach" verwirft er die weit verbreitete Einschränkung der Ästhetik auf die Welt der Künste. Sie sei als Maßstab der Sinnlichkeit und Schönheit auf das gesamte praktisch-menschliche Sein bezogen, also in allem daheim, was mit dem Leben zu tun hat.

Interessant könnte auch noch ein Rückgriff auf Aristoteles sein, der die Ethik von der Ästhetik in einem Punkt klar unterscheidet: Ethik habe notwendig mit dem organischen Menschen zu tun, die Ästhetik darüber hinaus auch mit anorganischen Dingen. Seiner Auffassung nach könne man sogar mathematische Sätze in ästhetische und nichtästhetische teilen.

## IV.

Ich bin dafür, daß wir uns die Sache eher leicht und verständlich machen, auch wenn humorlose Wissenschaftler angesichts der Vereinfachungen bekümmert aufheulen.

Ästhetik heißt: Schönheit in die Welt zu bringen.

Der Satz, in seiner Schlichtheit ergreifend, findet gottlob eine gewisse Unterstützung im Philosophischen Wörterbuch von Georg Klaus/Manfred Buhr. Dort heißt es: „Die ästhetische Bewertung der Phänomene vollzieht sich zwischen den zwei entgegengesetzten Wertpolen SCHÖN und HÄSSLICH."

## V.

Bei aller Individualität der Geschmäcker glaubte ich doch an eine „Ästhetische Internationale". Das heißt: Im großen und ganzen gibt es innerhalb eines Kulturkreises Übereinstimmung darüber, was schön und was häßlich ist.

*„Bei aller Individualität der Geschmäcker glaubte ich an eine „Ästhetische Internationale"."*

Ich kenne keinen Europäer oder Amerikaner, der Hoffmann-Möbel, Mozart-Musik, Trockenrasierer von Braun oder die positive Menschlichkeit eines Sir Karl Popper anders als schön empfunden hätte. Und kenne umgekehrt keinen, der die zerklüftete Architektur eines alten Skoda-Automobils, eines Gemeindebaus der 50er Jahre, die Einrichtung eines Büfett-Waggons der ÖBB oder den weinerlichen Pessimismus vieler Österreicher nicht als häßlich empfunden hätte. Und ich glaube auch, daß im wesentlichen Übereinstimmung herrscht, in welcher Weise die Manager und Unternehmer Schönheit in die Wirtschaft und damit mitten ins Leben bringen können.

*1. Schönheit der Atmosphäre:*
Die Zeit der Bitteren und Drohenden geht ihrem Ende zu, ausgenommen vielleicht in Rußland. Unsere Zeit lechzt nach Frische, Optimismus, Fröhlichkeit und Humor. Geniale Vorreiter in eine neue Lockerheit

waren Firmen wie Ikea, Schweppes und Apple. Sie haben zunächst in der Werbung, teilweise auch im Verkaufsstil am Point of sale und im internen Management zu einer neuen atmosphärischen Ästhetik gefunden, die sie wohltuend von den bleischweren Misanthropen der Vergangenheit abhebt.

*2. Ästhetik der Produkte*

Es ist nicht mehr alles so im argen, wie es war. Es gibt ordentliche Zuwachstraten an gutem Design, doch ist dies immer noch eine russische Statistik. Wenn es nicht mehr zehn, sondern zwanzig erstklassig stilisierte Produkte gibt, ist dies ein Zuwachs von 100 Prozent, absolut gesehen aber noch nicht viel. Immer noch überwiegt die Formlosigkeit. Immer noch dominiert die Farblosigkeit. Immer noch feiert die Anwendungsfeindlichkeit wilde Triumphe. Junge österreichische Designer müssen fürs Ausland arbeiten, wo man – wie etwa im Fall Alex Korab – ihre Phantasie, ihr Materialverständnis, ihr Produktionsprozeßwissen und ihre ergonomische Seriosität („form follows function“) hoch bezahlt. Es ist Teil der markanten Marketingschwäche der technisch starken österreichischen Unternehmen, daß sie noch nicht verstanden haben, in die Design-Ästhetik hoch zu investieren. Die unterschätzte Steiermark mit dem Bonnie-and-Clyde-Duo Klasnic-Paierl hat allerdings nach dem berühmten Auto-Cluster nun auch einen „Design-Cluster“ ins Leben gerufen. Und es gibt auch Ausnahmen: Werner Hölbl, international umworben, wird von Swarovski praktisch Tag und Nacht beschäftigt.

„Die unterschätzte Steiermark mit dem Bonnie-and-Clyde-Duo Klasnic-Paierl hat nach dem berühmten Auto-Cluster nun auch einen ‚Design-Cluster‘ ins Leben gerufen.“

*3. Philosophische Ästhetik*

Die sinnliche Ausstrahlung der Firmen im Wege der Öffentlichkeitsarbeit, im wesentlichen ein Zeugnis ihrer Verantwortungsreife und Ethik.

*4. Gesamt-Ästhetik:*

Darunter ist ungefähr das gleiche zu verstehen wie unter „Corporate Design“. Wirklich schön ist eine Firma nicht schon mit einem schönen Produkt und einem schön sprechenden Generaldirektor, sondern erst mit einer kugelrund perfekten Gesamtdarstellung. Die Zeit ist nicht mehr fern, wo jeder Unternehmer von der Gesellschaft gejagt wird, der es wagt, eine häßliche Fabrik auf die Wiese zu stellen.

Unternehmen sind zu einer öffentlichen Veranstaltung geworden. So sind sie auch Teil der optischen und kulturellen Ästhetik ihres Landes.

Das weltweit vielleicht beste Beispiel für Corporate Design ist das deutsche Automobil- und Motorradunternehmen BMW. Die Ästhetik seiner Präsentation ist fast vollkommen, bis zum kleinsten Zubehör und dem geringsten Faltprospekt. Es gibt keine staubigen Ecken in der BWM-Optik.

„Ganzheitliche Ästhetik ist ein langwieriger Prozeß“, sagt BMW-Austria-PR-Chef Michael Ebner, „sie dauert viele Jahre.“

Ein Grund mehr, sofort damit anzufangen.

Dann ist man vielleicht gerade am Ziel, wenn eines Tages die Ästhetik zu einem hauptsächlichen Erfolgsfaktor geworden ist und zu den vielen Managementweisheiten eine neue dazukommt:

Es genügt nicht, gut zu sein. Man muß auch richtig schön sein, in jeder Hinsicht.

*” Ganzheitliche Ästhetik ist ein langwieriger Prozeß. “*

# Die Künstler

Über Bettler, Kunstfeinde, Beamte, Politiker und den häßlichen Begriff Kunstsponsoring

Szene beim Heurigen Lutter in Parisdorf, Weinviertel. Eine Runde von Künstlern und Kunstinteressierten. Darunter eine junge Frau, von der an diesem Abend nie klar wird, ob sie eine Studentin oder werdende Künstlerin ist, vielleicht beides.

Die junge Frau lallt leicht, was noch entzückend ist, im Gegensatz zu ihrem Sermon. Sie sagt ziemlich unbeholfen, aber aggressiv genau das, was viele junge Künstler sagen.

„Es sind keine Mittel da, es sind keine Mittel da", zischt sie. Und singt dann das alte Lied von der miesen Bourgeoisie, die alle im Stich läßt, vor allem die jungen Künstler, und da wieder bevorzugt die besten.

Es ist also das Lied vom verkannten Genie, dem die Gesellschaft pflichtvergessen die Entdeckung und Belohnung vorenthält.

Mir wird es schließlich zu bunt. Ich hebe ein Glas frühroten Veltliner und halte eine Lobrede auf ihre Weinerlichkeit. Ich bewundere den Drahtseilakt vieler, die das Kunststück zuwege bringen, einerseits um Geld zu betteln, anderseits sich als freier, unabhängiger Geist zu fühlen.

Den endgültigen Grant der larmoyanten jungen Frau ziehe ich mir mit dem abschließenden Toast zu: „Mehr als alles andere verehre ich die Fähigkeit, als Genie in der heutigen Zeit unerkannt zu bleiben – heute, da es mehr Galerien als Bäckereien gibt und tausende Zeitungen und Magazine, die gerne ein wirkliches Genie als erste vor den Vorhang ziehen würden."

> *„Viele junge Künstler scheinen die Wirkung vor das Werk zu stellen."*

Ich ernte Gift und Galle, nur einer lächelt leicht, allerdings aus der Höhe seines erfreulichen Olymps, der Maler Karl Korab: „Ich mag mich irren, aber auch ich halte das Anspruchsdenken für falsch. Viele junge Künstler scheinen die Wirkung vor das Werk zu stellen. Sie können gar nicht schnell genug bekannt, berühmt und reich werden. Sie wollen Stars sein, ehe noch das Werk zur Hälfte reif ist. Meine Erfahrung geht dahin: Wer nicht die volle Leidenschaft fürs Gestalten in sich hat und nicht wirklich aus innerster Notwendigkeit Künstler ist, der ist auf dem falschen Weg. Man ahnt nicht, wieviel Besessenheit,

Härte und Konsequenz notwendig ist, um endlich dorthin zu kommen, wo man sagen kann, das ist jetzt was halbwegs Ordentliches."

Wirklich leicht ist es trotzdem nicht, zur Förderung der Künstler das richtige Maß zu finden. Noch widerlicher als weinerliche, bettelnde Jungkünstler sind wahrscheinlich jene starren Hartplastikmenschen, die in Künstlern a priori Tunichtgute sehen, die dem Herrgott den Tag stehlen, wenn nicht gar Zersetzer, die unverständliches Zeug malen und die Welt vergiften. Auch diese Zombies sind noch erstaunlich zahlreich.

Eine der schönsten einschlägigen Begegnungen hatte der Maler Franz Ringel. Ein entfernter Onkel sah seine Bilder, dachte sich, der arme Hund, und bot ihm mitleidig ein Geschäft an: „Gib mir halt so a Büdl, und ich zahl dir ein paar Gespritzte. Was er gesehen hatte, waren mittelgroße Ringels im Schätzwert von mindestens 100.000 Schilling.

In den politischen Stellen, die über – teils tatsächlich sinnvolle – Starthilfen und Subventionen entscheiden, ist das Niveau für gewöhnlich höher, als man glaubt. „Ich kenne einen Beamten", sagt Korab, „der in einer dieser öffentlich-staatlichen Ankaufsstellen sitzt und die Kunst tatsächlich leidenschaftlich liebt. Er sucht jeden noch so kleinen Künstler in seinem Atelier auf. Er hat nun genug gesehen, um das Gold vom tauben Gestein unterscheiden zu können."

Die Frage des richtigen politischen Sponserns ist freilich bis zum heutigen Tag nicht gelöst. Steuerzahler, die keinen Sinn für Kunst haben, halten jeden Schilling für hinausgeschmissen. Die Künstler ihrerseits wieder halten jede Summe für zu niedrig, um einen kreativen Flächenbrand im Land zu entzünden.

Gott sei Dank gibt es mittlerweile ein neues Spielfeld, die Wirtschaft. Unter Fortschrittlichen hat das alte Lagerdenken aufgehört. Unternehmer und Manager sind keine dicken, kunstfeindlichen Zigarrenraucher mehr. Und die meisten modernen Künstler haben keine Berührungsangst mehr vor kleinen Firmen und großen Konzernen. Das erfreulich aufkommende „Kunstsponsoring" hat zunächst einen ästhetischen Nachteil: das unfaßbar häßliche und irrlichternde Wort. Es suggeriert eine leutselige Überlegenheit des Sponsors über den Gesponserten.

Der Sponsor gilt als Geldgeber, der Gesponserte als Geldnehmer. Darin liegt der Irrtum. Der gesponserte Künstler ist kein Geldnehmer, sondern Kunstgeber, und im Zweifelsfall ist jener, der seine Kunst gibt, über jenen zu stellen, der sein Geld gibt.

„*Der gesponserte Künstler ist kein Geldnehmer, sondern Kunstgeber.*"

> „Moderne Manager haben begriffen, daß zu den wichtigsten Erfolgsfaktoren Ethik, Ästhetik, Kunstnähe und ganzheitliche Unternehmenskultur gehören."

Es mag für den Mitarbeiter eines Wirtschaftsmagazins seltsam sein, daß er im Zweifelsfall den Künstler über den Unternehmer stellt. So ist es aber, vor allem aus folgendem Grund: Gute Künstler brauchen den Sponsor nicht wirklich, gute Unternehmen die Künstler schon. Moderne Manager haben längst begriffen, daß zu den wichtigsten Erfolgsfaktoren dieser Jahre Ethik, Ästhetik, Kunstnähe und ganzheitliche Unternehmenskultur gehören, mit jedem Tag mehr.

Zu den Firmen, die man dafür nach heutiger Sicht loben darf, zählen beispielsweise BAWAG, Bank Austria, IBM und AT & S.

Als ich im Oktober 2000 aus Indien heimkehrte, begrüßte mich eine große Leuchtreklame des „ESSL-Museums für Moderne Kunst" und beim Gepäckförderband die Leuchtreklame „Modern Arts in Vienna". Irgendwie paßte das gut zu einem leuchtenden Werbespruch der „VA-Tech", der Sir Karl Popper aufgriff: „Wir sollten uns nicht fragen, wie die Welt sein wird, sondern wie wir sie ein wenig besser machen können."

# Die Kunst ist kein Heldenplatz

Der Künstler als tapferer Krieger wider die Macht ist ein törichtes Bild. Versuch einer Übermalung.

*„Er schoß und er ging, und das war es."*
(Raymond Chandler)

Worauf wollen wir zielen? Der geniale Titel des BAWAG-Kunstbuches „Kunst Macht Sinn" ist beweglich. Je nachdem, wie du ihn liest und die drei Begriffe kombinierst, eröffnen sich Varianten. Nach den Gesetzen der höheren Mathematik genau drei Faktorielle ist gleich sechs Varianten, theoretisch. Praktisch ist das weder richtig noch wichtig. Mir fällt ohnehin nur zu zweien was ein:

- Gibt es eine sinnvolle Verbindung von Macht und Kunst?
- Macht Kunst Sinn – bringt sie also Sinn in die Welt?

## I. Macht und Kunst

*„Kirche, Aristokratie, Mittelstand, Großindustrie, Banken – die Auftraggeber und der dienende Künstler"*

Kaum ein Künstler, der sich nicht als Korrektiv der Macht begriffe. Nicht wenige, die sich in einem Ozean von Oligarchien, Kartellen, korrupten Anwälten und korrupten Richtern als die letzten Robin Hoods fühlen, die den bösen Mächtigen aufs Haupt schlagen, im Idealfall das Geld entreißen und dieses den Ärmsten der Nation – also sich selbst – zukommen lassen. Ihnen ist die Musik, Malerei, Literatur und Theaterei ein einziger Sherwood Forest.

Das ist ein schönes Bild. Ich würde es gerne stehenlassen. Wir haben ohnehin zuwenig Märchen. Anderseits ist es im Sinne der Evolution unerträglich. Wenn wir weiterhin diesen Holunder glauben, kommen wir darwinistisch auf keinen grünen Zweig. Neunundneunzig Prozent aller Kunst hat nicht das geringste mit lebensgefährlichem Kampf gegen Machtschurken zu tun. Es ist eher umgekehrt: Gut die Hälfte aller Kunst entstand in verständnisvoller Kooperation mit Macht und Geld.

Und dies, wie wir unerschrocken sagen möchten, nicht einmal zum Nachteil.

*„Gut die Hälfte aller Kunst entstand in Kooperation mit Macht und Geld."*

Lange Zeit gab es überhaupt nur Kirchenkunst, darunter geniale und haltbare wie die Fresken in der römischen Priscillakatakombe, die blaugoldenen Mosaike im Grab der Galla Placidia in Ravenna, die Bilderhandschrift des Codex Sinopensis. Da wir auch die Architektur als Kunst vergöttern, nennen wir noch den achteckigen Schrein der Geburtskirche Christi zu Bethlehem.

All dies war reine Zweckkunst. In der Musik galt erst Johann Sebastian Bach als Komponist, dessen Werke nicht mehr ausschließlich dazu geschaffen wurden, Gott zu dienen und kirchliche Akte zu beschallen. In der Renaissance traten erstmals geschmackssichere kirchlich-weltliche und rein weltliche Mäzene auf, die Medici und Sforzas. Ohne diese Aristokratie wären Michelangelo Buonarroti und Leonardo da Vinci zu Kirtagskünstlern verkommen. Und gut zwei Jahrhunderte später, ehe mit der industriellen Revolution der heute wichtigste Sponsor-Typus auftrat, der Großindustrielle und Bankier, kam es zu einer wohlhabenden kaufmännischen Mittelschicht aus Gewerbe und Handel. Dieser Mittelbau war oft reicher als es die Fürsten waren. Daß die Eitelkeit der neureichen Klasse jene der Kirchengranden und Blaublütler eher noch überstieg, mißfiel den Künstlern keinesfalls. Wir verdanken der kleinbürgerlichen Eitelkeit eine Hochkultur in Porträts (Niederlande, Italien) und Genrebildern, beispielsweise in Japans Edo-Kunst, die weit mehr den reichen, kaufmännischen Chonins (Stadtleuten) galt als den angesehenen, doch heruntergekommenen Samurais, den ländlichen Schwertfürsten.

### *„Wie die Nazis aus Künstlern Helden machten – Tapferkeit als Fiktion jüngeren Datums"*

Fazit: Die Künstler kämpften nicht gegen die Macht. Sie dienten den Auftraggebern. Gewiß waren sie manchmal aufbrausend wie Goldschmied Benvenuto Cellini, doch sie gefährdeten selten ihre Existenz, so gut wie nie ihr Leben.

*„Der große Auflehnungsmut der Künstler ist eine Fiktion relativ jungen Datums."*

Der große Auflehnungsmut der Künstler ist eine Fiktion relativ jungen Datums.

Sie entstand zur Zeit des Spanischen Bürgerkriegs und dann in Weltkrieg I + II. Doch die schöne Vision ist ein Mißverständnis. Picassos berühmtes Monumentalgemälde „Guernica" ist zwar ein großes Zeugnis persönlicher Erschütterung, brauchte aber weit weniger Mut als El Grecos Aufsässigkeit zur Zeit der Inquisition. Den größten Image-Schub brachten den Künstlern die Nazis.

Die NSDAP eröffnete 1937 in München die Schmähausstellung „Entartete Kunst". Dort zeigte man 650 der insgesamt 16.000 aus deutschen Museen konfiszierten Grafiken, Gemälde und Skulpturen. Sie entsprachen nicht dem ästhetischen Nazi-Ideal einer „stählernen Romantik" und „arisch-rassischer Größe". Geschmäht wurden darin Werke „unsauberer" Ausländer wie Cezanne, van Gogh, Gauguin, Picasso und Kandinsky, aber auch „saubere" Namen wie Liebermann, Macke, Beckmann, Kollwitz, Dix und Grosz kamen dran. Die Grausamkeit war mit dieser Münchner Ausstellung, die später auf Wanderschaft ging, nicht zu Ende. Klee und Pechstein wurden als Lehrer entlassen, das Bauhaus unter Gropius geschlossen. Entartet war schließlich auch die Neue Musik, mit ihr Schönberg, Webern, Berg, Hindemith, Krenek, Schreker.

Das ist eine eindrucksvolle Liste. Nur: Sie sagt mehr über die Nazis als über die Künstler aus. Mehr über den Geist der einen als über die Tapferkeit der anderen. Die Werke, die als zersetzend angesehen wurden, hatten zum allergrößten Teil nichts mit dem Kampf gegen die Finsternis der dumpfen Herrenmenschen zu tun. Teils wurde die jüdische Herkunft des Künstlers zum Stigma, teils der Stil. So kam auch der Expressionist Emil Nolde zum Handkuß, einer der frühen Parteisympathisanten der Nazis.

### *„Tapfer und gefährdet waren die Literaten und Kabarettisten"*

Wirklich bewußt gefährlich wirkten am ehesten die Dichter, Literaten, Verleger, Illustratoren und Kabarettisten. Ein Egon Friedell stürzte wirklich aus Nazi-Verfolgungsangst aus dem ersten Stock in der Gentzgasse zu Tode; der Dichter und Kabarettist Peter Hammerschlag wurde wirklich vernichtet; ein Walter Serner desgleichen, nur weil er, schon in den wichtigen Fluchthäfen Portugals, noch einmal nach Wien zurückfuhr, um seinen Paß zu holen – ein dramatisches Beispiel, wie eine Art bürokratischer Ordnungsangst selbst die Hirne der lässigsten Künstler vergiftete. Karl Kraus wurde zumindest intellektuell schwer beschädigt. Ein einziges Mal scheiterte er dramatisch und enttäuschend: „Zu Hitler fällt mir nichts ein."

*„Wirklich bewußt gefährlich wirkten am ehesten die Dichter, Literaten, Verleger, Illustratoren und Kabarettisten."*

Die Literaten im Obergrund und Untergrund – auch in der Sowjetunion und in China – waren als Beispiel für existentielle Tapferkeit oft brauchbar. Die Maler und Musiker fast nie.

Es ist daher kein Zufall, daß den Literaten die bissigsten Sätze über Kunst gelangen.

*„Vor der Wahrheit der Kunst ist die Wirklichkeit nur eine optische Täuschung.“*

Gottfried Benn: „Kunst ist eine Sache von 50 Leuten, davon noch 30 nicht ganz normal sind.“

Karl Kraus: „Vor der Wahrheit der Kunst ist die Wirklichkeit nur eine optische Täuschung.“

Walter Serner: „Die Kunst war eine Kinderkrankheit.“

### *„Ein Kriterium als österreichische Spezialität“*

Ist die Erkenntnis, daß speziell die bildende Kunst kein Heldenplatz ist, wirklich erschütternd? Eigenartig ist viel eher, daß das Vorurteil des „tapferen Künstlers“ überhaupt aufkam. Warum müssen Künstler, ex ovo die Sensibelsten des Volkes, eigentlich wagemutiger sein als anständige Großschlächter und Salzbarone?

Vielleicht ist das Thema einfach eine österreichische Spezialität. Nur in unserem kleinen Land schossen drei Faktoren zusammen, die das Thema „Künstler vs. Macht“ begründeten. Erstens war man mitten im Zyklon der Nazizeit. Zweitens lebte man an der Grenze zum Osten, wo bis 1989 tschechische Schriftsteller, polnische Plakat-Grafiker und russische Dichter in lebensgefährlicher Opposition wirkten. Drittens hatten wir als interessante Sonderform der Kunst jenes Rudel an Aktionisten, das mit oft waghalsiger Unappetitlichkeit über Zäune sprang, die von der obrigkeitlichen Macht und einer satten Bürgerschaft aufgerichtet worden waren. Von irrer Tapferkeit kann auch da keine Rede sein. Der Aufregungs-Erfolg kam für die Aktionisten selbst überraschend. Eine leicht provozierbare, dümmliche Öffentlichkeit machte die Herrschaften zu Märtyrern – ähnlich wie im Fall „Entartete Kunst“. In die gleiche Schublade fallen beherzte Burgtheateraufführungen unter Peymann. Mit Heldentum à la Solschenizyn oder Brodsky hat das alles wenig zu tun, da war nie die Gefahr, Heim, Familie und Leben zu verlieren.

Um das Kind nicht mit dem Bad auszuschütten. Es ist wunderbar, daß es neben reinen Form & Struktur-Philosophen wie Mondrian, Pollock und Rothko noch Maler gibt, die neben den klassischen Themen Liebe und Tod noch die Defizite unserer Gesellschaft malen, also zutiefst politisch sind. Wirkungsvoll, wie Robert Hammerstiel in seinen Banat-Bildern die Schrecken des Krieges erklärt. Oder wie der eminente, vielseitige Bildhauer-Zeichner-Maler-Schreiber-Redner Alfred Hrdlicka versucht, die Schrecken des Faschismus darzustellen. Das sind schöne Beispiele persönlicher Philosophie, sinnvoller Pädagogik und oft großer Kunst. Nur: Das dümmliche Vorurteil, bildende Künstler seien immer und überall tapfere, flagellantische Kämpfer wider die Macht, wird auch durch sie nicht gescheiter.

## II. Macht Kunst Sinn?

*„Kreativität als höchste Existenzberechtigung"*

Die Frage, ob die Kunst Sinn produziere, läßt sich kurz beantworten: „Nein, sie kann nicht Sinn produzieren, denn sie ist der Sinn selbst."

Als Nachfahren des Schöpfers sind wir zum Nachschöpfen aufgefordert. Die kreativen Akte aller Art sind eine wesentliche Begründung unserer Existenzberechtigung.

Literaturnobelpreisträger Joseph Brodsky in seinem letzten Interview, kurz vor dem Tod: „Die Kunst ist unsere eigentliche Bestimmung."

„*Als Nachfahren des Schöpfers sind wir zum Nachschöpfen aufgefordert.*"

# Peymann, Warhol, Hokusai und der moderne Manager

Kann Kunstverständnis einen Spitzenmann noch spitzer machen?

*„Am Ende des zwanzigsten Jahrhunderts sind Kommerz und Kultur einander nahegekommen. Die Unterscheidung von Leben und Kunst erodierte in fünfzig Jahren verstärkter Kommunikation, verbesserter Reproduktionstechniken und steigenden Wohlstands."*
(Stephen Bayley, 46, brit. Design-Kritiker)

*„Das Konventionelle in der Kunst wird unkritisch bejubelt, das Neue mit Aversion kritisiert."*
(Walter Benjamin [1892–1940], dt. Kritiker und Philosoph)

*„Kunst ist das Werk von Untalentierten, verkauft von Gewissenlosen an die wirklich Blöden."*
(Al Capp [1909–1979], US-Cartoonist, „National Observer")

*„Kunstliebe führt in den höheren Rängen der Wirtschaft zu höherem Erfolg."*

Dieses Kapitel hat zum Ziel, einen Nachweis zu liefern, daß Kunstliebe in den höheren Rängen der Wirtschaft zu höherem Erfolg führt.

I.

Einer der besten Unternehmer Österreichs heißt Andre Heller. Der Universalkünstler vereint mit unendlicher Anmut Phantasie, Risiko und Profite. Er ist einer der glänzendsten Botschafter Österreichs. Daß er daheim, von Ausnahmen wie Swarovski abgesehen, unterbewertet wird, ist in Ordnung. Er hat sich daran gewöhnt. Wahrscheinlich würde der nunmehr über Fünfzigjährige ernsthaft erkranken, wäre es plötzlich anders.

Im einem feinen Heller-Porträt-Interview (1997) findet sich ein Aufschrei des Künstler-Unternehmers: „Wir Österreicher werden immer provinzieller."

Das ist ernst zu nehmen. Heller ist polyglott. Er kennt Amerika und Italien, China, sogar Portugal, und wird am fernen Ende seines Lebens vielleicht sogar Hietzing verstehen.

In der Kunst provinziell zu sein ist ein seriöses Manko.

Leider gilt dieser Vorwurf auch für viele Frauen und Männer der Wirtschaft. Nie wurde dies deutlicher als bei der Diskussion um Claus Peymanns Ablöse. Ich hörte mehr Urteile aus Wirtschaftskreisen, als mir lieb war. Sie waren vernichtend. Es störte gar nicht, was gesagt wurde, sondern wie es gesagt wurde.

*„In der Kunst provinziell zu sein ist ein seriöses Manko.“*

Ich hätte mich gefreut, wenn einer beispielsweise zu folgendem, gut nachvollziehbarem Urteil gekommen wäre: „Peymann nervt mich als Person. Und als Burgtheaterdirektor hätte ich lieber einen Österreicher. Aber ich achte viele seiner Arbeiten als Regisseur und seine einstige Bescheidenheit, als er noch Peter Stein als einzigen Weltmeister seines Faches bezeichnete.“

So was Ähnliches wäre schön gewesen.

Nicht: „Der g'hört weg.“

## II.

In Kunstdingen ist nur eine Minderheit von jener Begeisterung beseelt, die zur Leidenschaft wird und schließlich zu einer Art Sachverstand führt, der allein die Sicherheit geben kann, sich auch lustvoll dem nie Dagewesenen und völlig Neuen zu widmen.

In der Welt der Wirtschaft wundert der Mangel an Kunstbegeisterung aus zwei Gründen: Viele Unternehmer wurden erfolgreich, weil sie so wie große Künstler etwas machten, was vor ihnen nicht da war. Manager internationalen Zuschnitts sind meist dann erfolgreich, wenn sie von Zeit zu Zeit in der Art der Künstler das Alte und scheinbar Sichere verlassen und tapfer neue Wege gehen.

Dies passiert weltweit tausendmal am Tag, wenn auch nicht jedes Beispiel so deutlich ist wie das von Lee Iacocca, der fast alle Regeln brach, um Chrysler aus der Hölle zu holen.

Kunstwerke aller Bereiche, in Musik, Theater, Ballett, Malerei, Fotografie oder Wirtschaft, zeigen erstaunliche Parallelen. Unverzichtbar scheinen folgende Merkmale: Konzept, Überzeugung, Sturheit, Kondition, handwerklicher und fachlicher Höchststand, Konsequenz, Sequenz, Wiederholung, Vertiefung und jene heilige Spur von Irritation und Andersartigkeit, die das Höhere begründet.

Wenn dies richtig ist, was ich annehme und daher schreibe, müßten Spitzenleute der Wirtschaft eine verwandtschaftliche Zuneigung zu Spitzenleuten der Kunst haben.

III.

Vielleicht sind meine Begegnungen mit internationalen Wirtschaftsriesen nicht repräsentativ, aber die Amerikaner und Asiaten scheinen in der Kunstbegeisterung weiter zu sein als die Europäer, obwohl es historisch nicht erklärbar wäre: Europa ist als Kulturkontinent zwar jünger als Asien, aber weit älter als Amerika.

Von den zirka zwanzig *presidents* und CEOs *(chief executive officers)*, die ich in den USA traf, haben zirka zwanzig im Small talk über Kunst gesprochen, auffällig oft über Andy Warhol und Irving Penn. Vielleicht aus guten Gründen: Beide Künstler könnten die kunstsinnigen Unternehmer ermutigt haben, in ihrer Formensprache klarer zu werden, moderne Techniken wie Siebdruck und Fotografie ernster zu nehmen und alltägliche Dinge (wie Campbell-Suppen bei Warhol und Camel-Tschicks bei Penn) durch neuartige Präsentation ungewöhnlich attraktiv zu machen.

*„Die beinahe genetisch-natürliche Verbindung japanischer Bosse zur Kunst – oder wenigstens zu einer überragenden Ästhetik.“*

Noch krasser schien mir die beinahe genetisch-natürliche Verbindung japanischer Bosse zur Kunst – oder wenigstens zu einer überragenden Ästhetik. Ausgenommen vielleicht Yamamoto, im Herzen ein radikaler Techniker, der mit Mazda den Wankelmotor retten wollte, führten alle anderen ihren österreichischen Gast in eine Welt der kunstvollen Schlichtheit. Beispielsweise in Sumi-E, die traditionelle Tuschemalerei: Sie entspreche exakt dem fundamentalen „Wirtschaftlichkeitsgesetz“, nämlich ein bestimmtes Ziel mit geringsten Mitteln zu erreichen.

Einige Male wurde ich von japanischen Managern auch in die Welt der Holzschnitte geleitet, in die klassischen Werke der Künstler Moronobu, Scharaku, Utamaro und des in Europa bekanntesten Meisters Hokusai. Die Wirkung auf den Betrachter war ähnlich wie bei Sumi-E, vielleicht noch strenger.

IV.

Apropos Holzschnitte: Es ist ja nicht so, daß alle österreichischen Manager den amerikanischen und asiatischen in Kunstdingen unterlegen sind. AT & S-Geschäftsführer Helmut Zoidl beispielsweise kann sich an einer sensationellen Holzschnitt-Serie von Wolfgang Herzig (die AT & S sponserte) kräftigen, die auf ihre Weise so stark ist wie die andersgearteten Arbeiten von Robert Hammerstiel sen. (dessen Junior, ebenfalls Robert, einer der stärksten Fotografen Europas wurde). Österreich hat wunderbare Künstler. Und hat auch ausdauernde Sponsoren wie Bank Austria, BAWAG, Austrian Airlines, IBM, Siemens. Es hat auch Spitzenleute, die fest investieren und aus der Kunst ihre inneren Vorteile ziehen. Allerdings hört man da immer die gleichen Namen, beispielsweise Essl (Baumax) und Liaunig. Vielleicht sind sie aber zahlreicher, als man glaubt, nur unauffälliger als ihre Kollegen in anderen Ländern.

*„Österreich hat wunderbare Künstler und ausdauernde Sponsoren."*

Dann gälte der Ruf „provinziell" des Unternehmers Andre Heller tatsächlich nur der jeweils gültigen Regierung, die mit beiden Beinen so fest auf der Erde steht, daß sie sich nicht mehr die Hosen ausziehen kann – und damit natürlich der Kunst verloren ist.

# Neue Künstler und neue Medici – die Renaissance der neuen Jahre

Der wichtigste Erfolgsfaktor der nächsten Jahre wird die Kunstliebe sein. Wer schöner baut, schöner entwirft, schöner produziert, schöner denkt und die Scheu vor dem Umgang mit Künstlern abwirft, wird in der Wettbewerbswirtschaft gewinnen.

*„Drei Dinge gibt es,*
*die ich immer geliebt und nie verstanden habe:*
*die Musik, die Frauen und die bildende Kunst.“*
(Le Bovier de Fontenelle)

I.

Fontenelle war ein mittelmäßiger französischer Schriftsteller. Was er sagte, hätte auch ein mittelmäßiger Unternehmer sagen können.

Der normale Unternehmer, jener männlichen Geschlechts, durchschnittlicher Qualifikation und weitester Verbreitung, hat die gleichen Verständnisprobleme: mit den Frauen und mit der Kunst.

*„Auch die reaktionärsten Frauenverächter werden Frauen für hohe, gutbezahlte Jobs akzeptieren müssen.“*

Das größere Problem scheinen zunächst die Frauen. Denn ihnen gehört die Zukunft. Durch den Pillenknick in der demoskopischen Kurve wird es nicht genug Männer geben, die Führungspositionen zu besetzen. Auch die reaktionärsten Frauenverächter unter den Personalmanagern werden Frauen für hohe, gutbezahlte Jobs akzeptieren müssen. Es wird ein Heulen und Zähneknirschen geben, ein fröhliches Gemetzel, soferne die Unternehmer nicht endgültig umdenken. Sie sollten von Stund' an lernen, mit Frauen umzugehen – eine anstrengende Übung, gewiß, aber die Wirtschaft ist kein Kinderspielplatz.

II.

Dennoch sind die Frauen nicht das größte Problem.

Zu ihnen gibt es einen natürlichen Zugang. Das größere Problem ist die Kunst. Zu ihr gibt es nur einen künstlichen Zugang.

Wohl ist jeder, der einmal in ihren Bann geschlagen wird, verloren bzw. gewonnen. Doch ein Ozean kulturloser Manager zeigt, daß auch tüchtige und ansonst gescheite Leute ein Leben lang ohne Kunstberührung auskommen können, ohne ein Mangelgefühl zu haben.

Dies spielte für den unternehmerischen Erfolg bis jetzt keine Rolle. Ab jetzt aber schon.

Die Grundlagen für diese Zäsur wurden im vorigen Kapitel beschrieben.

Im wesentlichen wird dort die Ästhetik als logische Fortschreibung, der bisherigen Erfolgsfaktoren begründet, die seit dem Beginn des 200 Jahre alten Kapitalismus der Reihe nach wirksam wurden, einer aufbauend auf dem anderen.

Der jüngste, die Ethik, ist nun seit etwa einem Jahrzehnt in Diskussion. Sie ist in einem reifen Versuchsstadium. Sie ist auch nicht länger umstritten.

Die Ethik – Einbringung von Anstand und Moral, eine neue Qualität von Verantwortung und Glaubwürdigkeit – kann auch als innere Schönheit beschrieben werden. Diese wird sich ab einer gewissen Ausdehnung nach außen stülpen. Sie wird in einer äußeren Schönheit, der Ästhetik, ihre logische Nachfolge und Ergänzung finden.

Daß die Ästhetik kommt, ist gewiß.

Wann sie kommt, ist ungewiß.

Wie immer wird es einen gleitenden Übergang geben. Wie immer werden jene Unternehmer daraus den größten Vorteil ziehen, die als tapfere, risikofreudige Pioniere vorangehen. Jene, die bang zuwarten, ehe sie als Trittbrettfahrer auf den rollenden Zug aufspringen, werden eher belächelt als bewundert werden.

## III.

Die „Ästhetik in der Wirtschaft“ verlangt zwei Typen von Menschen:

neue Künstler,

neue Unternehmer.

Neu insofern, als sie bereit und imstande sein müssen, alte Gräben zuzuschütten; miteinander zu reden, miteinander zu arbeiten, miteinander erfolgreicher zu sein.

Es gab und gibt tiefe Schluchten an gegenseitiger Verachtung, Abgründe an Spott und Hohn. So, als seien Künstler und Unternehmer als zwei Rassen auf die Welt gekommen – die einen mit rechtsgedreh-

*„Es gab und gibt tiefe Schluchten an gegenseitiger Verachtung, Abgründe an Spott und Hohn.“*

ter, die anderen mit linksgedrehter genetischer DNS-Spirale –, stoßen sie einander ab.

Wer von beiden sich leichter tun wird, mit dem anderen zu reden, ist nicht ohne weiteres festzustellen.

Theoretisch müßten es die Künstler sein, da sie mit einem übergeordneten Anspruch auf „Humanismus" auftrumpfen. Sie müßten daher jedes Friedensangebot begrüßen. Abgesehen davon würden sie materiell profitieren.

Praktisch aber werden sich die Unternehmer leichter tun. Sie wirken zwar historisch eher mit einem Anspruch auf „Tüchtigkeit" als auf „Humanismus" und wären zunächst die Zahler, doch scheinen sie mir besser präpariert.

Das ist kein Versuch einer Künstlerbeleidigung. Da ich aber in meiner Freizeit die Manager meide und die Künstler suche, scheinen mir aus subjektiver Sicht die modernen Wirtschaftstreibenden freier von alten Vorurteilen als die Künstler. Diese sind zum Teil erschrekkend schlecht informiert über die Welt der Profanen. Viele sehen im Unternehmer immer noch den alten Industriellen-Typ: verfettet, die Zigarre im Mund, zynisch. So einen habe ich schon lange nicht mehr gesehen. Was mir noch auffiel, ist ein Mangel an Zivilisationstechniken unter alten wie neuen Künstlern: qualvolles Diskutieren, eine dramatische Unfähigkeit, sich kurz und verständlich auszudrücken. Auch eine ausgeprägte Unzuverlässigkeit bei Terminen und Rendezvous gibt es, was vielleicht ganz drollig, aber noch kein Zeichen von Kreativität ist. Was weiters nervt: Unaufrichtigkeit in Gelddingen. Einerseits stolze intellektuelle Ablehnung jedweden Goldes, im nächsten Atemzug schärfste Klage wegen geringer Subventionen des Staates – als wären diese Zuwendungen nicht die endgültige Demütigung, die letztklassigste Untergrabung des Stolzes.

*„Ohne eine gewisse Lockerheit im Zusammenarbeiten von Kunst und Wirtschaft wird es nicht gehen."*

Interessant immerhin, daß diese Mängel mit zunehmender Erfahrung und Professionalität abnehmen. Sie treffen mehr auf die Anfänger als auf die Reifen zu. Der späte Picasso war in der Rede kurz und witzig („Mein Freund Braque war die Frau in meinem Leben, die ich am meisten liebte") und in Gelddingen locker. Als ein Minister auf eines seiner kubistischen Werke wies und fragte, was es bedeute, sagte er: „300.000 Schweizer Franken."

Ohne eine gewisse Lockerheit im Zusammenarbeiten von Kunst und Wirtschaft wird es nicht gehen. Es wird aber immer leichter werden, je mehr Pioniere mit gutem Beispiel vorangehen. Einige davon gibt 's ja schon heute.

## IV.

Die möglichen Ästhetik-Berührungsflächen sind zahllos, zum Teil auch noch nicht erfunden oder tief genug durchdacht. Irgendwann werden selbst Musiker herangezogen werden, um die *corporate identity* eines Unternehmens akustisch abzurunden – vom eigenen Firmen-Jingle fürs Telefon bis zur gesponserten Neu-Oper. IBM etwa zeigt Anlagen dazu. Auch die Raiffeisen-Organisation ist vom Sport seitlich in die Kultur gestiegen.

Das logische Kapitel wird Design sein, zunächst vordergründig jenes der Produkte, schließlich jeden Teils des Unternehmerbildes.

*„Das logische Kapitel wird Design sein.“*

Mit der Wiener Werkstätte waren wir schon Weltspitze. Da war schon alles Design, von der Klinke über die Sessel bis zum Trinkglas und den Stadtbahnstationen. Wer hat davon profitiert? Die Skandinavier, die den Ganzheitsgedanken aufgriffen, zum Teil seit Raymond Loewy auch die Amerikaner. Wir aber verlieren derzeit die besten Talente ans Ausland. Wir sollten Kunst und Wirtschaft schon deshalb umfassend verschmelzen, weil wir immer noch ganz erstaunlich eigenständige Maler, Musiker und Architekten haben – in einer spezifischen Ballung, die anderswo unerreicht ist.

Es gibt auch schon Berührungen. In Einzelfällen sind Schwellenängste abgebaut. Der phantastische Realist Werner Wöhrer brachte wilde Farbe auf Industrieprodukte wie Skier und Brillen. Attersee entwarf Etiketten für Winzer und aufregende Teppiche für Restaurants und Bars. Der Bildhauer und Maler Max Gangl legte u. a. eine Kunstserie des Merryll-Lynch-Löwen auf, eines Finanzhauses. Und im MAK, von Peter Noever hinreißend geführt, kann sich jeder Unternehmer jährlich hundert Anregungen hohlen.

## V.

Den größten Schub – teils aus freiwilliger Lust am Schönen, teils aus äußerem Zwang – wird die Wirtschaftsarchitektur erfahren.

Ich glaube, daß neue ästhetische Auflagen der Gesellschaft schnell und streng wirksam werden. Vielleicht wird es schon in fünf Jahren keinem Unternehmer mehr gestattet sein, eine öde Schachtelhalle auf die grüne Wiese zu stellen.

Der weltberühmte Grün-Apostel Friedensreich Hundertwasser wurde noch zu Lebzeiten mehr als Architekt denn Maler gefordert, beispielsweise für Autobahnraststätten und Thermen. Der im Burgenland schaffende Bildhauer Wander Bertoni kreierte nicht nur erotische Werke für die Stoober Keramikmanufaktur Goldscheider, etwa die limitierte Serie „Lingam". Er war im Gespräch mit Canon-Generaldirektor Roderich Stomm, der seinerseits für einen neuen Canon-Bau ein Maximum an Kunst einfließen ließ: „Bertoni sagt ganz richtig, daß ohne Kunst die Menschen ersticken." Auch der Baumarkt- und PS-Markt-Unternehmer Essl, dessen Klosterneuburger Firmenzentrale die meisten Kunstflächen pro Quadratmeter bietet, kann sich ein künftiges Einkaufszentrum ohne Einbindung von Künstlern nicht mehr vorstellen. Besonderes Aufsehen erregte recht früh der kärntnerische Funder-Neubau des Architektenduos Coop Himmelblau. Dieses ist ein erfreuliches Zeichen dafür, daß die neue Industriearchitektur keinem primitiven Historizismus huldigt. Es wird also nicht versucht, wiederzubeleben. Die Architektur soll ihren eigenen Jahresring tragen. Das gilt auch für das damals neue Bauwerk (Gestalter: Laurids Ortner) eines Industriellen, der seit eh und je ein Vorreiter der Kunstintegration ist: Manfred Bene in Waidhofen an der Ybbs. Extrembeispiel der Ablehnung eines schlichten, angepaßten Historizismus ist Hans Holleins Luxuswirtschaftstempel am Stephansplatz, eines Architekten, der schon früher als andere Geschäfte unverwechselbar modern gestaltete, wie das ewig leuchtende Beispiel des Kerzerlgeschäfts am Wiener Kohlmarkt. Vergleichbar Gustav Peichl, der alle ORF-Gebäude so zeichnete, daß sie ohne Peinlichkeit bis heute halten.

Die Unternehmer haben eine neue Gründerzeit losgetreten. Interessierte Unternehmer könnten etwa folgende Musterbeispiele als Vorbilder besuchen: das Intelsat Headquarters Building in Washington; das San Diego Convention Center, den Terminal 1 Complex der United Airlines in Chicago, das Messe-Tagungszentrum in Hannover, das Centro Direzionale a Napoli der Assecurazione Generali oder das Shukoh Head Office in Tokio.

## VI.

*„Kein moderner Künstler spürt die Sehnsucht Michelangelos, den Stil der Antike nachzuahmen."*

Zu einer Neuauflage der Renaissance wird es nicht dem Inhalt, aber dem Geist nach kommen.

Kein moderner Künstler spürt die Sehnsucht Michelangelos, den Stil der Antike streng nachzuahmen. Auch die politischen Verhältnisse sind anders. Heutige Unternehmer sind keine Medici oder Sforzas, die es schafften, zugleich den Zug zum Absolutismus zu begünstigen und den Individualismus zu fördern – die perverse Kombination einer fiebrigen, künstlerisch fruchtbaren Zeit, in der Universalgenies wie Leonardo gediehen,

Sinngemäß freilich wird es etwas Ähnliches geben müssen – eine Förderung der Künstler durch die Unternehmer, erfreulicherweise letzten Endes zum eigenen Vorteil.

Und so wie in der Renaissance zu Ende des fünfzehnten und im sechzehnten Jahrhundert wird die Vermählung von Kunst und Finanzmacht mal gut und mal schlecht ausgehen.

Donatello zerschlug im Zorn die Bronzebüste eines genuesischen Kaufherrn, der mit ihm um den Preis feilschen wollte: „Man sieht, Ihr versteht Euch vielleicht auf den Handel mit grünen Bohnen, von Statuen versteht Ihr nichts."

„*Ihr versteht Euch vielleicht auf den Handel mit grünen Bohnen, von Statuen versteht ihr nichts.*"

Ganz anders verhielt sich da der oberste Auftraggeber Kaiser Karl V. Als Tizian an einem Reiterbildnis des Kaisers arbeitete – zu Ehren des Sieges über die Protestanten bei Mühlberg, 1547 –, glitt dem Künstler der Pinsel aus der Hand. Kaiser Karl stieg von seinem Modellpodest, hob den Pinsel auf und überreichte ihn: „Hier habt Ihr Euer Zepter wieder."

# Sind die Bundesländer stärker als Wien?

Lehren aus hundert Reisen durch die sogenannte Provinz

*„Tradition? Das ist die Gesinnung der Faulen, die Pfützen stehen läßt, weil sie vielleicht noch von der Sintflut herrühren könnten."*
(Bob Singleton)

I.

Die Tradition will es, daß Wien, die überdimensionierte, für größere Reiche geschaffene Hauptstadt, etwas Hohes ist, und alle Länder, die sie umgeben, etwas Tieferes.

Dieses Kapitel hat zum Ziel, dieses Bild zu korrigieren. Nicht, weil Wien schlecht wäre, Gott behüte. Sondern, weil die Länder unterschätzt werden.

Wer weiß schon, wie gut sie sind? Die letzten Handelsvertreter wissen es, die als tapfere Überbleibsel des 18. Jahrhunderts im Zickzack durch ganz Österreich ziehen. Und die lokalen Medien wissen es, die aber kein Hauptstädter wirklich liest, eine schwere Bildungslücke.

Womit ich schon beim ersten Vorzug der Bundesländer wäre. Ihre Bürger wissen über Österreich besser Bescheid. Sie haben als Oberösterreicher oft neben den „OÖ Nachrichten" noch „Standard", „Kurier" oder „Krone" im Abo, die sie auch über Wien informieren. Umgekehrt kenne ich keinen einzigen Wiener, der neben seiner „Presse" noch die gute „Kleine Zeitung" oder die höchst erfolgreiche „Vorarlberger Nachrichten" hielte. Eher noch die „Herald Tribune" und „South China Morning Post".

*» Ein Wiener weiß über Shanghai mehr als über Bad Waltersdorf. «*

Ein Wiener weiß über Schanghai mehr als über Bad Waltersdorf.

II.

Ich bin ein ambulanter Moderator, Redner und Diskutant. Ich gleiche meinen Brüdern, den Gauklern und Handelsvertretern. Ich schlafe oft in Herbergen, die teils wie Zelte, teils wie Schlösser sind. Von den letzten siebzig Veranstaltungen entfielen fünfzig auf Burgenland bis Vorarlberg.

Müßte ich das Bild, das ich mir dabei von den Bundesländern machte, in ein grobes Wort kleiden, hieße es: Vitalität. Manchmal ist das Heimkehren nach Wien wie ein Versinken im Wiener Kongreß: bessere Kleider (wenn auch nicht gut genug für 1815), feinere Manieren, bessere Sprache, und alles tanzt irgendwie. Draußen in den Ländern wird gröber gesprochen, aufrichtiger gestritten und weitaus härter gearbeitet.

Mir ist es längst kein Zufall, daß im Konsumgüterbereich, wo Österreich elendsschwach ist (wir sind allderdings Weltmeister der Investitionsgüter und Dienstleistungen), die wenigen glänzenden Ausnahmen in der sogenannten Provinz entstanden: die robusten und eleganten Swarovski-Feldstecher (T), die brutalen KTM-Bikes (OÖ), die Remus-Auspuffe (Stmk.), die Loden-Minis (Sbg.), die nahtlosen Wolford-Bodys (Vlbg.).

In den Ländern scheint die menschliche Struktur einfach härter und ausdauernder. Dort schafft man leichter die Königsdisziplin der Wirtschaft, den Zehnkampf der Konsumgüterindustrie: Idee/Erfindung – Konstruktion – Design – Prototyp – Finanzierung – Kleinserie – Test – Vorserie – Controlling – nationales Marketing/Werbung – Großserie – globales Marketing/Werbung.

Fortwährender Besuch der Bundesländer zeigt einige Vorteile, die mit den Vorurteilen nicht übereinstimmen.

## III.

Vorteil 1: Man glaubt speziell in den Landeshauptstädten leichter an die Zukunft Österreichs. Linz, Graz, Innsbruck, Bregenz: fruchtbar wie ein Regenwald. Die vollen Säle sind nicht selbstverständlich. Themen wie „Euro“, „Software 2000“, „Internet“, „Aktien und der Asien-Crash“, „Telekommunikation“ oder „Das Image des Tourismus“ verheißen weniger Spannung als „Tatort“ und „Vera“ im bequemeren TV. Dennoch ziehen enorm viele am Ende eines harten Arbeitstages die geistige Auseinandersetzung vor. Darunter auch ambitionierte Beamte, was auffällt und freut. Und viele Jungbürger, was auffällt und noch mehr freut. Und ein weitaus höherer Anteil an Frauen als in Wien, das sich als liberale Festung der Moderne sieht.

> ” *Das meist sachkundige – und auf dem Land besonders kritische – Publikum.* “

Vorteil 2: Man wird gescheiter, ob man will oder nicht. Es gilt, auf hoher Frequenz zu senden. Das meist sachkundige – und auf dem Land besonders kritische – Publikum zerlegt sonst das Diskussionspodium in der abschließenden Fragestunde. Allerdings werde ich den Verdacht nicht los, die Diskutanten auf dem Podium würden mehr profitieren als das Auditorium. Sie haben die aktivere Rolle. Es gibt das Phänomen des „Sprechlernens". Viele neue Ideen kommen in dem Moment, da man über alte spricht. Und gerade die neuen Dinge kommen in den hungriger wirkenden Bundesländern gut an. Was auch kein Wunder ist. Mit dem Alten sind Osttiroler, Kärntner, Steirer und Burgenländer ja nicht reich geworden.

Vorteil 3: Nirgendwo sieht man intensiveren Visitenkarten-Austausch als bei diesen Veranstaltungen. Da werden Schwellenängste abgebaut. Es werden mehr Kontakte pro Minute geknüpft als anderswo. So ergeben sich Netzwerke interessanter Menschen. Neue Koalitionen beschleunigen neue Ideen. Nur fällt auf dem Land günstig auf, daß sich die neuen Freunde auch gleich ins nächste Wirtshaus verziehen, um Geschäftskontakte zu befestigen. In Wien geht man seiner Wege und ruft: Auf bald!

## IV.

Mir sind auf den hunderten Reisen durch die Bundesländer alle traditionellen Vorurteile abhanden gekommen. Umso unerquicklicher die Literatur. Heute noch bauen Buch-Bestseller auf die alten Bilder.

In Gerhard Roths „Der See" tauchen Burgenländer auf, die es in der Wirtschaftselite nicht mehr gibt. Der gute Winzer Oppitz, ein glänzendes Marketing-Genie, hat selbst die abgehobene Welt der Formel 1 als Markt erreicht, was ein Maximum an Smart & Clever & Brillant voraussetzt.

In Robert Schneiders „Die Luftgängerin" werden in einem sprachlich guten Buch auf gestrige Weise die Vorarlberger Spitzen beschrieben: eng, verschlossen, kurios, harzig. Einer, der weit, offen, verständlich und flüssig die internationale Modeszene aufmischt, ist Wolfords Fritz Humer. Und in einem der modernsten Zeitungsforschungs-Institute der Welt, im „Pointers-Institute" in St. Petersburg, Florida, fand ich nur zwei vertraute Eintragungen im Gästebuch: Fritz Czoklich, Alt-Chef der steirisch-kärntnerischen „Kleinen Zeitung", und Eugen Ruß, Häuptling der „Vorarlberger Nachrichten", der in seinem Bereich so modern wie Wolford-Humer agiert.

*„Die Bundesländer-Vorurteile greifen nicht mehr."*

Die Bundesländer-Vorurteile greifen nicht mehr.
Sie sind, was die Elite betrifft, veraltet.
Eine neue Generation ist am Werk.

Die Spitzen werden, unabhängig vom Bundesland, einander auch ähnlicher. Sie sind geistig halbwegs Yin & Yang. Sie verachten die Heimat nicht. Das ist ihr Boden, auf dem sie stehen. Zugleich greifen sie global über alle Grenzen, um auch künftig das zu sichern, was ist.

Sozial gesehen: die Arbeitsplätze.

Kapitalistisch gesehen: ihren Gewinn.

Wie immer ich das drehe und wende, sehe ich darin das Gute.

„*Sie verachten die Heimat nicht. Zugleich greifen sie global über alle Grenzen.*“

# Tech und Schwefel

Technologie ist ein Glaubenskrieg. Techniknarren und Freaks kämpfen gegen Technikfeinde und Verhinderer. Welche Seite trägt die Tiara, welche den Huf des Teufels?

I.

Dieses Kapitel hat zum Ziel, die Technikfeinde als das zu enthüllen, was sie – bis auf wenige Engel – tatsächlich sind: hirnträge, jugendfeindliche Schurken, die keineswegs menschenlieb, tierlieb, naturlieb sind, sondern ihre Defizite unter der Maske des Mahners verstecken.

II.

Die Gegner technologischen Fortschritts wirkten meist mit kräftiger Mithilfe der Kirchen und anderer Diktaturen, die jeden Fortschritt instinktiv wie den Teufel fürchten, weil jede Veränderung die Fundamente alter Macht zerrüttet.

*„Die Menschengeschichte ist eine nahtlose Kette der Kämpfe von Neuerern gegen ihre Unterdrücker."*

Die Menschengeschichte ist daher eine nahtlose Kette der Kämpfe von Neuerern gegen ihre Unterdrücker. Nur ist diese Kette in der Politik leichter zu erkennen als in der Technik.

In der Politik war das Neue ausnahmslos die Idee der Aufklärung. Es war der Versuch, die Gleichberechtigung aller Bürger durchzusetzen. Dies wurde von Königen, Samuraifamilien und anderen Adels-Kasten vernünftigerweise bekämpft. Sie lebten nur so lange im Fett, als das Volk glaubte, es gäbe ein gottgewolltes Oben und Unten. Und solange das Volk überhaupt wenig wußte.

„Wissen ist Macht", sagte Francis Bacon (1561–1626), philosophischer Begründer der „Empirie", Schriftsteller und adeliger Politiker, ein kluger Mann, der später durch Verrat an seinen Freunden zu Rang und Würden kam.

Die Adeligen unterlagen schließlich. Die Anzahl der demokratisch regierten Staaten wuchs unaufhörlich. „Die Menschengeschichte", sagt Verhaltensforscher Irenäus Eibl-Eibesfeldt, „ist eine blutige Geschichte, aber sie ist eine Erfolgsstory". Allerdings wurde sie es erst, als die Auswüchse der Revolution zurückgestutzt wurden. Viele Revolutionäre, teils bescheuerter als die Herrscher, die sie bekämpften, verwechselten Chancengleichheit mit Resultatgleichheit.

In Europa ist seit 1989 auch dieses Problem erledigt. Die Resultatgleichheit des Kommunismus – Armut für alle – war nicht wirklich beliebt.

III.

Die Geschichte der Technik und ihrer Feinde kennt diesen roten Faden nicht. Sie ist komplizierter als die Geschichte der Politik. Sie ist zerfasert und verzopft, eher eine Wellenbewegung zwischen Haß und Euphorie. Oder, um John Cleese von den „Monty Pythons" abzuwandeln: Die Technikfeinde kannten nur zwei Zustände, Panik und Koma.

Es gab freilich Zeiten, da selbst die Trägsten vom Fortschritt fasziniert waren. Die Entdeckung des Feuers ließ keinen kalt. Und die letzte kollektive Begeisterung gab es vor über dreißig Jahren: Die Mondlandung 1969 war ein Sieg für alle. Sie stand für den überlegenen Geist des Menschengeschlechts, auch für Tapferkeit. Aber Geist ermüdet. So fiel man wieder ermattet zurück.

Allweil denken! – diesen Schmerzruf sollen Almhirten ausgestoßen haben, als ihnen der große Lederhosenphilosoph Martin Heidegger einen Frischluftvortrag hielt. Gut die Hälfte der Menschheit überwältigt der Schmerz des Denkens.

IV.

Geistesträgheit ist ein Quell der Technikfeindschaft. Sie ist aber nicht der einzige. Um die anderen Quellen zu erkennen, muß man sich auf eine Warte begeben, die den Blick in die Tiefebenen der Vergangenheit gestattet. Mittelalter bis heute: Technik als Feind der Mächtigen.

*„Geistesträgheit ist ein Quell der Technikfeindschaft."*

Industrielle Revolution bis heute: Technik als Feind einfacher Arbeit.

1980 bis heute: Technik als Feind der Alten, Freund der Jungen.

V.

Galileo Galilei (1564–1642) ist bis heute das berühmteste Beispiel eines Technologen, der von naturwissenschaftsfeindlichen Mächtigen ruiniert wurde. Er kämpfte für das heliozentrische Weltbild des Kopernikus (1473–1543). Die Theorie von der Sonne statt der Erde als Mittelpunkt der Planetenbewegungen mißfiel den Päpsten. Sie lebten ja nicht auf der Sonne. Sie inquisierten Galileo. 1633 wurde er zu unbefristeter Haft verurteilt. 1637 erblindete er psychosomatisch. Allerdings wurde er schon 1992, nach einer Schrecksekunde von 359 Jahren, von der Kirche rehabilitiert, was ihn sicher freute.

Die nächste Quelle der Technikfeinde sprudelte ab der industriellen Revolution im achtzehnten Jahrhundert, mit einem Höhepunkt im neunzehnten Jahrhundert: Technik als Feind einfacher Arbeit. Im Juni 1844 zerstörten 3000 schlesische Weber die Maschinen und Bücher von Fabrikanten, in der Hoffnung, damit die heile Welt der schlichten Handarbeit zu retten. Gerhart Hauptmann („Die Weber") hat diese Maschinenstürmer verewigt. Selbst heute gibt es noch Gewerkschafter, die Zeit und Geld mit Maschinensturm vergeuden, statt sich mit modernen Modellen der Arbeitsflexibilisierung und Umschulung zu beschäftigen. Sie schafften es durch ihren unermüdlichen Windmühlenkampf, in einfachen Bürgern die Technologie als Menschenfeind zu befestigen.

1980 kam der standardisierte PC auf die Welt, die Demokratisierung der „Denkmaschine", zugänglich für jeden, der guten Willens und hellen Kopfes ist. Jetzt, praktisch dieser Tage, kam mit dem Internet deren weltweite Vernetzung per nahtloser Telekommunikation dazu.

Jeder spricht zwar über PC und Internet. Aber nur zehn von hundert verwenden diese modernen Technologien wirklich gern und gut. Der Rest verharrt in demagogischem oder schweigendem Widerstand. Stärker als in allen vorherigen Fällen wurde hier auch ein Kampf sichtbar, der wahrscheinlich seit dem Beginn der Welt leise im Hintergrund läuft: der ewige Kampf des Neuen gegen das Alte.

Ist das gleichbedeutend mit einem Kampf der Jungen gegen die Alten?

## VI.

*„Es gibt alte Junge, die im Alter von 30 Jahren geistig sterben und mit 100 begraben werden."*

Technologiefeindschaft ist nicht nur ein Problem der Intelligenz oder einer ängstlich gehüteten Macht. Sie ist auch ein Problem der Vitalität. Damit aber ist sie nicht einfach ein Problem des Alters.

Es gibt erstaunlich viele junge Alte. Sie müssen nicht gleich so glänzend sein wie Ernst Jünger, der noch mit 104 Jahren ein brillanter, attraktiver Denker, Literat und Champagnertrinker war.

Es gibt auch erstaunlich viele alte Junge, die im Alter von 30 Jahren geistig sterben und mit 100 begraben werden.

# Die Krise der älteren Manager

Retten neue Arbeitszeitmodelle neben Arbeiterarbeitsplätzen auch jene der Manager zwischen 55 und 65? Oder müssen sie rechtzeitig lernen, mit weniger Geld und mehr Zeit zurechtzukommen?

## Warum erfahrene Führungskräfte bis jetzt geschützt waren

Es gibt keinen höflichen Weg, auf die Gefährdung der Manager zwischen 55 und 65 hinzuweisen. Sie sind eine bedrohte Spezies, weil sie oft mehr kosten, als sie bringen. Einerseits kumulierten ihre Gehälter im Lauf vieler Arbeitsjahre in astronomische Höhen. Anderseits haben sie nicht mehr die Energie der frühen Jahre. Bis jetzt galten sie dennoch als gut geschützt.

Erstens gibt es zahlreiche Ausnahmeerscheinungen, die mit den Jahren nicht müder, sondern wilder werden. Das mag mit einem neuen Körperbewußtsein zu tun haben. Heutige Spitzenkräfte sind durchwegs schlanker als die Generation zuvor. Die bessere Physis schlägt auf geheimnisvollen Wegen auch auf eine jugendlichere Psyche durch.

*„Ausnahmeerscheinungen, die mit den Jahren nicht müder, sondern milder werden."*

Zweitens sind die technischen Kommunikationsmöglichkeiten so verbessert, daß manches, was speziell Ältere nervt, nicht mehr so notwendig ist. Speziell Fax und Computer (in ganz wenigen Fällen auch Videokonferenzen) haben die anstrengende Reisetätigkeit früherer Jahrzehnte verringert.

In manchen Branchen ist die schiere Erfahrung unersetzlich. Da geht es nicht um die Anzahl, sondern um die Qualität der PS.

Sie wurden nicht so leichtherzig gefeuert, weil es die Sentimentalität langjähriger Zusammenarbeit gab, oft auch Freundschaft mit dem Generaldirektor. Auch Feigheit spielte eine gewisse Rolle. Es ist leichter, einem Fließbandarbeiter, den man nicht kennt, den blauen Brief zu schicken, als einem guten Bekannten in die Augen zu schauen, dessen Frau und Kinder man kennt.

## Warum sie heute dennoch gefährdet sind

Die Vorzüge und Schutzgründe sind heute noch gültig. Aber sie sind weniger und weniger wirksam – wenn man von den Ausläufern der Verstaatlichten absieht, wo die Nähe der Spitzenleute zu den Mächtigen der Politik ein wirksamer Schutzschild ist (und wenn dieser wirklich reißt, sind die Abfertigungen zum Teil in geschmacklosem Maß höher als in der Privatindustrie).

Eine erste Götterdämmerung der älteren Manager zeigte sich während der Ölkrisen. Da gab es die erste Endzeitstimmung der Unternehmer. Die zweite Götterdämmerung gibt es jetzt. Wieder glauben viele Unternehmer, es handle sich nicht einfach um ein zyklisches Tief. Es gehe um eine echte Zäsur, man müsse härter ums Überleben kämpfen als je zuvor. Und da geht es dann nicht mehr nur um die Arbeiter (die mehr und mehr der Maschine unterliegen) oder um plötzlich überqualifizierte Hochschulabgänger (die durch Mittelschüler ersetzt werden oder sich mit dramatisch niedrigeren Einstiegsgehältern zufriedengeben müssen), sondern mehr und mehr auch um die älteren Manager an der Spitze.

> *„Wenn ich einen jungen Manager feuere, spare ich nicht viel."*

Wobei diesen eine Doppel-Überlegung der Unternehmer gefährlich wird: „Wenn ich einen jungen Manager feuere, spare ich nicht viel. Wenn ich einen alten Manager, der 100.000 Schilling im Monat verdient, feuere, kaufe ich zwei Junge um 80.000 Schilling, habe mehr PS, frischeren Wind, tolle interne Konkurrenz und noch ein bißchen was gespart."

Wenn man derzeit mit Personalchefs und Headhuntern spricht, ist das keine bedrückende Phantasie, sondern bereits Wirklichkeit mit Beschleunigungstendenz.

Bisherige Denkmodelle waren reichlich naiv. Beispiel: die Lohnzuwächse anfangs steiler, dann in einer degressiven Kurve flacher zu halten. Vorteil: Man hat relativ mehr Geld in den Jahren, da man es dringend braucht (Jugend, Aufbau), und relativ weniger Geld in den Jahren, wo man die wesentlichen Dinge schon besitzt. Dieses Modell wird im allgemeinen als naiv und politisch nicht durchsetzbar angesehen.

Jenes Arbeitszeitmodell, das derzeit Furore macht, bietet möglicherweise auch für dieses Problem einen frischen Zugang. VW-Chef Ferdinand Piech und sein Personalchef Peter Hartz haben, mit Rückendeckung der Gewerkschaften, die 4-Tage-Woche mit 28,8 Arbeitsstunden und 20 Prozent Ersparnis bei Löhnen und Gehältern vereinbart.

In einem Interview mit der deutschen Fachzeitschrift „auto, motor und sport" führt Piech auch die Vorzüge für Ältere an.

„AMS“: „VW hat einen Schritt auf Niemandsland getan. Arbeitsplatzgarantie für wenigstens 30.000 VW-Werker wurde gegen ein konkurrenzfähiges Lohnniveau eingetauscht.“

Piech: „Und gegen eine völlig neue Flexibilität. Wir werden prinzipiell nach Stunden bezahlen. Das System erlaubt aber neun Monate Vollzeitbeschäftigung bei Bedarf und drei Monate zusammenhängende Freizeit ebenso wie Dauerbeschäftigung für Ältere mit rückläufiger Arbeitszeit statt Däumchendrehen mit 55. Das führt zu längerer Zugehörigkeit und stärkerer emotionaler Bindung an VW.“

Ob das Experiment im ganzen gelingt, gilt Experten noch durchaus als zweifelhaft, obgleich jeder Schritt in Richtung „Flexibilität“ belebt. Was die Älteren betrifft, so ist Piechs Formulierung „Dauerbeschäftigung für Ältere mit rückläufiger Arbeitszeit statt Däumchendrehen mit 55“ bestechend.

Fragt sich nur, ob es auch für Manager sinnvoll und praktikabel ist. Denn anders als bei Industriearbeitern und normalen Angestellten gibt es für Spitzenmanager keine geregelte und definierte Arbeitszeit. Überstunden sind die Regel, sind sozusagen „Teil des hohen Gehalts“. Für Manager, deren Job unentbehrlich ist, sind weder allzu lange, zusammenhängende Urlaube noch 5-Stunden-Tage sinnvoll denkbar.

Managen heißt im wesentlichen „troubleshooting“, also das Bewältigen von Problemen. Diese halten sich aber weder an den Kalender noch an Tageszeiten.

## Der soziale Friede und die Sonderstellung der Manager

Für das wichtigste Ziel einer Volkswirtschaft, „sozialer Friede durch möglichst große Sicherheit und angemessenen Wohlstand“, ist es vordringlich, die Arbeitsversorgung der normalen Arbeitsbevölkerung zu sichern. Wenn „Arbeitszeitverkürzung mit Lohnverzicht“ eine Lösung sein kann – umso besser.

Eine Hoffnung für ältere Manager kann dies kaum sein.

In der dünnen Luft ihrer Positionen gelten eigene, härtere Gesetze. Für sie werden niemals die Abmachungen gelten können, die auf Fließbandarbeiter, Sekretärinnen, Buchhalter oder gar Beamte zugeschnitten sind.

*„In der dünnen Luft ihrer Positionen gelten eigene, härtere Gesetze.“*

Tatsächlich kenne ich bisher nur eine Methode, mit der Arbeitsplätze älterer Manager in krisengeschüttelten Unternehmen gesichert werden konnten: die sogenannte „Änderungskündigung“. Sie ist ein berüchtigtes Werkzeug der Sanierungsspezialisten.

## Die Änderungskündigung und die besondere Tragödie arbeitsloser Manager

Die Änderungskündigung ist in ihrer Schlichtheit ergreifend. Man feuert jemanden und stellt ihn eine Sekunde später wieder ein – mit erheblich reduziertem Gehalt.

Das klingt nicht fein, ist es wohl auch nicht. Dennoch kann ich mich nicht der Auffassung anschließen, es sei in jedem Fall ausbeuterisch und grausam.

„*Wirklich furchtbar ist nur, mit 55 und älter auf der Straße zu stehen.*"

Wirklich furchtbar ist nur, mit 55 und älter auf der Straße zu stehen, oft mit der Gewißheit, nie wieder einen vergleichbaren Job zu finden, weil die heutige Gesellschaft grausam geworden ist. Ein Headhunter: „Von Ausnahmekönnern abgesehen, ist einer ab 55 unvermittelbar."

Es gibt da auch nicht das Mitleid, das jeder Arbeiter erwarten darf. Zeugen des Abstiegs einer Führungskraft fühlen oft sogar Genugtuung, nach dem eher harzigen als herzigen Volksspruch: „Wärst net auffigstiegn, wärst net obigfoin."

Manager, anders als Arbeiter, deren Lohn oft gar nicht viel höher ist als die in Österreich großzügige Arbeitslose, fallen auch finanziell ins Bodenlose. Und selbst wenn sie Vorsorge getroffen haben, was in erstaunlich vielen Fällen nicht der Fall ist, ist es ein Fall aus dem Himmel der Macht. Gestern zog man an einer Schnur, und am anderen Ende klingelte es, und hundert Leute setzten sich in Bewegung. Heute zieht man – und nichts rührt sich. Dieses unvermittelte Hineingeworfensein in die Lautlosigkeit wird kaum verkraftet. Innerhalb von wenigen Wochen vergessen zu sein ist eine Erfahrung, die zu tödlichen Depressionen führen kann. In den USA hat man für die Stimmung der aus der Gnade und Macht gefallenen Mächtigen ein eigenes Wort: „Exminister-Blues".

## Die geistige Vorbereitung auf ein neues Haben und Sein

Ich glaube, daß sich die Wirtschaftswelt als flexibel erweisen wird. Es wird beim Übergang von der Industriegesellschaft zur Dienstleistungsgesellschaft und schließlich reinen Geistes-Gesellschaft zuerst die gleichen Arbeitsplatz-Durchhänger geben wie einst beim Wechsel von der Agrargesellschaft zur Industriegesellschaft. Und so wie damals wird es wieder Vollbeschäftigung geben, mit neuen Jobs, für die uns heute noch die Phantasie fehlt. Im achtzehnten Jahrhundert wäre der Beruf einer Stenotypistin, eines Dolmetschers, eines Verkaufstrainers oder TV-Intendanten niemandem eingefallen. Man wird wohl lernen müssen, wieder das innere Glück zu finden, das weniger mit der Brieftasche als mit dem Kopf zu tun hat.

Ich meine, das schadet auch nicht, wenn man voll in der Blüte seiner Karriere steht. Eine Anleitung für dieses Glück fände ich anmaßend. Aber eine Empfehlung immerhin darf man aussprechen. Es ist die gleiche wie vor 22 Jahren. Damals erschien bei Harper & Row in New York der Hyperbestseller von Erich Fromm, „To Have or to Be?“ Die deutsche Taschenbuchausgabe („Haben oder Sein“) gibt es bei dtv, Nr. 30048.

Dort steht meines Erachtens alles drin, was man braucht. Es ist auch ein guter Test. Wer imstande ist, sich so zu konzentrieren, daß er dieses schmale 200-Seiten-Buch an einem Wochenende liest, ist nicht verloren.

Vielleicht kriegt er (sie) sogar Lust, einmal weniger Geld und mehr Zeit zu haben, und ärgert sich drüber, zu den unangefochten Erfolgreichen zu gehören, die viel Geld und wenig Zeit haben.

„*Lust, einmal weniger Geld und mehr Zeit zu haben.*“

# Die Frage Nr. 1

Zur Arbeitslosigkeit gibt es hundert Antworten – aber was genau war die Frage?

I.

Jetzt geht es darum, welcher der richtige Weg aus der Arbeitslosigkeit ist. Lösungen reichen von „links von Karl Marx“ bis „rechts von Dschingis-Khan“. Jede einzelne interessant und intelligent, teils von berückendem Witz.

Im Grunde gilt das auch für alle Ideen, die aus der Politik kommen – von der Europäischen Kommission in Brüssel, von der Industriellenvereinigung, der Wirtschaftskammer. Oder auch von AK und ÖGB, die ja wirklich das Recht haben, eine abweichende Position zu vertreten, allerdings auch Gefahr laufen, durch krasse Negierung der EU-Leitlinien ihre Kräfte zu verschwenden.

» *Im Grunde sind alle angebotenen Rezepte gefährlich.* «

Es gibt viele Antworten und ein großes Aber. Hat man die richtige Frage gestellt? Es muß bescheuert klingen, aber im Grunde sind alle angebotenen Rezepte gefährlich. Sie suggerieren eine Machbarkeit von außen und oben, die es leider nicht gibt. Einreibungen mit Franzbranntwein helfen gegen Herzinfarkt bestenfalls psychosomatisch.

II.

Unglücklicherweise gab es dafür auch noch Beifall der Medien, z. B. „Arbeitszeitverkürzung, was sonst?“ AZV kann, von kreativen Großindustriefirmen wie VW und BMW branchenspezifisch und in der Lohnanpassung intelligent durchdacht, tatsächlich Linderung bringen. In den hunderttausend Kleinfirmen und Gewerbebetrieben Österreichs nicht einmal das.

Vor allem: Dieses Rezept wie auch alle Kunstwerke von Steuerreformen sind Franzbranntwein. Sie greifen nicht ans Herz der Dinge.

Um dieses zu erkennen, muß man sich klein und primitiv machen. Man muß aufhören, die Wirtschaft als komplizierte Geheimwissenschaft darzustellen. Politiker und Wirtschaftsjournalisten neigen begreiflicherweise dazu, weil sie daraus Ruhm, Ehre und Geld ziehen.

Am liebsten reden sie über Milliarden und Globaldaten wie BNP, Geldwertstabilität und Beschäftigungsraten – lauter abgestandene, tote Zeugen von gestern, noch dazu oft genug fehlerhaft.

Jedenfalls nicht das, worauf es im Innersten ankommt.

## III.

Erstens: Wirtschaft ist unendlich primitiv.

Zweitens: Sie wird, erkenntnistheoretisch gesprochen, nicht von außen nach innen (deduktiv), sondern von innen nach außen (induktiv) besser oder schlechter.

Drittens: Der wesentliche wirtschaftliche Akt ist eine gegenläufige Handbewegung. Du hältst mit der linken Hand freundlich ein Produkt in den Weltmarkt und nimmst mit der rechten Hand den Dollar, Yen oder Euro entgegen, sofern du jemanden gefunden hast, der dein Produkt nicht als Schrott, sondern als nützlichen Geniestreich empfindet. Die milliardenfache Summe dieser gegenläufigen Handbewegung ist das globale Busineß. Alles andere sind Nebengeräusche.

Viertens: Wenn du ein Produkt hast, nach dem der Markt schreit wie am Spieß, wirst du mehr Arbeiter brauchen, als du finden kannst. Wenn nicht, dann wirst du zuerst Arbeiter abbauen und dann zugrunde gehen.

Fünftens: Wirtschaft ist kein Mädchenpensionat, sondern Krieg und am entscheidenden „point of sale“ reiner Egoismus. Keiner kauft dir das Produkt ab, weil du ein neutraler Österreicher bist. Sondern ausschließlich, weil er sich aus deinem Produkt einen persönlichen Vorteil erhofft. „Attraktiv“, „anders als andere“ und „neuartig“ haben sich dabei als Leitlinien bewährt.

”
*Wirtschaft ist kein Mädchenpensionat.*
“

Sechstens: Die entscheidende Frage im Kampf gegen die Arbeitslosigkeit lautet daher: Haben wir hinreißende Produkte? Und warum haben wir nicht Zehntausende mehr davon? Was brauchen wir dafür wirklich?

## IV.

Es gibt zwei Indizien, daß die hier angestellten Überlegungen über die eigentliche Quelle der Arbeit nicht aus der Luft gegriffen sind.

Das eine: Alle ausgezeichneten Mittelstandsunternehmer reüssierten ausnahmslos durch eine überragende Produktphilosophie.

*„Schöpferische Zerstörung.“*

Das andere: Österreichs einziger Nationalökonom, der noch heute an den Wirtschaftsuniversitäten von Boston, Tokio und London vergöttert wird, ist genau jener, der nicht deduktiv, sondern induktiv dachte: Joseph Schumpeter. Er sprach von der entscheidenden Kraft der „schöpferischen Zerstörung“ – Ersatz des guten Alten durchs bessere Neue.

# Denn sie wissen nicht, wie sie ruh'n

Vielleicht ist die Wirtschaft doch einfacher, als wir dachten. Erstaunlich, welche Problematiker und Schlafmützen als Unternehmer überleben

*„Über allen Kipfeln ist Ruh, warte nur,*
*balde ruhst auch du."*
(Deutsche Dichtung, Upgrade '98)

I.

Mit diesem Essay-Band habe ich mir vorgenommen, mit erzählerischer Tiefe und gedanklicher Appetitlichkeit die Welt der Wirtschaft darzustellen.

Im Mittelpunkt sollte der Mensch stehen.

Im wesentlichen ging es um zwei lehrreiche Typen: die Erfolgreichen, die letztlich als klug, und die Erfolglosen, die letztlich als dumm dastanden.

Nun fehlen mir plötzlich zwei weitere Kategorien: die Tölpel und Schlafmützen, die dennoch erfolgreich waren; und die vielen Guten, die dennoch scheiterten.

Die darwinistische Auslese kennt keine gerade Linie. Sie ist oft, aber nicht immer ein Sonnenstrahl.

> *„Die Tölpel und Schlafmützen, die erfolgreich waren."*

II.

Die kapital-christlichen Religionen der Unternehmerorganisationen „Wirtschaftskammer" und „Industriellenvereinigung" (die eine eher streng und regulativ, die andere eher liberal) schneiden sich in zwei Punkten.

Erstens: daß Profit nicht alles, aber ohne Profit alles nichts sei; das ist absolut korrekt.

Zweitens: daß Unternehmer grundsätzlich Lichtgestalten seien, mit offenem Blick, hohem Geist und weiten, warmen Flügeln. Das ist absolut bescheuert. Das ist selektive Wahrnehmung der befangensten Art, eine bedenkliche Überschätzung des eigenen Standes.

III.

Ich nenne einige Prototypen fragwürdiger Unternehmer, die trotz ihrer Erfolge einen Schatten auf das Prestige ihres Standes werfen.

• Die Alt-Testamentarier. Der Prototyp ewiggestriger Unternehmer. Dort ist der Chef Gott. Die Belegschaft hängt in den Riemen der Galeere und braucht nur ein Organ: riesige Ohren, um die Trommeln und Befehle zu hören. Das staubige militärische Harzburger Modell ist noch taufrisch gültig: anschaffen und gehorchen. Oft erinnern diese Unternehmen auch insofern an den schweizerischen Kanton Appenzell, als die Männer etwas gelten, die Frauen aber nach arabischem Vorbild eher „verschüttetes Wasser" sind. Und die Alten unterdrücken die Jungen, Lehrlinge sind Knechte.

Diesen Typ gäbe es nicht mehr? Die Frage würde einen Lacher kosten. In den tiefen Tälern des Alpenlandes Österreichs sind Firmenchefs daheim, die von Rübezahl kaum zu unterscheiden sind. Nicht selten, daß sie, sobald sie mit einem Mitarbeiter nicht zufrieden sind, dessen Frau zu Hause anrufen: „Mädl, dei Mann wird komisch, er spurt nit, 's wird gefährlich, schau drauf."

Interessanterweise entspringt diesem tiefen Mittelalter manchmal ein hohes Zukunftsprodukt, meist Ergebnis eines introvertierten technischen Talents. Wer eine wirklich tolle Erfindung und daraus ein einzigartiges Produkt machte, braucht keine Herzensbildung und keinen modernen Führungsstil. Das sagen nur die Management-Sachbuch-Autoren. So einer braucht nicht einmal nett zu den Kunden zu sein. Uns sind Erzählungen überliefert, nach denen Japaner ein einschlägiges Werk hochachtungsvoll besuchten und als Kunden auftraten. Als „die gelben Ausländer" es wagten, nach Rabatten zu fragen, wurden sie auf der Stelle hinausgeworfen, nach möglicherweise überzogenen Zeugenaussagen auch geschlachtet und verspeist.

*„Diese alttestamentarischen Unternehmer sind kein Aushängeschild."*

Diese alttestamentarischen Unternehmer sind kein Aushängeschild. Sie sind kein Beispiel für evolutionäre Managementtechniken und Menschenrechtsliebe. Sie könnten selbst Anhänger der Wettbewerbswirtschaft zu Anhängern der Gewerkschaftsidee, wenn nicht gar von Fidel & Che machen. Sie sind aber oft erfolgreich. Und die Vermutung, daß sie, die alles schlechte Alte verkörpern, bald untergehen würden, wird durch nichts gestützt.

In der Wirtschaft führen viele Wege nach Rom.

• Die Zyniker. Sie machen Geschäfte, die es, wäre die Welt geschmackvoll und geistig erwachsen, gar nicht geben dürfte. Beispielsweise mit Schund aller Art, von dem ein guter Teil des Handels lebt (Abmagerungspillen-Versandverkauf, Souvenirläden und Galerien, die konsequent auf letztklassige Kunst kalibriert sind). Oder vom Glücksspiel, dieser nach Rauschgift traurigsten Menschenflucht.

Obgleich es beim Glücksspiel etwas komplizierter ist, gerade hierzulande. Erstens sind unter den süchtigen Kunden zahllose Manager und Unternehmer. Zweitens wirken die Spieler gerade dann pervers zufrieden, wenn sie verloren haben. Und was die bekanntesten, hoch angesehenen und mit staatlichem Gütesiegel versehenen Glücksspiel-Spitzenmanager betrifft, beispielsweise die Herren Wallner, Skoff und Stickler, die auch in jeder anderen Branche mit ihrer Brillanz groß geworden wären, dürfen sie sich darauf berufen, exportfähige Weltspitze zu sein und durch ihre Qualität die eigentliche Mauer gegen die Mafia zu bilden. Kein Italiener oder Russe kann ihnen das Wasser reichen.

Dennoch: Die gut zehn Male, da mir gestandene, ansonst kluge Bürger mit heißen Ohren ihr „Siegsystem fürs Roulette" erklärten, zählten zu den intellektuell traurigsten Momenten (umso mehr, als die einzig wirklich sichere Methode, Kooperation mit einem korrupten Croupier, nie darunter war).

Anderseits ist es ohnehin sinnlos, an die Unternehmensgegenstände eine ethische Latte zu legen. Man wüßte gar nicht, wo man anfangen und aufhören sollte. Auch die Hälfte aller Publikationen stünde zur Debatte. Außerdem: So schlimm kann der Unternehmensgegenstand – ausgenommen Rauschgift und ähnliche organisierte Verbrechen – gar nicht sein, daß Zensur nicht noch schlimmer wäre. Zensurist und Pornojäger Martin Humer ist weitaus peinlicher als die Beute, nach der er jagt. Eigentlich ist das Kapitel „Zyniker" als unlösbar und irregeleitet zu streichen.

• Die geistig Kraftlosen. Es hat sich als unwahr erwiesen, daß man zum Unternehmersein grundsätzlich Hirn braucht. Auf dem flachen Land gibt es immer wieder Installateure und Elektriker und Baumeister (und Wirte, Veterinäre und Pfarrer), über deren Umnachtungen im Volk köstliche Sagen kursieren. Ich hielt diese Erzählungen früher für Wirtshausflunkerei oder den natürlichen Neid gegenüber gesunden Unternehmern, die mehr Geld verdienen als ihre Nachbarn. Heute, nachdem ich mithelfen durfte, ein schönes altes Haus zu sanieren, weiß ich mehr. Wenn du selbst miterlebt hast, wie ein Installateur die Zentralheizungskörper nicht nach den optisch wichtigen Fensterachsen ausrichtet, sondern nach dem alten, welligen Holzboden, hältst du alles für möglich. Ein Unternehmer ist nicht so erfolgreich, wie er gescheit ist, sondern so erfolgreich, wie er in seiner Gegend selten und daher zwingend gefragt ist.

„*Es hat sich als unwahr erwiesen, daß man zum Unternehmersein Hirn braucht.*"

• Die Kundenverächter. Schließt im Grunde an das vorherige Kapitel an, verdient nur deshalb eine Sonderstellung, weil damit auch das abstrakte Reich der Dienstleistungen betreten wird. Die mit Recht bekannt gewordene Serie „Hamma net" des „Standard"-Autors Daniel Glattauer bot kostbare Beispiele österreichischer Kundenverachtung. Glattauer wurde deshalb der Wirtschaftsfeindlichkeit geziehen. Genau das Gegenteil war der Fall. Die Serie war, wenn ich 's richtig verstand, auch so gemeint, als eine mahnende Begründung, warum Österreichs Fremdenverkehr vielleicht nicht ganz so toll dasteht, wie wir es wünschen würden.

„Auch Kundenfeindlichkeit bedeutet nicht zwingend den geschäftlichen Tod."

Ich wundere mich, wie viele Unternehmer dieser Art dennoch überleben. Auch Kundenfeindlichkeit bedeutet nicht zwingend den geschäftlichen Tod.

## IV.

Ich ziehe aus all dem einen Schluß, der das natürliche Ende aller Managementliteratur und aller Wirtschaftsmagazine sein müßte: Nichts ist richtig, nichts ist falsch, nichts gilt. Es gibt, um mit den Mathematikern zu sprechen, mehr Unbekannte als Gleichungen.

Lean Management, Real-Time-Delivery & Storage, flache Hierarchien, Stammkundenmarketing, mit dem Kopf des Kunden denken, schneller sein, besser sein, erotischer sein, klüger sein, globaler denken, Yin & Yang – alles Kinderkacke.

Da ist einer eine Persönlichkeit und ein Tyrann. Da hat einer die beste Geschäftsadresse, mitten im Portal des Stephansdoms. Da ist einer der einzige im ganzen Bezirk. Da hat einer oder eine ein einzigartiges Produkt gefunden wie ein Blinder die Nadel im Heu.

Da ruht ein Unternehmer oder eine Unternehmerin voll in der eigenen Selbstsicherheit und hat riesigen Erfolg und schläft sich dabei einen ab und weiß nichts von management by decision rules & delegation & objectives & exception & participation & results & motivation und weiß nichts von dem lächerlichen „Managementkreis", den die betuliche „Deutsche Management-Gesellschaft" formuliert hat: „Ziele müssen gesetzt, Pläne erstellt, Grundsatzentscheidungen getroff…", man schläft schon beim Schreiben ein.

So kommt es, daß manche, die wie ein Minotaurus auftreten, mit Stierkopf und Menschenleib, Erfolg haben und andere wie intellektuelle Erzengel und Ikarusse ihre wächsernen Federn feinfühlig in die Sonne führen, schmelzen und ins Meer stürzen.

# Die Fusions-Hysteriker

Mega-Fusionen sind beliebt wie Guildo Horn – und wirken oft genauso schwachsinnig. Österreichs kleine Firmen werden davon eher profitieren.

I.

Fredmund Malik ist der einzige Managementtheoretiker, dem ich gern zu Füßen sitze und bei Veranstaltungen als Moderator diene.

Aber auch er ist fehlbar, offenbar angesteckt von einer neuen Pest. In einem Essay pries er die betriebswirtschaftlichen Vorzüge riesiger Firmen. „Marktanteil" ist auch bei ihm ein Kernstück der Predigt.

Selbst Malik also ist nun befallen von der Erbsünde der Gigantomanie, die tief in der Nationalökonomie wurzelt. Diese Erbsünde liegt im Glauben, die Wirtschaft liebe Mammutkonzerne und ließe sich mathematisch verstehen.

„*Diese Erbsünde liegt im Glauben, die Wirtschaft ließe sich mathematisch verstehen.*"

Datum des Sündenfalls ist das berühmt-berüchtigte 68er Jahr. Damals wurde eine Revolution der Volkswirtschaftslehre durch die große Studentenrevolution überdeckt.

Die kleine Revolution hieß Ökonometrie. Sie ersetzte die Philosophie durch Mathematik. Wunderbare „Ganzheitler" wie Prof. Heinrich verließen die Bühne der Wiener Wirtschaftsuniversität. Styroporene Fachleute wie Prof. Ruppert kamen. Statistik war ihre neue Religion und Tabellen das Kreuz, zu dem sie beteten. In dieser Religion trat der Mensch ab.

II.

Rein rechnerisch ist gegen keine einzige Fusion etwas einzuwenden. Je mega, desto besser.

Jubel vor allem, als Herr Schrempp (Daimler-Benz) die von Börse, Stammtisch und Presse begrüßte Fusion Daimler–Chrysler verkündete, als wären Germany–USA die endgültige Allianz.

Bei aller Kritik: nichts gegen Schrempp. Er ist eine Lichtgestalt, verglichen mit Vorgänger Edzard Reuter, dessen selbstverliebte Autobiographie noch peinlicher ist als jene von Alma Gropius-Werfel-Mahler, was wir Österreicher dankbar registrierten, weil kaum noch zu hoffen wagten.

## III.

Daimler–Chrysler: Meine ursprüngliche Prognose, es könnte furchtbar werden, scheint sich schneller als erwartet zu bestätigen.

Es gibt nichts Wirkungsvolleres als Multikulti in Kunst & Kultur und nichts Gefährlicheres als Multikulti in der Bodennähe der Industrie. Daimler–Chrysler gleicht dem Versuch, die Lydier unter Krösus, die Makedonier unter Alexander glücklich zu machen, die Wikinger und Hunnen zu Wiener Sängerknaben zu bündeln.

Alle Dschingis-Khane dieser Welt sind auf lange Sicht am besten allein gewesen. Wenn es mit der Fusionshysterie so weitergeht, wird es zu europäisch-asiatisch-amerikanischen Verschmelzungen kommen, dann bleibt endgültig kein Auge mehr trocken.

BMW-Pischetsrieder trat sich mit der englischen Marke Rover einen goldenen Nagel ein. Der größte Hunne von allen ist der VW-Chef und österreichische Sproß Ferdinand Piech. Er ist mittlerweile effektvoller als sein legendäres Ahnl Ferdinand Porsche. Sein Traum läuft, grob gesagt, darauf hinaus, daß alle Autos der Welt auf drei bis fünf VW-Plattformen aufgebaut sind und sich nur noch durch Motor und Makeup unterscheiden.

Aber auch er hat in seinem Versuch, Weltherrscher zu werden, schon jetzt das spanische Naturell von Seat unterschätzt. Er ahnte nichts von den Unterschieden Deutschland–Spanien. VW und Audi hingegen, ein deutsches Gespann, glänzen. Einer alldeutschen Fusion mit BMW steht weniger im Weg als einem Erfolg beim Versuch, französischer zu sein als Bugatti und englischer als Bentley, die nun auch schon zum VW-Reich zählen.

## IV.

> „*Die Großen und Größenwahnsinnigen schrecken die kleinen zu Tode.*“

Die Großen und Größenwahnsinnigen schrecken die Kleinen zu Tode. Diese glauben bald panisch, in feuchten, dunklen Tälern zu hausen. Die sonnigen Bergspitzen seien für die Riesen da. Aber das werden oft Thomas Mannsche Zauberberge sein, wo die von Hybris befallenen Reichen kurzatmig ihrem Ende entgegendämmern.

Wer klein und gut und leidenschaftlich ist, sollte allein bleiben.

KTM, genial, erfolgreich, klein, viril und oberösterreichisch, würde nach der gottlob umsonst befürchteten Fusion seine Seele und seine Muskeln verlieren. KTM würde zur Beliebigkeit verkommen.

V.

Im großen ganzen gilt: Je größer, schwerer, unbeweglicher die Schlachtschiffe werden, die eine tiefe Mitte der Flüsse brauchen, desto mehr Platz bleibt zum Ufer hin und in den Buchten, die wie Fjorde sind, in denen jede geniale Kleinfirma ihren Ankerplatz findet.

Je größer die Größten werden, desto lustiger leben die Kleinen.

*„Mehr Platz in den Buchten, in denen jede geniale Kleinfirma ihren Ankerplatz findet."*

# Die eleganten Sorgen der großen Konzerne

Auch für die Mammuts ist die Welt nicht mehr so rund, wie sie war.

*„Und die Größe ist gefährlich."*
(Franz Grillparzer)

I.

Dieser Essay hat das Ziel, das Schicksal jener Firmen begreiflich zu machen, die unsere Welt zu Beginn des neuen Jahrtausends prägen.

Die Wirtschaftspresse nennt sie „Big Companies", „Multis", „Riesenkonzerne", manchmal auch immer noch „Blue chips", obwohl diese Bezeichnung nicht mehr stimmt. So nannte man sie einst, weil sie an der Börse als „sichere Gewinner" und „unsinkbare Schiffe" galten – Attribute, die heute beinahe lächerlich klingen.

Es gibt keine einzige Firma auf der Welt, alle Shooting-Stars wie Microsoft und McDonald's eingeschlossen, die nicht binnen fünf Jahren vom Kurszettel verschwinden könnte. Nach der Jahrtausendwende gehören auch sie, die das letzte Jahrhundert prägten, zu den gefährdeten Arten.

Nie zuvor wurde dies klarer als beim Asien-Crash. Da gingen nicht nur Riesen zugrunde, sondern auch die Riesen der Riesen, mächtige und scheinbar unverwüstliche Banken, die als wirkliche Macht dahinterstanden.

*„Da gingen nicht nur Riesen zugrunde, sondern auch die Riesen der Riesen."*

II.

Die Mammuts wären nur dann aus dem Schneider, wenn Sten Nadolnys köstliche „Entdeckung der Langsamkeit" irgendeine Entsprechung in der Wirtschaft fände. Dieses Buch wurde zum Bestseller, weil es die Sehnsucht vieler Menschen spiegelt: Die Welt soll bitte fünf Tage lang eine Ruh' geben. Der Bedächtige soll wieder der Bessere sein. Das dürfte auch der Sehnsucht mancher Multis entsprechen.

Auf einer Bühne, die sich immer schneller dreht, sind schwere Körper kein Vorteil. Die Kraft eines Schwarzenegger mit der Beweglichkeit eines Nurejew zu paaren gehört zu den interessantesten Kunststücken der Zeit.

Es ist aber nicht die Schwerfälligkeit allein, die den Großen gefährlich wird. Mit wachsender Größe kommt das Problem, das Gehirn mit den Zehen und Fingerspitzen zu verbinden. Man glaubt heute zu wissen, warum die Saurier wirklich ausstarben: Sie hatten ein verkümmertes Reizleitungssystem.

Das erinnert an einen nobelpreiswürdigen Österreicher, Rupert Riedl, Meeresbiologe, Zoologe, Verhaltensforscher, Weiterführer des Werkes von Konrad Lorenz. Dieser noble Mann hat mir, wenn die Erinnerung stimmt, einmal einen Vergleich geboten, der erstaunlich lasziv klang: „Ein Sauriermännchen brauchte zuletzt vier Sekunden, um zu begreifen, daß ihn das Saurierweibchen in den Schwanz biß.“

Wenn das kein Weibchen, sondern ein Feind ist, bist du tot.

Das ist, kurz gesagt, die größte Gefahr für die großen Konzerne: verkümmerte Reizleitungssysteme, gestörte Kommunikation zwischen oben und unten und zwischen links und rechts.

*„Die größte Gefahr für die großen Konzerne: verkümmerte Reizleitungssysteme.“*

III.

Mammutkonzerne haben es an sich, daß sie weder in der vertikalen Hierarchie noch in der horizontalen Divisionalisierung so flach und schmal sind wie die Schnellboote aus dem KMU-Bereich (Klein- und Mittel-Unternehmen).

Die fahren den Großen um die Ohren. Sie sind in der Regel schneller, witziger, einfallsreicher und fröhlicher. Zwar sind sie in jeder Hinsicht leichter – auch an Image –, doch beschleunigen sie ihre geringe Masse mit wenig Kraft. Ein unstrukturierter Großkonzern braucht bis zum Neunfachen der PS eines Mittelunternehmens, das nur ein Drittel seiner Größe hat. Die Anstrengung eines Multis kann, wenn die Stirnflächen der internen Bürokratie zu groß werden, so wie der Luftwiderstand bei Autos sogar in die dritte Dimension wachsen. Dann bräuchte ein schlechtgeführter Riese bereits die siebenundzwanzigfache Kraft – und solche Riesen gab es, beispielsweise in Österreichs, Frankreichs oder Italiens verstaatlichter Industrie.

Logische Folge: Die guten Multis versuchen, aus einem Flugzeugträger siebenundzwanzig Schnellboote zu machen. Klaus Woltron und sein Nachfolger Rudolf Petsche versuchten dies erfolgreich beispielsweise bei ABB. Ist das schon die Lösung?

IV.

> „Die erfolgreichen kleinen Teilfirmen wollen unter eigenem Namen den Erfolg einheimsen."

Ja, es ist eine Lösung. Es ist zunächst sogar die einzige. Doch bald zeigt sich, daß mit der Anzahl der auseinanderdividierten Kleinfirmen neue Probleme wachsen.

Die erfolgreichen kleinen Teilfirmen wollen zum Teil unter eigenem Namen den Erfolg einheimsen – und haben keine Lust, werbend für die Mutter aufzutreten.

Je mehr Teilfirmen entstehen, desto größer wird die Wahrscheinlichkeit, daß sie einander Konkurrenz machen. Oder daß sie einander Kundschaft sind und familiäre Konditionen verlangen, die letztlich ihre Muttergesellschaft schwächen.

Lauter Probleme, die Tausende selbständige Konkurrenten nicht haben, die den Multi hochspezialisiert umzingeln, wie Putzfische das riesige Maul des Wals.

Je selbständiger und tüchtiger die Teilfirmen eines Riesen sind, desto geringer wird ihre Bereitschaft, den Dachnamen ihrer Mutter zu befördern. Sie befürchten, mit den schlechteren Teilfirmen und Töchtern in einen Topf geworfen zu werden.

Die Printer-Division von IBM, Lexmark, wollte beispielsweise in einem Image-Tief von IBM (das mittlerweile durch den positiv überraschenden Louis Gerstner überwunden wurde) nur noch wenig oder gar nichts mit der Mutter zu tun haben. Irgendwann entließ man die nervende Tochter (bzw. Division) in die volle Freiheit. Heute gilt: Lexmark ist Lexmark und nicht IBM und bricht mit interessanten Produkten in die Domäne der Drucker-Druiden à la Canon, HP und Epson ein.

V.

Apropos Gerstner: Erschreckend, wie abhängig manche Firmen, die mehr als 100.000 Arbeitnehmer haben, letztlich von einem einzigen Menschen an der Spitze sind, der genauso sterblich ist wie alle seine Vizepräsidenten, Abteilungsleiter und Portiere.

Ich konnte unzählige Male live erleben, wie es Riesenfirmen im biorhythmischen Takt ihres CEO herumwarf. Unfaßbar beispielsweise die radikalen Stiländerungen und Börsenkurse bei Apple von Jobs auf Scully auf Spindler auf Amelio auf Jobs.

Oder nehmen wir Digital, die Firma, der ursprünglich viele die Entthronung von IBM zutrauten. In der schönsten Backsteinfabrik Amerikas („The Mill") erzählte mir ein wuchtiger Gründertyp namens Ken

Olsen, daß PCs gegen seinen damals erfolgreichen Mittelformat-Computer VAX keine Chance haben – sie seien bestenfalls eine Art Lego für Kinder. Heute ist Digital von Compaq gekauft, der erfolgreichsten PC-Firma der Welt.

Selbst die relativ stabilen Ölschwestern reagierten deutlich auf Führungswechsel, desgleichen Nahrungsmittelriesen wie Coca-Cola und Unilever. Und bei Microsoft geschieht tatsächlich, was Bill Gates sagt. Die Firma kam durch den kleinen Konkurrenten Netscape ins Hintertreffen, weil Gates persönlich das Internet unterschätzte. Und kam wieder nach vorne, als er alle Weichen auf Internet stellte.

Eine absurde und zeitfremde Art von Diktatur. Denn in fast jeder tüchtigen Kleinfirma gibt es bereits täglich Team-Entscheidungen, wo der Chef als Primus inter pares lediglich in unentschiedenen Streitfällen den Daumen schwenkt. Bei den Mammuts aber scheint ein afrikanischer Medizinmannkult angesagt, der notabene zum Ärger der Demokratie-um-jeden-Preis-Verfechter oft erstaunlich erfolgreich ist.

Chrysler wäre ohne die einstigen Wahnsinnstaten des Lee Iacocca heute tot.

*„Chrysler wäre ohne die Wahnsinnstaten des Lee Iacocca tot."*

## VI.

Mammuts sind im allgemeinen gefährlich tief gestaffelt. Ein Genie oder ein Irregeleiteter an der Spitze kann viel gut- und schlechtmachen. Schlimmer sind im allgemeinen die Zwischenlager, die Europazentren der Multis.

Österreich kann davon ein Lied singen.

In vielen Multis haben die Österreicher den Ostmarkt glänzend erobert. Worauf die eifersüchtige Europazentrale in Deutschland (eines von vielen Beispielen: Apple) oder Frankreich (IBM) die Agenden an sich riß.

Apple verlor unverzüglich die Hälfte des Marktanteils und revidierte seine Politik. IBM wird diese Lektion demnächst lernen. Undenkbar, daß aus dem heillos chauvinistischen Paris der Ostmarkt auch nur annähernd so gut beackert wird wie aus dem monarchistisch geschulten Autriche.

# Gedanken eines Generaldirektors

Exklusiver Einblick in die intimen Herausforderungen des österreichischen Siemens-Generals und ihr Wert für die KMU-Welt.

I.

Dieser Essay ist alles, nur kein Essay. Er ist kein „Versuch", wie Essay auf gut deutsch heißt, sondern die Darstellung einer Wirklichkeit. Er zeigt, wie der Generaldirektor von Siemens Österreich, Albert Hochleitner, seinem eigenen Top-Management die Welt erklärt.

So etwas findet normalerweise hinter verschlossenen Türen statt. Das war auch der Fall. Hochleitner briefte in einem der avantgardistischen Prunkstücke der sträflich unterschätzten Landeshauptstadt Linz sein Management, im Design-Center, hermetisch abgeriegelt. Als einziger Fremder war ich dazu geladen, als sogenannter „Dinner-Speaker", was man ungefähr mit „Pausenfüller" übersetzen darf, irgendwo zwischen Amuse-gueule, Supperl und warmer Vorspeise, eingesetzt als Kasperl & Krokodil.

*„Eine vergleichbar präzise Analyse der Geschäftswelt fand sich nur noch bei Kaku, Gates und Maucher."*

So weit, so normal. Ziemlich abnormal jedoch, in der Qualität stark positiv nach oben abweichend, die Rede Hochleitners vor seinem Team. Eine vergleichbar präzise Analyse der Geschäftswelt fand sich in fünfundzwanzig Jahren Wirtschaftsjournalismus nur noch bei Canons Alt-Ex-Präsident Kaku, bei Microsofts Bill Gates und dem Ex-Nestlé-Chef Helmut Maucher.

Was macht man, wenn man eine Perle wie die Rede des Siemens-Chefs findet? Man versucht, ihrer habhaft zu werden.

II.

Ehe ich die Perle vor die königlichen Leser werfe, eine kurze Erinnerung an das vorherige Kapitel. Dort war die Rede von den Nachteilen der Giganten:

- ihre Schwerfälligkeit,
- ihr verkümmertes Reizleitungssystem,
- ihre internen Eitelkeiten.

Diese Nachteile bringen die Mammuts zunehmend in Schwierigkeiten, was nicht zuletzt die Asien-Krise (von verantwortungslosen Hysterikern schon als „Asien-Crash“ bezeichnet) bewies.

Umso interessanter die Innensicht einer traditionell dominanten Großfirma Österreichs, Siemens.

## III.

Die hier wiedergegebenen Zitate aus der Hochleitner-Bergpredigt sind nur nachlässig strukturiert. Sie folgen eher dem Lustprinzip, sind aber durch kleine Zwischenüberschriften separiert.

Hier also Hochleitners geraffter O-Ton:

• *Die Grundlinie.* Die Siemens AG Österreich ist zwar nicht ganz so groß wie ihre Mutter (die 400.000 Mitarbeiter und mehr als 700 Milliarden Schilling Umsatz hat). Sie ist auch nicht ganz so alt, wenngleich man auch einmal 119 Jahre alt werden muß. Aber die Tochter steht ökonomisch mindestens ebenso gut da wie ihre Mutter. Warum soll das Thema Wandel für diejenigen, die geradezu als Paradebeispiel für erfolgreich gelebte Kontinuität gelten, ein besonderes Anliegen sein?

• *Die Un-Gewandelten.* Die Wirtschaftsgeschichte ist voll von Beispielen, in denen große und erfolgreiche Unternehmen die Zeichen der Zeit übersehen haben. Denken wir nur an unseren Branchenkollegen AEG, denken wir an PanAm, an die amerikanische Automobilindustrie, an Rank Xerox oder an IBM.

• *Spezialfall IBM (I).* Nehmen wir einmal IBM als Pars pro toto, als Teil fürs Ganze. Als in den IBM-Führungsetagen noch die Zufriedenheit der Erfolgreichen vorherrschte, war die heile Welt schon aus den Fugen geraten. Heute wissen wir, daß das Unternehmen in den achtziger Jahren zu oft in den Rückspiegel geblickt und wichtige Hinweise über die Zukunft übersehen hat. Lange vertrat man die Auffassung, der PC sei nur das Eintrittssystem für große Computer, nicht eine Konkurrenz. Bald darauf begannen Desktop-Workstations und lokale Client-Server-Computer die IBM-Großrechner zu verdrängen.

„*Als in den IBM-Führungsetagen noch die Zufriedenheit der Erfolgreichen vorherrschte.*“

• *Spezialfall IBM (II).* Marktbewerber, die anfangs wahrscheinlich unter der Wahrnehmungsgrenze des Riesen „Big Blue“ lagen, haben die Spielregeln neu definiert. Apple beispielsweise hatte zu einem entscheidenden Zeitpunkt eine Vision, die IBM nicht hatte, die Vision von einem Computer für jedermann – oder nehmen wir „Taschengröße" bei Sony und „ungebundene Kommunikation" bei Motorola.

• *Die Neuen a la Cisco.* Neue Marktbewerber wie Apple, Microsoft, Intel, Cisco und Sun haben die Marktregeln gebrochen und selbst definiert. Cisco System beispielsweise, Hersteller von Netzwerkkomponenten, hat mit seiner aggressiven Akquisitionsstrategie, die alles bisher Gesehene in den Schatten stellte, neue Regeln aufgestellt. Das Unternehmen hat allein seit 1994 Zukäufe im Wert von sechs Milliarden Dollar getätigt, um Technologien in die Hand zu bekommen, die Cisco nicht hatte. Dabei konnte Cisco einen Gewinn von einer Milliarde realisieren. 12.000 Mitarbeiter schaffen einen Börsenwert, der ungefähr dem Doppelten der Siemens AG mit ihren fast 400.000 Beschäftigten entspricht.

• *Die große Lehre.* Was ist für uns daraus abzuleiten? Erstens, daß Größe und bisheriger Erfolg kein Garant für zukünftigen Erfolg sind. Nur 40 Prozent aller Unternehmen, die Anfang der siebziger Jahre auf der Liste der „Fortune 500" waren, befinden sich immer noch dort. Die Zukunft ist keine Fortführung der Vergangenheit. Nur wer in der Lage ist, sich selbst in Frage zu stellen, ist in Zeiten rasanter Veränderungen überlebensfähig.

» *Die Zukunft ist keine Fortführung der Vergangenheit.* «

• *Die neue Komplexität.* In Abwandlung einer weithin unterschätzten, aber grundsätzlich richtigen Aussage eines ehemaligen Bundeskanzlers (Sinowatz, Anm.): Das Leben war noch nie so komplex wie heute. Es zeigte noch niemals eine so hohe Vernetzung. Das Leben voller Paradoxien und Widersprüche. Es ist daher mit bloß linearen Denkansätzen nicht mehr zu bewältigen. Erstmals Ahnung von Dualismus. Gewöhnlich teilt man komplexe Sachverhalte in kleine, handliche Stücke – basierend auf der Annahme, daß die Summe der Teile dem Ganzen entspricht. Das ist oft nicht mehr so. Veraltet ist auch die Vorstellung, auf jede Frage die eine und einzige richtige Antwort geben zu können. Heute wissen wir: Ein Argument kann richtig sein – und ebenso sein Gegenteil.

• *Verunsicherung-Dialektik-Leadership.* Widersprüche erzeugen Verunsicherung. Diese zu nehmen und die Wege aufzuzeigen, die weder das eine noch das andere Extrem forcieren, ist für mich der wichtigste Bestandteil von Leadership.

• *Das neue Bildungssystem.* Unser altes Bildungssystem beruht auf der Annahme, alle Probleme der Welt seien gelöst. Die Lehrer kannten die Antwort. In einer Welt von Diskontinuitäten und gedanklichen Brüchen müssen wir aber erst neue Antworten finden – oder erkennen, daß es klare Antworten überhaupt nicht gibt. Hier ist ein Bildungssystem, das sich in erster Linie im Erlernen von Wissen und Fakten definiert, sicherlich falsch. Ebenso wichtig ist ein Hinführen auf die Frage, was denn mit all diesem Wissen anzufangen sei.

• *Globalisierung.* Für die einen ist Globalisierung die Ursache für Arbeitslosigkeit, Naturzerstörung, Gefährdung von Ökonomie und Demokratie. Für die anderen bedeutet Globalisierung ein Sinken der Produktionskosten, Abbau von Arbeitslosigkeit, Vermehrung des globalen Wohlstandes und weltweite Demokratisierung. In Wirklichkeit ist es weder das eine noch das andere. Vor allem wird übersehen, daß der Anteil des Handels zwischen den großen Wirtschaftsblöcken – also die Globalisierung im eigentlichen Sinne des Wortes – im Vergleich zum Außenhandel innerhalb der Blöcke verschwindend klein ist.

• *Die neuen Größen.* Die heutigen Motoren auf wirtschaftspolitischem Gebiet heißen: Liberalisierung, Privatisierung, Deregulierung.

Sie werden gespeist vom Kraftstoff „technischer Fortschritt“, der über sinkende Transportkosten vieles in unmittelbare Nähe rückt, was noch vor wenigen Jahren in weiter Ferne lag.

*„Die heutigen Motoren auf wirtschaftspolitischem Gebiet heißen: Liberalisierung, Privatisierung, Deregulierung.“*

• *Die neuen Standorte.* Die „natürlichen Standortvorteile“ sind tot. Es gibt sie nicht mehr. Moderne Branchen kann es überall auf der Welt geben. Sie sind nicht mehr ortsgebunden. Sie sind nicht mehr personengebunden. Wenn ich heute Daten aus dem Internet abrufe, weiß ich nicht, ob sie aus Buenos Aires oder aus dem Nachbarzimmer stammen.

• *Die Wiederentdeckung des Menschen.* Die Wettbewerbsvorteile von heute sind nicht mehr Kapital, schon gar nicht Rohstoffe, sondern basieren auf Wissen. Sie sind nicht mehr natürlich, sondern „anthropogen“ – also von Menschen geschaffen. Die Stadt Bangalore etwa in Indien ist heute eines der größten Computer-Softwarezentren. In Bangalore arbeiten heute ebenso kompetente Arbeitnehmer wie in Europa oder in den USA, bekommen aber weitaus weniger Geld dafür.

Soweit einige Auszüge als Gustostückerln der Siemens-Rede. Wir haben uns das Hochleitner-Referat noch um folgende Themen erweitert vorzustellen: Die neuen nationalen Spielregeln – Die nichttraditionellen Wettbewerber – Unstrukturierte Branchengrenzen – Pionier oder Nachahmer? …

IV.

*„Von Kleinen zu Mittleren zu Großen."*

Gut schön, würde ein Kritiker sagen, soviel zu den Sauriern. Was hat das mit Österreichs KMU-Welt, den Klein- und Mittelunternehmen zu tun?

Nicht nur einiges. Das meiste gilt uneingeschränkt auch für sie. Und zwar schon jetzt.

Spätestens aber, wenn sie, was für Tüchtige fast unvermeidlich ist, von Kleinen zu Mittleren und schließlich zu Großen geworden sind.

# Das Thema Nr. 1

Leider kein Witz: Wird die Arbeitslosigkeit unterschätzt?

I.

Von Zeit zu Zeit lohnt es, den Alltagsstaub aus dem Mantel zu schütteln, auf hohe Berge zu steigen und neue Überblicke zu suchen, mit jenem interessierten und finsteren G'schau, das der Philosoph Martin Heidegger aufsetzte, wenn er in Lederhosen auf der Alm saß und einen Blick aufs Ganze warf.

Bei diesen Versuchen ist es nützlich, alles kritisch unter die Lupe zu nehmen, was man in den Medien liest und von den Politikern hört. Oft wird man Besseres und Wichtigeres finden. Derzeit aber sind sie auf der richtigen Spur.

Beide Institutionen zeichnen sich dadurch aus, daß sie die Prioritäten richtig setzen. „Arbeitsplatz", „Arbeitslosigkeit" und „Reform der Ausbildung" sind neben der Staatshaushaltssanierung für beide das Thema Nummer eins. Aus Klugheit oder Instinkt wird begriffen, daß Arbeit zwar nicht alles, aber ohne Arbeit alles nichts ist.

In übermütigen Zeiten, die vom europäischen Wirtschaftswunder der fünfziger Jahre bis zur ersten Ölkrise 1973 reichten, klang dieser Satz ganz anders: „Geld ist nicht alles, aber ohne Geld ist alles nichts."

» *Geld ist nicht alles, aber ohne Geld ist alles nichts.* «

Heute gilt: Geld verlieren tut nur weh. Arbeit verlieren greift ans Herz.

Wir haben bei all unseren Fortschritten keinen Ersatz für die Würde der Arbeit gefunden. Sie bringt nicht nur die materielle Basis. Sie ist Brief und Siegel der Existenzberechtigung. Für Manager ist sie oft auch kurzweiliger als Freizeit.

Eines Tages wird wohl stimmen, was Günther Nenning erträumte: Die Wirtschaft wird ein Selbstläufer sein. Wir Menschen werden auf Denksteinen sitzen und Gedichte verfassen. Heute ist das für die Mehrheit noch unvorstellbar, fast ein Horror. Auch ich fürchte mich vor Günthers Gedichten. Doch selbst wenn er, was keineswegs auszuschließen ist, ein zweiter Gottfried Benn oder Erich Fried wäre – es wäre zu früh, zu früh, Luise. Wir sind noch nicht reif für die Freizeitgesellschaft.

II.

Das Thema Arbeitslosigkeit ist global und allgegenwärtig. Selbst als mächtige Länder wie Korea, Japan und Indonesien krachten wie eine Kaisersemmel, was in früheren Zeiten – ohne einen IWF und die immer selbstbewußteren USA – leicht der Keim einer Weltwirtschaftskrise hätte werden können, handelten die meisten Überschriften der Medien von der größten globalen Herausforderung: Mangel an Arbeitsplätzen bei gleichzeitiger, verzweifelter Suche nach richtig ausgebildeten Leuten für IT und Telekom.

Österreich erwies sich als relativ reif. Das kleine Wohlstandsland – immerhin die Nummer sieben der Welt – hat nach allen Berechnungsmethoden eine relativ gute Beschäftigungsrate, eine weit bessere beispielsweise als das durch Wiedervereinigung belastete Deutschland.

III.

Es gibt renommierte Hardliner unter den Nationalökonomen, die in hoher Arbeitslosigkeit die feinste Hantel der Wirtschaft sehen. Sie stärke die Muskeln der Unternehmer und entfette das dekadente Volk. Selbst der bedächtige Nobelpreisträger Paul Samuelson äußert in seinen Standardwerken „Economics I + II" eine Heidenangst vor jeder Arbeitslosigkeit, die geringer sei als drei bis vier Prozent. Dies müsse man als Vollbeschäftigung ansehen. Alles darunter führe zwingend zu heilloser Inflation.

Die Grünen aller Schattierungen argumentieren, ohne Schutz der Natur sei auch Arbeitslosigkeit bald kein Thema mehr, weil die Lebenden die Toten beneiden würden.

*„Darwinisten halten die rasend fortschreitende Überbevölkerung der Erde für ein Grundübel."*

Darwinisten wischen dieses Thema überhaupt weg. Sie halten die rasend fortschreitende Übervölkerung der Erde für das Grundübel. Durchaus ein ernstes, sogar fundamental religiöses Problem.

IV.

Arbeitslosigkeit als Thema Nummer eins ist in Ordnung. Da haben die sogenannten Boulevardzeitungen wie auch die Politiker recht, die ja niemals fern der Überschriften agieren. Intellektuelle, die angesichts der vielen Arbeitsmarkt-Storys über „Betroffenheitsjournalismus" spotten, sind umnachtet – oder weit weg von der menschlichen Wirklichkeit. Sie erdichten sich diese gern. Sie erleben sie selten.

Die Tragödien durch Arbeitslosigkeit in ärmeren Familien könnte einer, der nicht nur denkt, sondern auch fühlt, schon allein aus der Gerichtssaalberichterstattung ahnen. Verlust der Würde der Arbeit kann zu blutiger Verzweiflung führen. Nicht minder das Schicksal von Managern, die freilich mit wenig Mitleid zu rechnen haben. Die Likörstuben und Warteräume der Psychotherapeuten sind heute voll mit 55jährigen Wracks, die gestern noch beruflich Wien–London in der Business Class flogen und heute fassungslos vor der neuen Wirklichkeit stehen, ein schwer vermittelbarer Sozialfall zu sein.

„*Verlust der Würde der Arbeit kann zu blutiger Verzweiflung führen.*“

# Hören Sie nicht auf Ihre werten Kunden

Dem Konsumenten in den Hintern zu kriechen ist eine ausgezeichnete Leibesübung zum geschäftlichen Erfolg. Hingegen kann es tödlich sein, den Kunden zu fragen, wenn es um die Entwicklung neuer Produkte geht. Er hat keine Ahnung, was er will und was möglich ist.

*„Wer viel fragt, geht viel irr."*
(Volkes Weisheit)

I.

Wenn nicht alles täuscht, hat der Retter der Ottakringer Brauerei, Engelbert Wenckheim, mit dem legendären Ex-Präsidenten von Sony, Akio Morita, eines gemein.

Wenckheim, wie einst Morita, ließ sich nicht von Marktforschungen irre machen. Er unterwarf sich bei der Neuentwicklung von Produkten nicht blindlings den Befragungen. Prätests mit potentiellen Kunden sind oft interessant. Sie sind aber nicht Gottes Spruch.

„*Morita sagte, er fühle in seinen Testikeln, der Walkman sei ein Hammer.*"

Morita setzte den Walkman durch. Er wurde von Testpersonen als lächerlich angesehen. Moritas Kollegen im Sony-Präsidium hielten ihn für einen gefährlichen, automatischen Flop. Morita sagte kühl und kräftig, er fühle in seinen Testikeln, der Walkman sei ein Hammer. So war es auch. Heute ist dieses Produkt in der Ruhmeshalle der zehn erfolgreichsten Einfälle des Jahrhunderts. Sony generierte damit mehr Cash als selbst mit Fernsehapparaten.

Wenckheim, so heißt es, sei bei jenem Produkt ähnlich vorgegangen, das den schönsten österreichischen Namen hat: „Null Komma Josef", alkoholfreies Bier, das bei Kundenbefragungen – vermutlich schwere Schlucker mit zusätzlichen Vorlieben für Korn und Cognac – entmutigend beurteilt worden war. Wenckheim vertraute auf seine unternehmerischen Instinkte.

II.

Selbstbewußtes Verhalten war zu Beginn des Kapitalismus selbstverständlich. Kein Unternehmer im achtzehnten und neunzehnten Jahrhundert ließ sich was dreinreden. Das änderte sich erst um 1930. Die Zwischenkriegszeit in den USA wird von Wirtschaftswissenschaftern als Anfang und Quelle des Marketing genannt.

Marketing ist im wesentlichen die Entdeckung, daß Kunden auch Menschen sind, denen man nicht jeden Dreck zu jedem Preis einreden kann. Diese Einsicht kam keineswegs automatisch. Sie kam, wie alles Gute im Kapitalismus, aus Egoismus. Die Kundenliebe wurde erst entdeckt, als sich die Verteilungswirtschaft (Güterknappheit) in eine Wettbewerbswirtschaft wandelte. Diesen Wechsel gab es einige Male in der Geschichte. Zuletzt am Ende des Nachkriegs-Wirtschaftswunders, in den sechziger Jahren. Und nie wurde das hohe „C“ (Client! Consumer!) so hoch gesungen wie in den Ölkrisen der siebziger Jahre und der scharfen Rezession der neunziger Jahre.

*„Marketing ist die Entdeckung, daß Kunden Menschen sind, denen man nicht jeden Dreck zu jedem Preis einreden kann.“*

Die öffentlich gebetete Kundenliebe („König Kunde“, „Unsere Nr. 1“) wurde in den letzten Tälern als höchste Maxime der Unternehmensführung gepriesen.

Über das hohe „C“ spottete „Fortune“, ein US-Wirtschaftsmagazin: „Es fing als Managementübung an, wurde zu einem Mantra und schließlich zu einer Manie.“ Auf „den Kunden hören“ und „der Kunde hat immer recht“ wurden zu unbezweifelten Glaubenssätzen.

Dies hat für viele Unternehmen fraglos seine Meriten gehabt. Bei reifen Produkten wie Autos funktioniert das „Hören auf den Kunden“ gelegentlich noch – allerdings eher nur, wenn es um Details geht. General Motors etwa bereute, die Vortest-Kritik an den optisch zu kleinen Hinterrädern des Chevrolet Caprice nicht ernst genommen zu haben. Man verwarf die Einwände. Folge: Die Schüssel verkaufte sich schleppend. Dennoch: Nach und nach ist eine Hinterfragung des Wertes der Kundenmeinung angesagt. Die Welt der modernen Produkte dreht sich immer schneller. Die Forschungslaboratorien der Unternehmer sind viel weiter als die Menschen draußen. Deren Wissen über die nächste Zukunft fällt immer weiter zurück.

In vielen Fällen ist es sinnlos geworden, Testpersonen zu fragen, um das Risiko innovativer Produkteinführungen abzufedern. Im Gegenteil: Je nach Qualität und Tiefe der Vortests kam oft schon ein höllischer Holler heraus, der die Firmen gefährlich in die Irre führte.

Das „New Coke“ wurde in Vortests enthusiastisch begrüßt, blieb dann aber auf den Regalen picken. Pizza Huts Diätideen („Low-Cal Pizza“), KFCs hautlose „Fried Chicken“ und selbst dem „McLean“ des Marketing-Genies McDonald's ging es genauso. Jetzt glaubt die National Restaurant Association (Amerikas Restaurantvereinigung), den Grund dafür gefunden zu haben. Er könnte simpler nicht sein: Die befragten Kunden reden sich selbst etwas ein. Sie haben zwar den Wunsch, gesund zu essen, Früchte und Kalorienfreies. In der Praxis aber sind sie außerstande, den inneren Schweinehund zu überwinden und greifen nach fetttriefenden Köstlichkeiten.

Wirtschaftsexperte Justin Martin: „Ein anderes Phänomen liegt darin, daß theoretische Kaufentscheidungen zum Zeitpunkt des Tests völlig anders aussehen als jene, wenn es um echtes Geld, also den geliebten eigenen Dollar geht.“

Daher sind Flops nicht nur in der Nahrungswirtschaft vorprogrammiert, sondern beispielsweise auch in Mode und Sport. In den frühen neunziger Jahren versuchten gleich drei Sporthersteller – Spalding, Rawlings, Mizuno – mit aufpumpbaren Baseballhandschuhen den Markt zu stürmen. In Vortests hatten alle drei einen wilden Markt erkannt. Gekauft hat sie keiner, nicht nur wegen des hohen Preises von rund 100 Dollar.

III.

*„Siege nach erfolgreichem Ignorieren der Kundenmeinung“*

Flops nach Tests sind nur die eine Seite.

Siege nach erfolgreichem Ignorieren der Kundenmeinung die zweite. Auch dafür gibt es zahllose Beispiele neben Sony und Ottakringer. Als die damals konkursreife Firma Chrysler verzweifelt nach einem neuartigen Hit suchte und den Minivan in Kunden-Vortests schickte, schüttelten die Tester den Kopf. Der Minivan wurde zu einem der erfolgreichsten Konzepte der Automobilgeschichte. Chrysler blieb zuletzt daher ziemlich gelassen, als das Design des Nachfolgemodells im Anfangsstadium der Entwicklung von Testkunden abermals abgewiesen wurde: „Viel zu rasant, zu sportlich.“ Zu diesem Zeitpunkt liebten die Chrysler-Fahrer noch das alte Modell. „Woher“, so ein Manager der Firma, „sollen sie auch wissen, wie sie in fünf Jahren reagieren werden, wenn ihnen das alte Modell fad geworden ist?“

Ähnlich positiv schlug auch die Gelassenheit der Computerfirma Compaq zu Buche. Sie macht rund 25 Prozent des Profits mit „Servers“, extrem leistungsfähigen PCs, in sogenannten Client-Server-Netzen. Die

Vortest-Kunden lächelten noch. Dergleichen würde den Mainframes und Minis niemals Konkurrenz machen können. Compaqs Senior Executive Gary Stimac: „Es lohnte sich, den Kunden zu ignorieren."

IV.

*„Es lohnte sich, den Kunden zu ignorieren."*

Den Kunden ignorieren – eines der neuen Erfolgsgeheimnisse einer neuen Zeit?

Antwort: Ja – speziell bei innovativen Produkten und höheren Technologien. Bei sogenannten „Breakthroughs" (Durchbruchsprodukten) ist der normale Testkunde heillos überfordert. Er kann weder den Wert der Idee noch sein künftiges Kaufverhalten wirklich beurteilen.

Der Versuch des Neuen und des Durchbruchs ist immer riskant. Und das Risiko wird durch allzufreundliches und ängstliches Schielen nach dem Kunden nicht kleiner, sondern größer.

Das ist umso wichtiger zu wissen, als bei Innovationen nicht nur das Risiko, sondern auch die Gewinnchance extrem hoch ist.

Eine Untersuchung von Kuczmarski & Associates Inc. zeigt für die USA folgendes Bild: In den Jahren 1989 bis 1993 waren 90 Prozent der „neuen Produkte" simple Verfeinerungen alter Produkte, nur 10 Prozent echte Durchbrüche. Diese 10 Prozent erwirtschafteten aber 24 Prozent des Gewinns.

Es lohnte sich, die stets konservativen und nichtsahnenden Kunden zu ignorieren und in Neuland vorzudringen. Der Zeitpunkt, dem geliebten Kunden in den Hintern zu kriechen, kommt früh genug: sobald das Produkt fertig ist und auf den Schilling wartet.

Michael Gershman, Verfasser von Management-Bestsellern: „Die heutigen Manager und Unternehmer sollten wissen, daß eine alte Tugend wieder gefragt ist."

Selbstvertrauen.

Es muß ja nicht gleich so ausgeprägt sein wie bei Akio Morita und Engelbert Wenckheim.

# Ihre sieben Wege zum Wirtschafts-Samurai

Sie sind gut. Werden Sie besser. Vorschläge zur egoistischen Aufschichtung der Fähigkeiten, um vom durchschnittlichen Ritter zum elitären Samurai zu werden.

## Tip 1 + 2 + 3: Allgemeine Anmerkungen zu Zweitklassigkeit, Überfülle und Schrott

*„Geben Sie sofort alle Arbeiten auf, die Sie nur zweitklassig können."*

Der US-Filmproduzent Lucille Ball schrieb: „Wichtiger, als zu wissen, was man kann, ist zu wissen, was man nicht kann. Das zeugt auch von gutem Geschmack." Zwei glänzende Sätze. Sie münden in den Tip 1: Geben Sie sofort alle Arbeiten auf, die Sie nur zweitklassig können. Konzentrieren Sie sich auf Ihre Kernkompetenz. Arbeiten Sie ausschließlich dort, wo Ihre Fachkenntnisse und Ihre Leidenschaft zu Hause sind.

Zweitens: Setzen Sie auf Qualität, nicht Menge. Es gibt dazu einen schönen Satz. Ich schnappte ihn bei einer World-Wildlife-Party in London auf, mit dem Canon-Altpräsidenten Kaku und dem (im Gegensatz zu seinem Illustrierten-Image) enorm witzigen, interessierten und informierten Prince Charles of Wales: „Unsere Zukunft kann bald nur darin liegen, immer weniger von immer Besserem zu erzeugen."

Das ist erstens nationalökonomisch und ökologisch gut. Es läuft bei wachsender Wertschöpfung auf einen gleitenden Ersatz der Mengen durch die Qualitäten hinaus. Es ist zweitens betriebswirtschaftlich gut: Lieber mit höchstem Anspruch in eine hochbezahlte Nische arbeiten als mit einer Mitläufermentalität in den schlechtbezahlten breiigen Mainstream (Erfolgsrezept der stolzesten Unternehmen Österreichs à la Wolford, VA Tech, ATS, Hirsch, Remus).

Es ist auch, drittens, eine Anleitung zum privaten Investment. Lieber immer weniger von immer Besserem besitzen. Vorbild auch hier: die Japaner. Viele Haushalte, begünstigt durch Raumnot und traditionelle Ästhetik, haben eine Kunstnische, in der das teuerste Einzelstück schlummert, das sich die Familie leisten kann. Welch ein Kontrast zur Mengenphilosophie vieler Europäer und fast aller Amerikaner, die in Kunst, Ernährung und Technologie dem Prinzip „Billig, aber viel" huldigen.

## Tip 4: Allgemeine Anmerkungen zum Erfolgswert des Egoismus

Es gibt zwei Begriffe, die mit Unrecht negativ besetzt sind. Der eine heißt Kapitalismus (weshalb er, als er sich in seiner modernen, kantengerundeten Form als gut und siegreich erwies, von Politikern umbenannt wurde in Wettbewerbswirtschaft oder soziale Marktwirtschaft). Der zweite heißt Egoismus.

Die wirklich Erfolgreichen haben gelernt, mit ihrem Egoismus gut umzugehen. Sie wissen: Egoist wird man nicht. Egoist ist man. Ein nichtegoistischer Organismus verkümmert als Pflanze, als Tier, als Mensch. Adam Smith, der Vater des Kapitalismus, hat die Selbstliebe, *selflove,* als Urtrieb des Weiterkommens erkannt.

» *Die wirklich Erfolgreichen haben gelernt, mit ihrem Egoismus gut umzugehen.* «

Die allseits verehrten Altruisten können zwar wunderbar und unangreifbar sein wie Mahatma Gandhi und Mutter Teresa. Für gewöhnlich aber sind sie die Pest. Sie sind lieblose, unausgegorene Herzen auf der Flucht vor der eigenen Unzufriedenheit.

Für den Erfolgreichen geht es darum, den Egoismus als natürlich zu begreifen. Wer sein Fundament nicht liebt, dem wackelt das Haus.

Die angenehmsten Menschen sind jene, die erfolgreich versuchten, mit sich selbst ins reine zu kommen, zunächst um sich fortan auch liebevoll um andere kümmerten. Menschen, die aufgrund ungünstiger Genetik oder ungünstig verlaufener Jugend in der Wurzel erkalteten, sind schon Weltmeister, wenn sie lernen, sich selbst zu mögen und dazu die leichteren Wesen wie Kinder und Haustiere, alles darüber wäre zuviel verlangt.

## Tip 5 + 6 + 7: Die zwei großen Säulen und der kleine Marmorsalat

So weit eine Zwei-Säulen-Theorie für den Erfolg. Sie ruht auf den mächtigen Pilastern Qualität und Egoismus. Es gibt aber tausend Architrave und Kapitelle und Intarsien, die die Wirkung der Pfeiler erhöhen. Nach Maßgabe des knappen Platzes nur drei Beispiele für Erfolgsintarsien:

• Akzeptieren Sie Hi-Tech als Hilfe, auch wenn sie Kopfschmerzen macht. Wir verloren Königgrätz gegen die Preußen aus geistiger Trägheit und falschem Geiz. Die Vorderlader wollten die überlegene Technik des Hinterladers weder lernen noch finanzieren.

• Hören Sie auf zu reden. Hören Sie lieber zu. Man gewinnt nur durchs Neue. Die eigenen Worte sind fast immer alt. Und selbst im

„*Hören Sie auf zu reden. Hören Sie lieber zu.*“

einfachsten Mitbürger steckt eine Goldmine, man muß nur die Geduld lernen, das taube Gestein beiseite zu räumen.

• Verbessern Sie Ihr Englisch, bevor Sie drangehen, eine zweite Grundsprache zu lernen. Der weise Reisende unserer neuen, globalen Wirtschaftswelt schätzt die englische Sprache, gute Kreditkarten, ein Bündel einzelner Dollar für Trinkgelder aller Art und ein schnelles Handy.

# Moderne Manager, Hi-Tech und Kunst

Man kann auch heute ohne Hi-Tech und Kunst auskommen. Man sieht dabei nur ziemlich alt aus und raubt sich das Schönste.

*„Je länger du schaust, desto wacher wirst du."*
(Agnes Husslein, Ex-Sotheby's)

I.

Bei Karin Kathrein im „Kurier" las ich eine Karl-Kraus-Definition von Alchimie, die ich in seinen Werken übersehen haben muß und die ich jetzt sicherheitshalber unter den Initialen K. K. führe, die für Kraus wie für Kathrein gültig sind.

„Alchimie", schreibt K. K., „ist die Verbindung von Nörgler und Optimist."

Das hat mir gut gefallen. Jetzt kenne ich meine Bestimmung, also Alchimist, weil ich auch in den Bereichen Hi-Tech und Kunst zugleich Nörgler und Optimist bin und beides voll und ganz.

„*Alchimie ist die Verbindung von Nörgler und Optimist.*"

II.

Das Nörgeln kommt aus der Beobachtung der Umwelt, die zu einem guten Teil aus Spitzenmanagern und Unternehmern besteht. Nur einer von zehn befaßt sich wirklich mit Hi-Tech. Und nur einer von hundert wirklich mit Kunst.

Der Optimismus, den ich dennoch pflege, rührt daher, daß diese ungünstigen Verhältnisse im Vorjahr noch weitaus schlimmer waren. Es wird besser mit jedem Tag.

Immer mehr Spitzenleute begreifen, daß Hi-Tech (die moderne, meist digitale Technologie) wunderbare Werkzeuge liefert, die uns in kürzerer Zeit höhere Gewinne bescheren. Und immer mehr begreifen auf ihrer Sinnsuche, daß die Kunst, wie Literatur-Nobelpreisträger Joseph Brodsky kurz vor seinem Tod sagte, „die eigentliche Bestimmung des Menschen ist"– neben der Liebe die schönste und befriedigendste, die unsere Zivilisation kennt.

## III.

Erstaunlich, wie wenig leidenschaftliche Technik-Verwender man findet, gerade auch in den Vorständen und Aufsichtsräten von Firmen, die auf den Börsenzetteln unter „Hochtechnologie" rangieren.

Ich war beinahe erschrocken, als ich Robert Zehetleitner kennenlernte, damals Apple, der sein Apple-Powerbook mit lässiger Selbstverständlichkeit nützte wie ein Säugling den Daumen. Er hatte die modernste Software. Er war rasend schnell in der Bedienung. Er hatte, wo immer er war, den vollen elektronischen Überblick über die Geschäfte. Ein anderes Beispiel war Klaus Woltron. Der glänzende Top-Manager (SGP, ABB) und heute unerschrockene Multi-Privatunternehmer war der einzige, der mit höchster Technik-&-Ästhetik-Lust sogar die Kuverts seiner Briefe gestaltete. Ergriffene Adressaten von Woltron-Briefen fanden neben der Post-Briefmarke eine zweite: ihr eigenes Porträt.

Zehetleitner und Woltron (und der endgültige Freak, RZB-Chef Walter Rothensteiner) haben stellvertretend für relativ wenige Spitzenleute den PC schon vor zehn Jahren klug genützt: für den schnellen Überblick, die bessere Präsentation, für Blitzkorrespondenz und verblüffende persönliche Verbindungen mit Stammkunden und neuen Klienten (relationship marketing).

## IV.

*„Zehntausende Spitzenleute der Wirtschaft kaufen und sammeln Kunst, sonst würden täglich zwei Künstler verhungern."*

Was die Kunstliebe betrifft, muß man, auch aus Gründen des Neides und der Steuer-Vampire, eher behutsam schätzen. Tatsächlich sind es Zehntausende Spitzenleute der Wirtschaft, die Kunst kaufen und sammeln, sonst würden täglich zwei Künstler verhungern. Und tausend dieser Käufer und Sammler mögen auch tatsächlich mit größter Leidenschaft dahintersein, weil sie erkannten, daß nichts das Leben so überhöht wie Meisterwerke der Kunst, wobei ich persönlich ein atypischer Österreicher bin: Ich messe nicht der Musik, dieser großen internationalen Sprache, den höchsten Rang zu, sondern der Architektur, Malerei und Fotografie, weil man ihr, wenn sie einmal steht und an der Wand hängt oder in den Magazinen leuchtet, nicht entfliehen kann.

Manche Top-Wirtschafter haben mit ihrer Kunstliebe rechtens den Namen veredelt, wie beispielsweise Karlheinz Essl von Baumax. Andere waren auf intensive Weise leise, beispielsweise Auricon-Liaunig. Ich lernte ihn bei einer Vernissage der Martha Jungwirth in der

Galerie Kalb näher kennen. Imponierend, wie er von den Künstlern geliebt wird  nicht wegen der Brieftasche, sondern wegen seiner dramatischen Dualität als extraharter Geschäftsmann und extrafühliger Kunstkenner. Österreichischer Weltmeister der Business-class-Collectors war für mich Lea Zehethofer, die Grande Dame der Exbaufirma Hazet. Ich habe sie dabei ertappt, wie sie auch die schlechtesten Werke von unbekannten, ansonst dem Hungertod oder, schlimmer noch, dem Subventionstod geweihten Künstlern kaufte, was die Qualität ihrer Sammlung nicht verminderte, sondern erhöhte.

*„Manche Top-Wirtschafter haben mit ihrer Kunstliebe den Namen veredelt."*

# Erfolg und Charisma

Man weiß zwar nicht genau, was es ist, aber es ist zurückgekommen: Charisma ist wieder gefragt

*„Die Menschen sind, wenn überhaupt etwas, von Geburt an ungleich."*
(Magnus Hirschfeld)

I.

Die Gleichheitssehnsucht kommt von Zeit zu Zeit auf. Auch Philosophen werden von ihr wie Fleckfieber angefallen, sobald sie eines Konkurrenten ansichtig werden, der klüger, schöner oder gar reicher ist als sie. Gleichheit ist nicht nur eine Erfindung gefühlsduseliger Linker, fand aber dort ihr wärmstes Nest. Maurice Sachs: „Die Freiheit, sagt Lenin, ist ein Vorurteil der Bourgeoisie. Die Gleichheit ist ein Vorurteil des Proletariats."

*"Die Gleichheit ist ein Vorurteil des Proletariats."*

Wir haben bekanntlich kein Proletariat mehr, daher ging wohl auch der Traum von der Gleichheit über Bord. Momentan darf jeder, der genügend Selbstbewußtsein hat – und zur Sicherheit was auf der hohen Kante –, sich deutlich vom anderen unterscheiden: im Wortschatz, im Auftreten und in der Wahl der Waffen.

II.

Ungleichheit will freilich geübt sein, und so dauerte es die achtziger Jahre, ehe sich durchgestylte einzigartige Typen öffentlich in Erscheinung setzten. Unbedingt förderlich war dabei die fast weltweite Umkehr der politischen Systeme. Eine „Wende" von sozialromantischen, dem Kollektiv verpflichteten Systemen, zu faustischen, den Einzelmenschen höher achtenden Modellen: in der Politik die Wiederkehr der „Konservativen" (die sich aus unerfindlichen Gründen mit diesem nur teilweise schmeichelhaften Etikett abgefunden haben), in der Wirtschaft die Verbrennung der Planwirtschaften zugunsten einer, dem einzelnen zugetanen, Wettbewerbswirtschaft.

So richtige Zuckerpuppen kamen dabei nicht zum Vorschein. Es dauerte geraume Zeit, bis man sich etwa an die resolute Margaret Thatcher gewöhnte.

Ihr Selbstbewußtsein rang auch Feinden Respekt ab, als sie eine mächtige Gewerkschaft nach der anderen in die Knie zwang, ihre freie Rede war belebend, weil *shocking,* allerdings irritierte der viele Schatten, der mit dem Licht einherging: Mißachtung der Armen, die kindische Falklandbegeisterung und die Zügigkeit, mit der sie ihrem Puppenbild in „Spitting Image" immer ähnlicher wurde.

Ein Spiegelbild dieser Dame auch Ronald Reagan. Einerseits war es schwer, sich mit einem B-Movie-Cowboy-Darsteller als US-Präsidenten anzufreunden. Unübersehbar war freilich auch hier, daß Charisma Berge versetzen kann. 241 Millionen Amerikaner tankten, von ihrem selbstzweifelsfreien Häuptling aufgemuntert, wieder Selbstvertrauen, zum ersten Mal seit Vietnam.

„*Unübersehbar war auch hier, daß Charisma Berge versetzen kann.*"

## III.

Wie Grund & Boden, Arbeit, Kapital, Organisation, Management, Public Relations und Ethik ist Charisma ein Erfolgsfaktor – und manchmal mächtiger als alle miteinander.

Die Quartalszeitschrift „Harvard-Manager" schrieb: „Spektakuläre Turnarounds in maroden Großfirmen durch das Charisma einzelner. Lee Iacocca, Chrysler, und Georges Besse, Renault, rissen ganze Tausendschaften von Mitarbeitern aus ihrer Lethargie und in die Mitverantwortung für eine Revitalisierung ihres Unternehmens."

Es war daher an der Zeit, so etwas wie eine Charisma-Forschung ins Leben zu rufen. Ein gedankenvoller Vorreiter war Hartmut Bretz, Management-Trainer der Siemens AG in München.

Er kam auf ziemlich verwinkelten, aber eindrucksvollen Wegen, ausgehend unter anderem von Briefen des Apostels Paulus, zu einem interessanten Schluß: „Charismatisch inspirierte Führung ist in sich paradox: nach außen hin ‚hart', da besessen vom Durchsetzen neuer weiterführender Ideen, nach innen ‚weich', da besessen von der Liebe zu den Menschen."

## IV.

Diese idealisierende Charismatik sieht Hans Küng, Stachel im Fleisch seiner Kirche, nicht unbedingt anwendbar auf die obersten Hirten bzw. den Papst. Er hätte dort gerne weniger Charisma, dafür mehr Achtung vor Charismen der unteren Chargen der kirchlichen Hierarchie.

*„Der Wortstamm ‚charis' bedeutet ‚göttliche Gnade', das Suffix ‚ma' steht für ‚Geschenk'.“*

Küng hat aber in seinem sympathischen missionarischen Schwung eine Kleinigkeit übersehen. Der Wortstamm „charis“ bedeutet „göttliche Gnade“, das Suffix „ma“ steht für „Geschenk“.

Charisma kann man nicht herbeten, nicht aus dem Regal kaufen. Man hat 's oder hat 's nicht, und der es geschenkt bekam, muß halt damit leben, so gut er kann.

# Warum die jungen Jahrgänge der Manager und Unternehmer köstlich werden

In den Eichenfässern einer neuen Zeit gereift, werden die neuen Führungskräfte reüssieren

I.

„Es gibt eine stete beharrliche Entwicklung nach oben.“

In Reich der Manager gibt es keine Rucke. Es gibt keine abrupten Veränderungen. Es gibt Evolution statt Revolution, eine stete beharrliche Entwicklung nach oben. Wie eine Uhr, die immer jünger wird und bei jeder Umdrehung ein wenig Rost von den Zeigern wirft, so verschönert sich auch der Stand der Führungskräfte von Tag zu Tag.

Der häßliche Kapitalist von 1776 – damals schrieb Adam Smith sein ego-ideologisches Werk „Der Wohlstand der Nationen“ – hat mit den heutigen Managern und Unternehmern nur noch gemeinsam, daß er aufrecht ging.

Die Behutsamkeit der Entwicklung zum Besseren hat einen Vorteil und einen Nachteil.

Der Vorteil liegt darin, daß alles, was unauffällig fließt, schmerzlos ist, hingegen alles, was eckig daherkommt und ruckt und zuckt, die wirtschaftlichen und geschäftlichen Ordnungen vor der Zeit aufreißt und verletzt.

Der Nachteil, den man nicht zu gering achten sollte, liegt darin, daß die Menschen insgesamt nicht erkennen können, daß sich in der Welt der Wirtschaft vieles zum Besseren wandelte. Die täglichen Veränderungen sind zu klein, um von unserem groben Geist präzise erfaßt zu werden. Manchmal versagen darin sogar jene Beobachter, denen ein schnelles Auge zugebilligt wird: die Cartoonisten. Noch heute gibt es Witzezeichner, die den typischen Wirtschaftstreibenden als fülligen Fettwanst stricheln, der feist aus dem Fond seines Mercedes starrt, die Havanna im grausamen Mund.

Und so, wie diese Äußerlichkeit längst nicht mehr stimmt – die heutigen Manager sind eher sportlicher, eher schlanker als die Mitbürger –, so stimmen auch die Vorurteile über ihr Innenleben nicht.

Manche dieser Vorurteile reichen die vollen 225 Jahre zurück, die der Kapitalismus alt ist.

II.

Um diese Vorurteile auszuräumen, müßte man verständlich erklären können, wie sich in diesen zwei Jahrhunderten die Wende zum Helleren ergab.

Das ist zunächst unglaublich schwierig. Die Werke der Wirtschaftshistoriker sind in 99 von 100 Fällen für Wirtschaftshistoriker geschrieben. In ihren Fußnotengräbern versinkt jeder Überblick. Und die lebhafter geschriebenen Werke, das restliche eine Prozent, sind zum überwiegenden Teil ideologisch verseucht.

Linke Werke zeichnen die Manager als Menschenfresser. Sie würden uns gerne einreden, wir wären heute immer noch nicht weiter als in jener Zeit, als nur die Reichsten Sonne hatten, die anderen Finsternis.

Noch schlimmer als die linkslastigen wirtschaftshistorischen Werke waren allezeit die rechtslastigen, besonders in Amerikas „McCarthy-Zeit" (benannt nach einem Senator, der öffentlich jeden als Kommunisten verfolgte, der nicht – übertrieben formuliert – ins Schema des Ku-Klux-Klans paßte). Diese den Kapitalismus über Gebühr verherrlichenden Werke wiesen andauernd nach, daß sich jeder Ziegelschupfer, wenn er nur brav und fleißig ist und kuscht, schon bald einen Bentley und ein niederbayerisches Schloß leisten kann, und zwar lässig.

Es gibt mittlerweile Bücher zur Wirtschaftsgeschichte, die uns ein gutes Bild liefern. Dazu zählt der Dreiteiler des Académie-française-Mitglieds Fernand Braudel und „Eine Geschichte der Welt" von Hugh Thomas. Sie überfordern aber die leider meist zeitknappen lese-entfremdeten Manager mit einem Ozean von Details. Die große rote Linie kann nur mit großer Mühe herausgefiltert werden.

III.

*„In den 225 Jahren seit Adam Smith ist die Wirtschaft unablässig menschlicher geworden."*

Diese große rote Linie sieht meiner Ansicht nach so aus: In den 225 Jahren seit Adam Smith und 150 Jahren seit David Copperfield ist die Wirtschaft unablässig menschlicher geworden.

Zuerst war nur der Großgrundbesitzer und Fabrikant ein Mensch – die anderen waren Viecher. Dann waren, weil sie unentbehrlich wurden, auch die Kolonialexportmanager Menschen. Dann waren, weil sie unentbehrlich wurden, auch die Experten der Arbeitsvorbereitung und Arbeitsteilung (Tayloristen) Menschen. Dann waren, weil die Verteilungswirtschaft zur Wettbewerbswirtschaft wurde, auch die Kunden

Menschen. Dann waren, weil Management und Teamwork notwendig wurden, alle Mitarbeiter Menschen.

So wurden in der Wirtschaft immer mehr Menschen wie Menschen behandelt.

„Aber das geschah immer aus Zwang und Notwendigkeit", sagte mir irgendwann im letzten Jahr ein prominenter Linker. Wer immer es war: Er hat recht. Und es spielt keine Rolle. Oder umgekehrt: Es spricht eher für als gegen den Kapitalismus (oder, für die sensiblen Gemüter, die dieses Wort nicht ertragen können: für die westliche Wettbewerbswirtschaft).

Denn der entscheidende Vorteil des Kapitalismus liegt in seiner Flexibilität. Er paßt sich pragmatisch der Zeit und den Umständen an. Der Kommunismus hingegen war starr. Er tötete jedes Einzelinteresse, daher auch das Interesse an Veränderung. So mußte er sterben.

*„Der entscheidende Vorteil des Kapitalismus liegt in seiner Flexibilität."*

Denn sein einzig interessanter Vorzug, eine quasi-göttliche Gerechtigkeit und Gleichheit zu verordnen, unabhängig von Geburt, Talent und Fleiß, endete mit Armut für alle. Damit war tatsächlich Gleichheit geschaffen, aber sie amüsierte die Ungarn, Tschechoslowaken, Rumänen, Russen und Ostdeutschen nicht wirklich. So zerschnitten sie im August 1989 den Stacheldraht zwischen Ungarn und Österreich, und so fiel am 9. November 1989 die Berliner Mauer.

## IV.

Der Kapitalismus als Wirtschaftsordnung ist nicht wirklich toll, so wie auch die Demokratie als politische Ordnung ihre Schwächen hat. Hier wie dort gilt aber der starke alte Satz: Wir kennen nichts Besseres.

## V.

Heute ist jeder Manager auch ein Naturschützer.

Ich kenne keine einzige nahmhafte Firma mehr, die nicht relativ grün wäre. Den kleinen 2-Kilo-Computer, auf dem ich dieses Manuskript schreibe, klaubte ich aus einem häßlichen braunen Karton – „ohne Chlorbleiche hergestellt, weitere Umweltschutzschritte folgen", schreibt der Hersteller. Tetrapack stellte vor kurzem einen sehr gut gestylten Sammelcontainer vor, um das Recycling zu erleichtern. Und die Autofabrikanten versichern uns reihum, sie würden sowohl das Drei-Liter-auf-100-km-Auto als auch die Emissionsvorgaben Kaliforniens schaffen.

VI.

> „In dieser Zeit der Schlappen, Matten und Melancholischen wird wieder ein wenig Witz kommen."

Ich will eigentlich mehr. Zuerst mehr Schönheit. Sie wird kommen.

Und dann, in dieser Zeit der Schlappen, Matten und Melancholischen, wieder ein wenig Witz. Auch der wird natürlich zunächst aus Zwang zu uns kommen – weil die Ernsthaftigkeit des momentanen Kapitalismus allen Konsumenten zu blöd wird.

Auf diesen Zwang, wie auf jeden zuvor, wird zuverlässig reagiert werden. Die Manager und Unternehmer reifen seit 225 Jahre im Eichenfaß eines immer sensibler werdenden Kapitalismus. Jede neue Generation war besser als jede alte.

# Manager und Unternehmer sind das Salz der Erde

Erstaunlich, wie wenig Selbstvertrauen die Wirtschaftskapitäne haben, wie viel sie sich gefallen lassen. Denn sie haben sich weitaus schneller ins Helle entwickelt als die Politiker und Künstler. Dies läßt sich ableiten aus den Grundlagen der Nationalökonomie und der Entwicklung der Erfolgsfaktoren.

*„Wüßte ich mehr über mich,*
*würde ich mehr von mir halten.“*
(Henry David Thoreau)

I.

Wüßten die Manager und Unternehmer besser über ihre Natur und Entwicklung Bescheid, würden sie mehr von sich halten. Dies ist aber nicht der Fall. Sie kommen vor lauter Arbeit nicht zur Reflexion. So kommt es, daß sie oft hilflos dem ungerechten Hohn ihrer Gegner ausgesetzt waren.

Seit zwei Jahrhunderten – so lange gibt es Unternehmer im modernen Sinn, seit einem Jahrhundert gibt es Manager – nehmen die Wirtschaftsführer mit erstaunlicher Geduld die Tiefschläge einer Gesellschaft in Kauf, die nicht sehen will, was sie an ihnen hat.

II.

Es gibt wohl eine Art notgedrungener Achtung vor den Wirtschaftskapitänen, weil sie letzten Endes die mächtigen Schöpfer und Gestalter der Arbeitsplätze sind. Aber es gab selten Hochachtung und niemals Sympathie.

*„Es gab selten Hochachtung und niemals Sympathie.“*

Diese hätten die Manager gern gehabt, zu allen Zeiten. Denn natürlich sind sie Menschen wie alle anderen, denen nach Lob, Anerkennung und Zuneigung ist. Sie lernten aber, mit der Kälte zu leben. Diese kristallisierte am Neid und am Unwissen der Bevölkerung – und am Echo einer grauenvollen Anfangszeit, in der die Wirtschaftsbosse tatsächlich Bestien waren.

Daß die heutigen Nachfahren der einstigen Manchester-Kapitalisten immer noch unter deren Ruf leiden müssen, halte ich für eine der großen Ungerechtigkeiten dieser Zeit, aus drei Gründen.

III.

Erstens: Es gibt keine Kinderarbeit und keine Sonntagsarbeit mehr. Die Wirtschaftswelt ist sozial geworden – und nicht erst heute. Schon 1977 entdeckte ich in den Schwarzkopfs (Plansee-Werke) eine Gründerfamilie, die ihre Betriebsräte zur Verzweiflung trieb, weil sie soziale Wünsche erfüllte, ehe sie noch gefordert wurden.

*„Die Unternehmer und Manager schaffen den sozialen Frieden durch Wohlstand.“*

Zweitens: Die Unternehmer und Manager schaffen den sozialen Frieden durch Wohlstand. Sie zimmern den von Karl Marx so genannten Unterbau, der zwar nicht alles ist, ohne den aber alles nichts ist. Die Wirtschaft übernimmt damit unauffällig die wichtigste politische Aufgabe. Gedankt wird es ihr nicht.

Der eigentliche Kern des Kapitels aber ist dies: *Die Unternehmer und Manager haben sich menschlicher entwickelt als beispielsweise die Politiker und die Künstler.*

IV.

Zuerst die Politiker. Sie werden überschätzt. In erster Linie, weil immer noch ein Untertanengeist herrscht, der sich früher an König und Kaiser übte. Diese Ehrfurcht ist geblieben. Sie hat sich lediglich von der Hofburg ein paar Meter zum Ballhausplatz und ins Parlament verlagert. Unterstützt wird sie von den Massenmedien. Wer in „Kronen Zeitung“, „Kurier“ und ORF öfter genannt wird, ist wichtiger. Niemand wird so oft genannt wie die Politiker.

Die Politiker waren in den letzten zwei Jahrhunderten im Schnitt auf mittlerem moralischem Niveau. Dort verharren sie bis heute. Selbst Schlitzohren wie Fouché und Talleyrand würden wohl auch heute noch halbwegs reüssieren. Und sie waren wenigstens noch witzig, während für die meisten heutigen Politiker jener Satz Winston Churchills gilt, mit dem er sich als stilvollster Beleidiger seiner Zeit auswies: „Mein Opponent ist ein bescheidener Mann. Die Bescheidenheit ist wohlbegründet.“

V.

Was die Künstler betrifft, so hatten auch sie keinen nennenswerten Zuwachs an innerer Qualität und Moral.

Wohl waren sie allzeit beliebter als die Politiker. Zwingend anständiger waren sie nicht. Sie waren auch nicht unabhängiger und tapferer als Normalbürger (siehe auch Essay: „Die Kunst ist kein Heldenplatz").

Selbst für jene Schiedsrichter, zu denen auch der Autor zählt, die in Kunst & Künstlern den erfreulichen Teil unserer Existenz sehen, gilt:

Die Künstler waren immer schon ein Salz der Erde.

Nur: Salziger wurden sie nicht.

*„Die Künstler waren immer schon ein Salz der Erde. Nur: Salziger wurden sie nicht."*

VI.

Den größten und höchsten Sprung in der Entwicklung, viel größer und höher als die Politiker und Künstler, machten die Unternehmer und Manager.

Sie waren Teufel, als vor 225 Jahren der Kapitalismus anfing. Sie nützten bestialisch das Kraftgefälle von oben und unten, von reich und arm. Sie sind wohl auch heute noch keine Engel, denn Wirtschaft ist zwar ein „Mensch ärgere dich nicht-", doch kein Kinderspiel. Aber sie haben den größten Zuwachs an Menschlichkeit und Kultur gezeigt, den die Geschichte kennt.

Beziehungsweise nicht kennt.

Denn die Veränderungen gingen so kleinweise vor sich, daß sie im Alltag nicht fühlbar waren. Sie werden nur dann sichtbar, wenn man sich in die Vogelperspektive erhebt und einen Weitwinkelblick auf die letzten zwei Jahrhunderte wirft.

VII.

Was wir heute „Erfolgsfaktoren" nennen, hieß zu Anfang der modernen Wirtschaft einfach „Produktionsfaktoren". Es hieß so aus dem einfachen Grund, daß praktisch alle Unternehmer Produzenten, also Fabrikanten waren. Heute sind die Fabrikanten (Primärwirtschaft) in der Minderheit. Sie sind von der Zahl her bereits den Händlern (Sekundärwirtschaft) und den Dienstleistern (Tertiärwirtschaft) unterlegen.

Den Fabrikanten gehört meine sentimentale Zuneigung. Ich liebe sogar die Ästhetik der letzten Schornsteine. Ich halte mich zwar auch für einen rechten Grünen, aber ich kann als Wirtschaftskundiger nicht übersehen, daß in den Vollfabrikanten und Industriellen, die zugleich Produktion und Verkauf und Service bewältigen, die größte Wirtschaftsleistung steckt.

Dennoch: Von ihrem Begriff „Produktionsfaktoren“ müssen wir abgehen. Wir sollten sie „Erfolgsfaktoren“ nennen, um sie gültig zu machen für die ganze Wirtschaft, nicht nur für die Fabrikanten.

## VIII.

Der erste Erfolgsfaktor war Grund und Boden.

Wer mehr vom besseren Boden hatte, war erfolgreicher, unabhängig davon, ob er ein intelligenter oder heillos degenerierter Hocharistokrat war.

Der zweite Erfolgsfaktor war Arbeit.

Wer mehr und bessere Mitarbeiter hatte, die damals, zu Beginn der industriellen Revolution, Sklaven waren, hatte den Erfolg.

Der dritte Erfolgsfaktor war Kapital.

Das waren im wesentlichen Maschinen (wissenschaftlich: Verfügungsgewalt über Investitionsgüter). Entscheidend war das Geld, sie anschaffen zu können. Die Maschinenbesitzer waren Könige in einem Firmenreich, in dem alle anderen Untertanen waren.

*„In den Anfängen der industriellen Revolution war die Wirtschaft nach heutiger Auffassung dramatisch unmenschlich.“*

Bis dahin, wir befinden uns in den Anfängen der industriellen Revolution, war die Wirtschaft nach heutiger Auffassung dramatisch unmenschlich. Für die damals Lebenden war ’s nicht ganz so schlimm. So wie sie daran gewöhnt waren, daß man ihnen auf öffentlichen Marktplätzen ohne Betäubung die Zähne zog, so schien es ihnen zwar schrecklich, aber normal, sechzehn Stunden unter Tag zu arbeiten, mit einer freien Schicht pro Monat. Nirgendwo ist dies berührender nachzulesen als in den Romanen von Charles Dickens (warum eigentlich schließt man seinen „David Copperfield“ oder seine glänzenden „Pickwicker“ nicht in den Wirtschaftsunterricht ein, um dem vermeintlich trockenen Fach die verdiente Lebendigkeit zu verleihen?).

Soweit also die Erfolgsfaktoren der kapitalistischen Urzeit.

Diese Zeit dauerte länger, als man heutzutage glaubt.

Sie dauerte die halbe bisherige Lebenszeit des Kapitalismus; also von 200 Jahren ganze 100 Jahre, wenn man den Beginn mit Adam Smith (Basiswerk: „Der Wohlstand der Nationen“) ansetzt. Das war im 18. Jahrhundert, dieser aufregenden Zeit mit ihren Goethes, Beethovens und Voltaires, mit Preußens altem Fritz und Maria Theresia.

In dieser langen Urzeit war an den Erfolgsfaktoren nichts Menschliches. Mensch war nur der, der hatte und anschaffte. Der, dem angeschafft wurde, war nichts.

Noch gröber gesagt: Ein Unternehmer zu dieser Zeit konnte ein rechter Trottel sein und hatte trotzdem Erfolg. Die Märkte waren leer. Die Menschen hungerten nach Produkten. Und eine Erfindung jagte die andere. Witzige Produkte wuchsen wie die Schwammerln von selbst und waren leicht abzusetzen.

## IX.

Die Menschlichkeit kam in die Wirtschaft, als es anders nicht mehr ging; als die Fabrikanten gezwungen waren, Mitarbeiter anzuerkennen, die besondere Fähigkeiten hatten.

Als der Erfolgsfaktor „Organisation“ in seine Rechte trat.

Dies war in dem Moment der Fall, als die Heimmärkte mit primitiven Produkten halbwegs bedient waren. Von einem Jahrzehnt zum anderen waren „Internationalisierung“ und „Spezialisierung“ gefragt. Ich nenne als Zeitpunkt die Mitte des 19. Jahrhunderts, bin aber nicht beleidigt, wenn mich beispielsweise der geachtete Wirtschaftsgeschichtler und Ex-WU-Rektor Mathis korrigiert. Man wird je nach Land oder Branche darüber streiten können. Mir gefällt aber das leicht merkbare Datum: Zur Hälfte der Kapitalismuslebenszeit kam die Menschlichkeit auf die Welt.

*„Zur Hälfte der Kapitalismuslebenszeit kam die Menschlichkeit auf die Welt.“*

Und zwar insofern, als die bisherigen Fabrikantenpatriarchen gezwungen waren, jene Fachkräfte nett zu behandeln, die über unverzichtbare Spezialkenntnisse verfügten: Exportexperten, die der „Internationalisierung“ dienlich waren; Organisationsexperten, die wußten, wie man Kolonien sachdienlich ausbrütet, also wußten, wie man Arbeitsprozesse rationalisiert („Taylorismus“). Erstmals war es notwendig, neue Fähigkeiten und Kraftquellen (wissenschaftlich: Ressourcen) zu bündeln. Das konnte der Patriarch nicht selbst. Das konnten nur seine Spezialisten. Sie zumindest mußten nun, da sie knapp waren, wie Menschen behandelt werden.

Wir registrieren den Menschlichkeitsschub Nr. 1.

X.

»Als die Patriarchen der Tatsache gewahr wurden, daß ihre menschlich behandelten Spezialisten ungewöhnlich hohe Leistungen brachten, kamen sie auf die Idee des Teamworks.«

Als nächsten Erfolgsfaktor kann man je nach Geschmack „Marketing" oder „Management" nehmen. Ich ziehe hier, chronologisch unscharf, aber der Logik dienend, das Management vor.

Als die Patriarchen der Tatsache gewahr wurden, daß ihre menschlich behandelten Spezialisten ungewöhnlich hohe Leistungen brachten, kamen sie – wunderbarer, fruchtbarer Egoismus – auf die Idee des Teamworks. Alle sollten füglich zusammenarbeiten. Alle Mitarbeiter sollten wie Menschen behandelt werden. Vielleicht würden auch sie in der Wärme der Achtung Höheres leisten. Und siehe da, so war es. Und so ist es bis heute, wie treffliche Managementphilosophen à la Tom Peters und Peter Drucker nachweisen.

Wir registrieren den Menschlichkeitsschub Nr. 2.

XI.

Nun waren alle innerhalb der Firma zu Menschen geworden. Nichts lag näher, als nun auch Menschen außerhalb der Firma so zu behandeln. Und hier wieder lag nichts näher, als jene zu adeln, von denen man als Unternehmer und Manager lebte.

Jetzt waren die Konsumenten an der Reihe – mit ihnen das „Marketing", das in unseren Breiten eine Nachkriegserfindung ist.

Da man den Konsumenten die Produkte nicht mehr, wie in der Urzeit, gnadenhalber zuteilen konnte (Verteilungswirtschaft), sondern in satten Märkten verkaufen mußte (Wettbewerbswirtschaft), entdeckte man die Lieblichkeit und innere Größe der Käufer.

Die Menschlichkeit, die man ihnen entgegenbrachte, entspricht jener eines Mannes, der eine Frau hofiert. Es kann aufrichtige Liebe, aber auch Berechnung sein. Heute ist man sich einig, daß jene die höchsten Erfolge haben, die den Konsumenten wirklich verehren und ernst nehmen. In den Anfängen war es nicht ganz so.

Jedenfalls aber: Menschlichkeitsschub Nr. 3.

XII.

Nun also erfaßte die Menschlichkeit schon den Firmeneigentümer, seine Spitzenleute, seine Mitarbeiter und die Kunden.

Dann schließlich – wir befinden uns schon in der jüngeren Gegenwart – kam die Vermutung auf, nicht nur die Manager und Mitarbeiter und Käufer seien Menschen, sondern vielleicht sogar alle, deren Schicksal durch die Firma irgendwie beeinflußt wird.

Beispielsweise alle Bürger der Gemeinde, in der die Firma ihren Sitz hat. Deren Wohlstand (Lohnsummensteuer, Lehrlingsstellen für Kinder) und Wohlbefinden (Umweltschutz) sind von der Firma abhängig, auch wenn sie nicht selbst darin arbeiten und die Produkte nicht kaufen.

Man spricht hier von einer qualifizierten Öffentlichkeit. Die menschliche Reaktion darauf war die sogenannte Öffentlichkeitsarbeit, bekannter als Public Relations (PR). Diese hat die Aufgabe, alle Betroffenen zu informieren, also nicht blöd sterben zu lassen. Wie vielfältig, spannend und anspruchsvoll dieser junge Erfolgsfaktor ist, zeigt die üppige Sachliteratur zum Thema.

Menschlichkeitsschub Nr. 4.

„*Public Relations hat die Aufgabe, alle Betroffenen zu informieren, also nicht blöd sterben zu lassen.*“

## XIII.

Bald darauf, etwa vor fünfzehn Jahren, kam es zum bisher aktuellsten Erfolgsfaktor, der Ethik.

Moralisches Handeln war angesagt, ein neuer umfassender Anstand, der weit über die Umweltverantwortung hinausgeht.

Anfangs von Erzkonservativen oder ungläubigen Linken verlacht und von manchen Deppen mißverstanden (eine US-Firma gründete eine „Abteilung für Ethik“), ist sie heute ein fixer Bestandteil der Wirtschaft. Bei manchen ist sie schon Prüfstein jeder täglichen Handlung, bei manchen noch eine zögerliche Liaison.

Ethik – Menschlichkeitsschub Nr. 5.

## XIV.

Hier halten wir.

Alles weitere ist Spekulation.

Ich glaube, es wird in dieser Richtung weitergehen. Die Wirtschaft wird den Trend zur Vermenschlichung weiter fortsetzen.

Selbst wenn dies nicht so käme, wäre das Bisherige imponierend.

Die Unternehmer und Manager sollten sich nun besser kennen und daher mehr von sich halten. Sie könnten in Vorträgen und Diskussionen nun nachweisen, daß sie ihren Beitrag zur Evolution leisteten. Daß ihre Profession große Sprünge nach vorne machte – größere als die der Politiker und Künstler.

> „*Echtes Selbstvertrauen – nicht nur jenes oberflächliche, das aus dem Mercedes und der Villa erwächst.*“

Sie könnten daraus vor allem endlich ein echtes Selbstvertrauen schöpfen – nicht nur jenes oberflächliche, das aus dem Mercedes und der Villa erwächst.

Fröhliches, ruhig auch freches Selbstvertrauen wäre ein Gewinn. Es wäre genau das, was wir brauchen. Dies wäre endlich das Gegengewicht zu all den deprimierten Bremsern im Land, den staatlich diplomierten Masochisten, Melancholikern und Misanthropen.

Darunter sind noch viele Unternehmer und Manager. Aber nur, weil sie vor lauter Arbeit nicht zur Reflexion kommen. Weil sie von allem eine Ahnung haben, nur von sich selbst nicht.

Im Sinne Thoreaus:

Wüßten sie mehr von sich,
würden sie mehr von sich halten.
Vielleicht geht das jetzt leichter.

# Glück als Räuberleiter zum Erfolg (I)

Wer in Wirtschaft und Politik nach den Sternen greifen will, kommt ohne Glück nicht aus. Glücklicherweise kann man die wichtigste Art von Glück lernen. Es ist dann kein Geschenk mehr, sondern eigenes Verdienst.

*„Glück, das Eins-Sein mit seinen Hoffnungen, Wünschen, Erwartungen; als Ziel individuellen Handelns in der Philosophie seit der Antike viel diskutiert."*
(Meyers großes Taschenlexikon B.I. Taschenbuchverlag)

I.

Dieser Essay hat ein einfaches Ziel: nachzuweisen, daß Glück für den wirklich großen beruflichen Erfolg unentbehrlich ist.

Auf dem Weg zum Beweis ist ein großes Hindernis zu überwinden.

Es gibt eine grundsätzliche Scheu in der immer noch rational-trokkenen Welt der Wirtschaft, einen Begriff zu akzeptieren, der einer sentimental-sinnlichen Welt zugeordnet wird. Anders gesagt: Eine männlich-aggressive Welt der Wirtschaft und Politik wehrt sich verlegen gegen die Einbringung eines weiblich-weichen Begriffs. In der Welt der kernigen Wörter *Soll* und *Haben* und *Profit* werden kernlose, fluoreszierende Wörter wie *Glück* als fremd, wenn nicht bedrohlich empfunden.

»*In der Welt der kernigen Wörter* Soll *und* Haben *und* Profit *werden kernlose Wörter wie* Glück *als fremd empfunden.*«

II.

Diese Haltung sollte allerdings bald der Vergangenheit angehören. Wenn nicht alles täuscht, sind die meisten Seminare, die derzeit gehalten werden, eben auf eine Überwindung dieser Scheu gerichtet. Man hat erkannt, daß nicht nur der viereckige Verstand, sondern auch das kompliziert gemusterte Gefühl für die Entscheidungen wichtig ist, nicht nur die linke, sondern auch die rechte Gehirnhälfte.

Viele kluge Lehrer und Trainer versuchen derzeit, eine einst militärisch-maskuline Welt, die von polternder Geradlinigkeit, vom Befehlen und Gehorchen lebte, auf eine höhere Entwicklungsstufe zu heben. Man kennt zwar immer noch oben und unten. Die Träume von einer funktionierenden Hierarchiefreiheit haben sich bisher nicht erfüllt. Doch es werden von allen Seiten neue Ideen eingebracht, dieser Ordnung die Härte zu nehmen. Man versucht seit den siebziger Jahren, zwei Elemente zu verbinden, die als unlegierbar galten: Funktion und Menschlichkeit, Effektivität und Würde, mathematische Vernunft und reines Gefühl.

Auf diesem Weg kam es zu Begriffen, die zunächst tiefe Verlegenheit, ja Betroffenheit provozierten. So wie auf Sizilien winzig-feine Ginsterwurzeln die glasharte Lava des Ätna angreifen und schließlich sprengen, so drangen Begriffe wie Moral, Ethik, Zusammenarbeit, Achtung, Humanität in die mächtigen Felsblöcke einer erstarrten Gesellschaft. Eine Art *management by love* unterwanderte die eiskalte, zielorientierte Welt eines *management by objectives* und erst recht die menschenverachtende Welt eines *management by mushrooms (Champignons)* – die Mitarbeiter im Dunkeln stehen lassen und mit Dreck bewerfen.

Diese Entwicklung ist nun schon lange im Gange. Sie wird von modernen Managern und Unternehmern akzeptiert, manchmal sogar in Überschätzung der menschlichen Anpassungsfähigkeit übertrieben.

Alles in allem scheint der Boden aufbereitet, um einen weiteren Begriff ohne Scheu einzubringen, der früher für die Welt der Wirtschaft undenkbar gewesen wäre: Glück.

„Glück war etwas für illustriertenlesende Schwärmer, aber kein Kriterium für Erfolg.“

Glück war etwas für illustriertenlesende Schwärmer, aber kein Kriterium für Erfolg. Dafür schienen nur Fleiß, Tüchtigkeit, Know-how und Härte bei gleichzeitiger Anpassungsfähigkeit zuständig.

Ein krasser Irrtum. Glück ist, wie sich zeigen wird, der wichtigste Erfolgsfaktor überhaupt.

## III.

Zunächst müssen die zwei wichtigsten Glücksarten unterschieden werden. Das von *außen kommende Glück* ist von dem *aus dem Inneren kommenden* abzugrenzen.

Das von außen kommende Glück ist nicht unwichtig. Es ist nur ziemlich primitiv. Es ist das, was man im Jüdischen mit *mazel* bezeichnet. Es wird allgemein als eine wunderbare Sache angesehen. Man geht unschuldig des Weges und plötzlich, zack, wirft sich das Glück über einen, ob man will oder nicht.

Es kommt ohne Ansatz, ohne Anlauf und ohne Grund.

Es ist Gegenstand der Träume aller Menschen, wenngleich fast jeder das erträumte Glück anders definiert. Erstaunlich viele sehen darin einfach den Flieder, das Geld. Ihre Träume befestigen sich an Lottosechsern. Manche, darunter Kenner von Schnitzler, Strindberg und Stendhal, sehen im Glück eine große komplizierte Liebe, die man nicht herbeihofieren, sondern nur erhoffen kann. Andere wieder, an Asien geschult, sehen darin den endlich erlebten vollkommenen Augenblick, definiert als warme Leere und ideale Harmonie mit dem Universum.

Ob dieses von außen kommende, also geschenkte Glück immer und in jedem Fall auch später noch als Glück angesehen wird, bezweifle ich. Jedenfalls aber spielt diese Glücksart in der Welt der erfolgreichen Manager und Unternehmer und Politiker eine vollkommen untergeordnete Rolle.

Wohl glaubt die Neidgesellschaft der Erfolglosen gerne, jeder Erfolgreiche habe einfach Glück gehabt – und er selbst halt nicht. Das ist eine verständliche Reaktion zum Schutz der Selbstachtung. Nur ist es in den wenigsten Fällen richtig. Wer 30 Jahre Journalismus machte und tausend Karrieren aus nächster Nähe miterlebte, weiß, wieviel Fleiß, Opfer, Wissen, Risikobereitschaft und günstig gebündelte Teilintelligenzen dafür notwendig waren. Oft war auch äußeres Glück dabei, aber es kam eher im Windschatten der Tüchtigkeit und war niemals der Hauptgrund des Erfolgs.

*„Oft war auch äußeres Glück dabei, aber es kam eher im Windschatten der Tüchtigkeit und war niemals der Hauptgrund des Erfolgs."*

Geschenktes Glück ist wohl der Stoff, aus dem die Träume sind. Aber es ist nicht der Stoff für großen, dauerhaften Erfolg in Wirtschaft und Politik.

## IV.

Das eigentliche Faszinosum ist *das innere Glück.*

Mehr und mehr gelange ich zur Auffassung, daß es für die wirklich großen Karrieren unabdingbar ist – allerdings auf eine ziemlich verwickelte Weise. Eine Nachzeichnung ist nicht ganz einfach, weil die Erkenntnis nicht am Anfang einer Suche stand, sondern an ihrem Ende.

*Das innere Glück als Erfolgsfaktor* war letztlich das Resümee einer nunmehr 30jährigen Beobachtung sehr erfolgreicher Menschen. So wie Tom Peters & Co für ihr Buch „In Search of Excellence" versuchten, die gemeinsamen Nenner von 30 erfolgreichen US-Unternehmen zu erkennen, so versuchte ich eine Ausfilterung der gemeinsamen Nenner erfolgreicher Einzelmenschen.

V.

Einen gemeinsamen Nenner der besonders Erfolgreichen zu finden schien anfangs aussichtslos. Den besten Beweis lieferte die Computerindustrie. Dort lernte ich nach und nach viele der Spitzenleute kennen, hauptsächlich die Präsidenten und CEOs (*chief executive officers*) in Europa und den USA.

> „Was hatte ein überschwenglicher, piemontesischer Superfinanzjongleur wie Carlo de Benedetti (Olivetti) mit dem verschlossenen Puristen Ken Olsen (Digital) gemein?"

Was hatte ein überschwenglicher, piemontesischer Superfinanzjongleur wie Carlo de Benedetti (Olivetti) mit dem verschlossenen Puristen Ken Olsen (Digital) gemein? Was ein kühler Stratege wie John Young (Hewlett Packard) mit dem Marketingstar John Sculley (Apple)? Was der auffällig-bescheidene Rod Canion (Compaq) mit dem unauffällig-bescheidenen Ryuzaburo Kaku (Canon)? Und was einte sie alle beispielsweise mit ihren Kollegen aus der Autoindustrie, die ich kennenlernte, darunter die ehernen Eminenzen Yamamoto (Mazda), Kuenheim (BMW) und Levy (Renault)?

Erste ratlose Antwort: absolut nichts.

Zweite Antwort: Sie hatten doch etwas gemein, aber dieses Gemeinsame ist *abstrakt,* ist *abgehoben,* eine Art Aura, in Summe wohl eine *extrem starke Persönlichkeit.*

VI.

Von diesem Moment an konnte die Suche nach dem zentralen Erfolgsfaktor in die Tiefe gehen. Auf den ersten Kellerstiegen ging das erstaunlich leicht.

Logische Einstiegsfrage: Was ist das spürbare Merkmal dieser extrem starken Persönlichkeiten?

Antwort: Nicht die gepanzerten Mercedes und Leibwächter wie bei Benedetti. Nicht das schöne Kaminzimmer wie bei Olsen oder das luftige, in schöner Landschaft gelegene Büro wie bei Levy. Nicht die üppige Assistenzmannschaft rund um Kaku und Yamamoto. Nicht der fühlbare Einkommen-Bonus-Aktien-Privatreichtum wie bei Sculley. Nicht der deutsche Verkehrsminister, der nach dem Interview bei der Tür hereinkommt, wie bei Kuenheim. Auch nicht die überall residierenden reschen Chefsekretärinnen, die in kleineren Firmen Generaldirektoren wären, sondern das Gefühl unbedingter Souveränität.

Da stand immer einer wie ein Fels in der Brandung, der

1. genau wußte, was er wollte,
2. sich durch andere nicht irritieren ließ und

3. vor allem den Eindruck erweckte, er habe in seinem Inneren zur Ruhe gefunden.

Die Punkte 1 und 2 sind insofern nicht wichtig, als sie auch für zahlreiche Irrläufer, Toren und leider auch Komplexler unter den Managern gelten, die sich lediglich überschätzen.

Der Punkt 3 ist entscheidend, hier mußte die Suche weitergehen.

Die logische Fortsetzungsfrage: Wann hat einer seine innere Ruhe gefunden?

Antwort: Wenn er wesentlich glücklich ist.

## VII.

Alles, was jetzt so flink und knapp hingeschrieben wurde, kleckerte sich, wie gesagt, in vielen Jahren so nach und nach zusammen, steht aber nun auf einem halbwegs sicheren Fundament.

Es ging letztlich nur noch darum, dem Humus und den Wurzeln des Glücks auf die Spur zu kommen. Wo wächst es, und mit welchem Samen wie hoch? Ist es gottgewollt oder beeinflußbar vom eigenen Willen?

Um die wichtigste Antwort vorwegzunehmen: So wie das von außen kommende Glück schlichtes Schicksal ist, so ist das im Inneren wohnende Glück machbar.

Soferne man weiß, wo man ansetzen muß. Soferne man bereit ist, an sich zu arbeiten. Soferne man den Willen zu einer positiven Lebensauffassung hat.

Wenn einer nicht wie Joseph Roths „Hiob“ so sehr vom Schicksal gebeutelt wurde, daß ihm keine Kraft und keine Hoffnung mehr blieb, ist er seines eigenen Glückes Schmied.

*„Seines eigenen Glückes Schmied sein.“*

Der Autor glaubt, sechs konkrete Arten des Glückschmiedens entdeckt zu haben. Für fünf davon legt er die Hand in die Esse – sie werden im nächsten Kapitel dargestellt.

Die sechste Art, zusammenfassend alle spekulativen Möglichkeiten, sich selbst die Räuberleiter zu zimmern und nach den Sternen zu greifen, erleuchtet im übernächsten Kapitel den dritten und letzten Teil dieses Essays.

# Vom Glück als Räuberleiter zum Erfolg (II)

Was Manager, Politiker und Wirtschafter tun können, um sich selbst auf die Hochebene des Glücks zu bringen

Glück ist machbar und die *zuverlässigste Grundlage für wirklich große Erfolge.*

Wobei nicht in erster Linie vom äußeren, geschenkten Glück die Rede ist. Dieses nämlich – von vielen rein materiell als Lottosechser oder reiches Elternhaus begriffen – ist für den Erfolg in Wirtschaft, Politik und Wissenschaft unwichtig. In den meisten Fällen ist es sogar kontraproduktiv. Es stellt eher eine Behinderung als eine Räuberleiter nach oben dar.

„*Es geht ausschließlich um das innere, selbst verdiente und selbst geschaffene Glück.*"

Es geht ausschließlich um das innere, selbst verdiente und selbst geschaffene Glück, als Grundlage *innerer Zufriedenheit,* die wiederum Grundlage einer *spürbaren Souveränität* ist, die zur Anerkennung als Persönlichkeit führt. *Anerkannte Persönlichkeit:* Das ist der einzige gemeinsame Nenner der wirklichen Superstars in Wirtschaft und Politik, das einzig Verbindende ihres Erfolgs. Das innere Glück spielt dabei die Rolle des Basissteins, ohne den die ganze Pyramide zusammenbricht. So muß die wichtigste Frage lauten, wie man dieses innere Glück mit Klugheit und Umsicht erwerben kann.

Soweit eine Zusammenfassung des ersten Teils dieses Essays.

Im folgenden werden fünf Erfolgsfaktoren präsentiert, die zwei Bedingungen erfüllen:

a) Sie sind mitverantwortlich für das innere Glück.

b) Sie sind von jedem selbst beeinflußbar, der noch kraftvoll zubeißen kann und, soferne ihn nicht religiöse Beweggründe hindern, in das eigene Schicksal eingreifen.

### Faktor 1: Bewältigung der Kindheit

Man muß kein Anhänger des verstorbenen Prof. Erwin Ringel sein, um in der Kindheit die Quelle des späteren Schicksals zu sehen.

Es gibt eine Reihe von Erfolgreichen, die sich wunderten, warum ihnen als Manager (jeder Spitzenmann in Wirtschaft, Politik und

Wissenschaft ist wesentlich Manager, daher reicht dieser Begriff aus) vieles zuflog, ohne daß sie sich sonderlich bemüht hätten. In Interviews, die der Autor mit ihnen führte, kam er meist einer glücklichen Kindheit auf die Spur. Wärme, Glück und Lachen in der ersten Zeit des Menschseins sind das größte Geschenk. Sie befähigen den Beschenkten auch späterhin, sozusagen aus dem Handgelenk jene Kachelofenfunktion wahrzunehmen, die in unserer Zeit von ihm verlangt wird.

Günther Nenning in Helmut Zilks TV-Sendung „Lebenskünstler" im Frühling 2001: „Ich habe in meiner Kindheit soviel Liebe erfahren, daß die Wärme fürs ganze Leben reicht."

Bei militärischen Organisationen kann es sein, daß auch Kühlschränke noch funktionieren; in der modernen Wirtschaft nicht mehr. Menschenfreundliche Fröhlichkeit und Lebenslust sind Resultat einer schönen Kindheit. Die Eltern verantworten die Gestalt und Helligkeit der ersten Wochen, Monate und Jahre.

»*In militärischen Organisationen funktionieren auch Kühlschränke.*«

Wer eine kalte Kindheit hatte und in ödem Milieu aufwuchs, ist für höhere Aufgaben verloren – es sei denn, er ist sich dieses Nachteils bewußt und kämpft um dessen Überwindung. Leicht ist das nicht. Von einem in der Wurzel verkühlten Menschen zu einem Kachelofen zu werden ist ein harter Weg. Es geht gottlob, wie man weiß, aber manchmal nur mit fremder Hilfe.

Wer mit besonders schweren Erfrierungen der Kindheit entstieg, braucht wahrscheinlich die kundige Leitung eines Psychiaters, der ihn in die Finsternis der ersten Tage zurückführt, um schließlich wieder ins Helle zu kommen. In diesem Fall ist jedes noch so hohe Honorar gut investiert.

Aus meiner Familie weiß ich, daß die Firma Semperit sich Betriebspsychiater hält. Ich halte das für richtig. Nervös macht mich lediglich, daß diese Psychiater eher für die Belegschaft zuständig sind, nicht für das Management. Dort, wie in jeder Firma, wäre ihr Einsatz gelegentlich wichtiger.

## Faktor 2: Egoismus

Gesunder Egoismus führt zu innerem Glück. Das klingt grauslich, ist aber eine schöne Sache. Es wurde nur von ideologischen Eiferern, die nicht zu Ende dachten, entwertet.

Von Kommunisten beispielsweise, die den Satz des Kapitalismus-Vaters Adam Smith „Die Summe aller Einzelegoismen ergibt das größte Gemeinwohl" als Verbrechen empfanden. Oder von übergewichtigen katholischen Bischöfen, die dauernd von Altruismus sprechen, obwohl schon ihre Leibesfülle auf fromme Egomanie schließen läßt.

Dabei halten gerade die christlichen Religionen den Schlüssel zum Glück in den Händen, aber wie betrunkene Heimkehrer finden sie oft nicht ins Schloß. „Liebe deinen Nächsten wie dich selbst" verpflichtet nicht zu blinder Nächstenliebe, sondern zunächst zu Egoismus. Nehmen wir an, einer haßt sich selbst. Ist er dann auch verpflichtet, den Nächsten zu hassen? Dieser Satz kann ja nur so gemeint sein – und ist es auch –, daß man zunächst lernen soll, sich selbst zu lieben. Und genau das ist die Reihenfolge, um die es geht. Zuerst sich selbst zu verwöhnen, die eigenen Wünsche zu erkennen, mit sich selbst zu Rande zu kommen, seinen Frieden zu finden, glücklich zu sein, mit beiden Beinen satt auf der Erde zu stehen. Dann, von diesem festen Stand aus, kann man auch anderen helfen.

Alle anderen sind Schein-Altruisten. Sie flüchten vor sich selbst, werfen sich mit schriller Wärme über die anderen. Sie sind keine Wohltäter, sondern Missewohltäter. Sie sind keine Beglücker, sondern Zwangsbeglücker. Sie bringen weder sich noch anderen Menschen irgend etwas Gutes. So einer könnte niemals dauerhaft Erfolg haben, schon gar nicht an der Spitze. Wichtig also, zunächst gut zu sich selbst zu sein.

Wie macht man das eigentlich, wenn man es nie lernte, ja als Sünde hingestellt bekam? Indem man endlich ein Individuum wird. Indem man im Rahmen seiner eigenen, ohnehin strengen, vom Gewissen geregelten Sittlichkeiten seine eigenen Gesetze schafft. Indem man sein eigenes Leben lebt, ohne nach rechts und links zu schielen. Manche lassen sich von einer Schickimickigesellschaft sogar vorschreiben, wo man derzeit welche Kleider und Weine kauft. Wer dieses schräge *man* schwach und ängstlich im Auge hat, kann nie ein Titan, nur ein Depp sein. Er ist für einen dauerhaften Platz an der Spitze ungeeignet.

*„Der letztlich aufs Gute gerichtete Egoismus und Individualismus sind Basis für außergewöhnlichen Erfolg."*

Dort ist nur Platz für die Tapferen, die bewußt aus der Stallwärme des Kollektivs treten. Der viel Kraft fordernde, letztlich aufs Gute gerichtete Egoismus und Individualismus sind wahrscheinlich die wichtigste Basis für außergewöhnlichen Erfolg.

## Faktor 3: Die richtige Arbeit

Eines Tages werden wir, wie Günther Nenning, Linksintellektueller und einer der größten Nicht-Wurschtln dieses Landes, so köstlich schrieb, „auf einem Denkstein sitzen und in der Sonne Gedichte verfassen“ (er kommt hier zum zweiten Mal und insgesamt zum dritten Mal vor; er scheint für mich wichtiger zu sein als ich dachte).

Aber auch das werden wir wohl wieder „im Schweiße unseres Angesichtes tun“, wie die Bibel kündet. Die Arbeit scheint uns bestimmt. Sie nimmt bei jenen, die an die Spitze wollen, mindestens die Hälfte der nicht verschlafenen Zeit ein. Sie ist dominant. Jedenfalls ist sie wichtig genug, um ständig hinterfragt zu werden: „Ist dies die Arbeit, die ich von allen mir zugänglichen am meisten liebe? Ist es die Arbeit, die ich – wäre ich abgesichert – auch gerne ohne Honorar machen würde?“ Das sind unbequeme, aber wichtige Fragen.

„Ist es die Arbeit, die ich – wäre ich abgesichert – auch gerne ohne Honorar machen würde?“

Denn nur dort, wo das Herz dabei ist, ist maximale Qualität zu erwarten, und auf lange Sicht entscheidet nur die Qualität der Arbeit über den Erfolg. Nirgendwo zeigt sich schöner der direkte Zusammenhang von eigenem Glück und Erfolg.

## Faktor 4: Die Gegenwartsbezogenheit

Viele Menschen kommen nicht schnell genug weiter, weil sie schwer beladen sind. Auf dem Rücken fühlen sie den Rucksack einer unbewältigten Vergangenheit, vor den Fußspitzen spüren sie schon die Stolpersteine einer ungewissen Zukunft.

Die Asiaten haben dieses Dilemma weit vor den Europäern verstanden. Die Japaner und Koreaner und Taiwaner fahren die Ernte eines tieferen *Wissens um das Wesentliche* ein. Dazu gehört vor allem die Philosophie: „Der Weg ist das Ziel.“

Entscheidend ist dabei das Abwerfen vergangener Lasten und der Zukunftsängste. Entscheidend ist die Lust am *Jetzt.* Entscheidend ist die Qualität des nächsten Schritts.

## Faktor 5: Neugier

Irgendwann einmal, nahe der Pyramidenspitze der Hierarchien, scheiden sich die Neu-Gierigen von den Alt-Gierigen. Irgendwann siegen die Vorwärtsschreitenden über die Stehenden, die Tapferen über die Zaudernden, die Riskierer über die Bremser.

Sie siegen nicht unbedingt aus sachlichen Gründen. Im Einzelfall war es oft gescheiter, auf der Stelle zu treten und nicht als wilder Pionier Lehrgeld zu zahlen.

Sie siegen aus psychologischen Gründen. Sie haben das Gesetz des Handelns auf ihrer Seite. Sie reagieren nicht auf die Vorgaben anderer, sondern sie agieren. Sie setzen selbst die neuen Maßstäbe.

Sie sind damit automatisch auch glücklicher. Erstens ist es ein stolzer Wert für sich, an der Spitze der Entwicklung zu stehen. Zweitens ist es komfortabler, mit neuen Ideen die anderen zu erschrecken, als mit eingezogenem Genick zu warten, was den Lebhafteren im Erfolgskampf schon wieder einfällt.

Die Neu-Gierigen machen ziemlich viele Fehler. Aber sie lernen aus den Niederlagen mehr als ihre ruhebedürftigen Konkurrenten aus ihren Nichtfehlern, die mit dem Nichtstun und dem Nullrisiko verbunden sind.

*„Es erwächst ein inneres Glück aus dem Gefühl, zur Evolution der Welt beizutragen, nicht zu deren Einschläferung.“*

Den aktiven, das Neue suchenden Managern erwächst wahrscheinlich auch ein inneres Glück aus dem Gefühl, zur Evolution der Welt beizutragen, nicht zu deren Einschläferung.

## Das nächste Kapitel

wird einer spekulativen Methode zur Glücksfindung gewidmet sein – ergänzt durch eine Sammlung schlauer Sprüche und Resümees von Untersuchungen, die den Zusammenhang von innerem Glück und Erfolg erhellen. Die meisten weisen in die Richtung: Das Glück ist kein Vogerl, wie es im Wienerlied heißt, sondern ein braver Hund. Es reagiert zuverlässig, sofern sein Herrl ihn ordentlich füttert und ihm richtig befiehlt.

# Vom Glück als Räuberleiter zum Erfolg (III)

Als Abschluß ein spekulatives Modell der jüngsten Glücksforschung: Das Leben als tägliches Gesamtkunstwerk

*„Dumm sein und Arbeit haben*
*das ist das Glück."*
(Gottfried Benn)

I.

Der Autor, beim Thema Glück weitaus ambitionierter als der berühmte Gottfried Benn, bietet nun gutgelaunt, beinahe glücklich die letzte Folge dieser Trilogie an.

Sie ist weder für Dumme noch für Arbeitslose geschrieben. Wobei aber nicht ausgeschlossen ist, daß vielen Lesern gerade ihre vernunftgesteuerte Gescheitheit und blinde Arbeitswut den Weg zum Glück verstellen.

II.

Im 1. Teil wurde die Zeit für reif erklärt, gerade in einem viereckigen Buch das ornamentale Thema Glück abzuhandeln. Das geschenkte äußere Glück – Lottosechser, reiches Elternhaus – wurde vom *inneren und selbstgeschaffenen Glück* unterschieden, um das es in dieser Folge ausschließlich geht.

Im 2. Teil wurde der Zusammenhang zwischen innerem Glück und äußerstem Erfolg im Beruf hergestellt. Es wurden fünf gutgepflasterte Wege gewiesen, das innere Glück zu forcieren

Im 3. Teil, dem letzten, begibt sich der Autor als Glücksforscher auf das Glatteis der Spekulation. Hier wird ein Modell angeboten, das man MISCHKUNST DES LEBENS oder DAS TÄGLICHE GESAMTKUNSTWERK nennen könnte.

*„Im 3. Teil begibt sich der Autor als Glücksforscher auf das Glatteis der Spekulation."*

III.

Dieses Modell hat noch etliche Scharten und Kanten, vor allem aber den bedeutenden Nachteil, daß der Autor selbst als Versuchskaninchen versagte. Er probierte einen Sommer lang, nach diesem Modell zu leben. Es gelang nur etwa zur Hälfte, doch reichten die Teilerfolge, den Glauben an dieses Modell zu vertiefen.

Vielleicht fehlte zur perfekten Verwirklichung genau der Faktor, den Sie bisher als Grundlage für Glück und Erfolg vermißten: Disziplin.

*„Disziplin ist keine schmerzhafte, humorlose Kategorie, sondern eine lustvolle Angelegenheit."*

Disziplin ist keine schmerzhafte, humorlose Kategorie, sondern eine lustvolle Angelegenheit, unentbehrlich als Grundlage alles Glücklichen und Guten. So wie die Schönheit Venedigs längst in der Lagune versunken wäre, gäbe es die Pfähle nicht, so ist *Diszipliniertsein* zwar ein häßliches Wort, aber eine schöne, unsichtbare, sozusagen unter Wasser wirkende Grundlage, die alles stabilisiert.

Wir wollen uns dieser Auffassung gerne anschließen, den Erfolgsfaktor Disziplin nachtragen und ihn insofern zum eigenen Vorteil verwenden, als wir nun sagen können: Das nachfolgende Modell ist wahrscheinlich hellsichtig und richtig. Wenn einer daran scheitert, fehlt ihm nur die Disziplin.

IV.

Das Modell „Mischkunst des Lebens" baut auf jahrelange Beobachtung und Anhörung von Managern und deren gleichförmige, trostlos monotone Klagen. Beispiele:

„Ich komme nicht mehr zur Literatur. Fünf Seiten im Bett, und mir fallen die Augen zu. Ich muß mich einmal zum Lesen zurückziehen."

„Ich galt als Talent am Klavier. Doch selbst zum Auffrischen der Grundlagen fehlt mir die Zeit. Vielleicht nehme ich mir im nächsten Urlaub eine Klavierlehrerin."

„Ich wollte immer Maler werden. In der Schule haben sie mich den Künstler genannt. Vor fünf Jahren habe ich mir wieder Farben gekauft. Vielleicht sollte ich zum Abt Angerer fahren, ins Stift Geras, auf einen gründlichen Kurs."

„Ich bin zu dick. Dabei wäre ich ein begeisterter Sportler. Ich muß mich jetzt aufraffen zu einem Tenniscamp."

„Seit zwanzig Jahren möchte ich Spanisch lernen. Aber wo soll ich die vier Wochen für einen Crash-Kurs hernehmen?"

Undsoweiterundsofort. Erkennen Sie sich wieder?

## V.

Diese Klagen haben ein gemeinsames doppeltes Grundmuster.

Erstens halten sich alle für einen besonders tragischen Sonderfall, sind aber Mitglied einer Mehrheit.

Zweitens glauben alle, sie könnten das, was sie in ihrem Leben vermissen, mit einer zeitlich begrenzten Gewaltanstrengung einbringen oder wieder zurückholen.

Die traurige Antwort ist: Sie können es nicht.

Allerdings ist es kein Wunder, daß sie so denken. Denn das normale Leben eines Managers ist keine feine Mischung, sondern eine sture Aneinanderreihung von Klumpen und Knödeln.

Zu jeder Zeit wird irgend etwas – und meist das gleiche – mit voller Kraft getan. Die Lokomotive rast auf einer einzigen Schiene dahin und schiebt mit ihrem Kuhfänger alles beiseite, was nicht unmittelbar mit dem gerade aktuellen Ziel zu tun hat. Während der Woche: Jetzt arbeite ich mit Gewalt. Während des Wochenendes: Jetzt entspanne ich mit Gewalt.

Während des Frühschoppens am Sonntag: Jetzt bin ich mit Gewalt lustig.

„*Das normale Leben eines Managers ist keine feine Mischung, sondern eine sture Aneinanderreihung von Klumpen und Knödeln.*“

## VI.

Alle feineren und anspruchsvollen Dinge, nach denen man Sehnsucht hat, werden an fiktive Kurse, Camps und Seminare delegiert – oder gleich an den viel zu kurzen Urlaub. Dort soll dann alles Platz haben – das Lesen, der Sport, die Kultur, die gezielt konsumierte Musik, die feinere Erotik, die Hobbies aller Art. Kurzum alles, was während des Jahres vermißt wird oder aus Zeitknappheit nicht stattfindet oder nicht funktioniert.

Daß es auch im Urlaub nicht funktioniert, zeigte eine erstklassige, bedrückende Titelgeschichte des „Spiegels“: „Wahnsinn Urlaub.“ In den Ferien steigt nicht das Wohlbefinden. Dort steigen vor allem die Scheidungsraten.

## VII.

Gehen wir hier der Ursache nach, warum es nicht funktionieren *kann.*

Der Grund dafür ist so simpel wie eine Brille, die man nicht findet, weil man sie auf der Nase trägt.

Er liegt schlicht darin, daß einer, der die schönen Dinge nur selten in Angriff nimmt, immer wieder von vorne anfangen muß. Das kostet unendlich viel Kraft. Eine Lokomotive, die den Zug aus dem Bahnhof beschleunigt, braucht 5000 PS. Um ihn in Bewegung zu halten, nur 50.

So ist das auch mit den schönen Dingen. Jeden Tag in Bewegung gehalten, kosten sie wenig Kraft und wenig Zeit. Für kurze Zeit aus dem Stand auf Höchstgeschwindigkeit gebracht, kosten sie mehr Kraft und Willensenergie, als man hat.

Wer im Urlaub – oder auf irgendeinem Camp, in irgendeinem Kurs – das aufholen will, was er Tag für Tag versäumt hat, scheitert. Camps und Kurse und Urlaube sind im Idealfall zur Verfeinerung da. Sie sind kein Ersatz für die ständige Betreuung.

VIII.

Schnitt. Übergang von der Diagnose zur Therapie. Nachdem die Knödel und Klumpen gescheitert sind, muß das Faschierte her. Es muß ein Weg gefunden werden, *alles Schöne in jeden Tag zu integrieren.*

Eine MISCHKUNST DES LEBENS muß her.
Das Leben als TÄGLICHES GESAMTKUNSTWERK.

*„Logischerweise gilt das Prinzip Alles-an-jedem-Tag nur dann, wenn die Portionen klein sind.“*

Es wird sich zeigen, daß dies zwar schwer, aber nicht unmöglich ist. Und daß man umfassend davon profitiert.

Logischerweise gilt das Prinzip Alles-an-jedem-Tag nur dann, wenn die Portionen klein sind,

All das, was man in Kursen, Seminaren und Urlauben konzentriert als Klumpen erledigt hätte, muß in homöopathischen Dosen in den Alltag geimpft werden.

Wobei das Wort Homöopathie hier glücklich gewählt ist. Denn so wie in dieser Heillehre die Gesundheit sich aus der infinitesimal kleinen Dosis der Medizinen ergibt, so profitieren auch die Aktivitäten von der kleinen Einheit.

Beispiele: Ein typisch untrainierter Manager, der in einem Trainingscamp alles aufholen will und eine Woche täglich drei Stunden Tennis spielt, hat ein enormes Verletzungsrisiko. Statt dessen täglich fünf Minuten wäre gesünder – und wahrscheinlich dem Zuwachs an sportlichem Können auch zuträglicher.

Wer in vier Wochen eines Crash-Kurses eine fremde Sprache lernen will, kann zwar tatsächlich erstaunlich weit kommen – aber es ist ein mörderisches Unterfangen, nahe der Hirnlähmung. Und es ist ein Preßluftwissen, das wahrscheinlich weniger sicher verankert ist als eine Fremdsprache, die man sich Tag für Tag, mit Wiederholung und nur zwei neuen Vokabeln und Idiome pro Tag (statt dreißig beim Crash-Kurs) aneignet.

Wer jeden Tag ein schnelles kleines Aquarell malt, ist nach einem Jahr natürlich weiter als einer, der eine Kurswoche lang zehn Bilder pro Tag pinselt.

Und wer wirklich jeden Tag Literatur liest, wird nicht nur eine größere Augen-Kondition erwerben als einer, der sich – des Denklesens ungeübt – einmal pro Jahr im Urlaub über einen Konsalik wirft und schon von diesem überfordert wird.

Beim Klavierspiel gilt die tägliche Übung ohnehin als *conditio sine qua non*, als unverzichtbarer Teil. Und was das Sexualleben betrifft, ist es wahrscheinlich befriedigender, jeden Tag ein wenig Zeit für den Partner zu haben, als ihn einmal im Jahr zu einem genau geplanten Zeitpunkt umzuwerfen.

Tatsächlich gibt es wahrscheinlich nichts, was man gerne im Leben hätte und täte, das durch die feine Aufteilung auf alle Tage nicht profitieren würde.

## IX.

Zu wissen, was man tun sollte, ist noch nicht die Tat selbst. Es gibt bei der Umsetzung drei Probleme.

ZEIT. KRAFT. WILLE.

Was die Zeit betrifft, sollte man brutal seine Schlafgewohnheiten ändern. Die meisten Menschen haben sich ein zu großes Schlafbedürfnis antrainiert. Für Erwachsene reichen fünf Stunden pro Nacht durchaus, günstig ergänzt durch eine halbe Stunde während der Mittagspause, auf der Tastatur des Computers oder den Unterarmen. Diese halbe Stunde ist soviel wert wie drei weitere Stunden in der Nacht. Diese halbe Stunde läßt sich trainieren, und wenn sie statt des fetten Schweinsbratens zu Mittag konsumiert wird, führt sie auch zu Verschlankungen, was wiederum mehr Energie bringt.

„*Was die Zeit betrifft, sollte man brutal seine Schlafgewohnheiten ändern.*“

Apropos Energie: Wer ein Kraftdefizit hat und sich der Mischkunst daher nicht gewachsen fühlt, hat einige Möglichkeiten, zu mehr PS zu kommen. Erstens, das TV-Gerät zu zertrümmern. Fernsehen führt zu einer Passivierung und Ermüdung, die nur schwer zu überwinden ist. Zweitens, ein wenig täglicher Sport. Es ist erwiesen, daß ein angeworfener Kreislauf die Lust und Kraft für Geistesarbeiten dramatisch erhöht.

> *„Die Schwierigkeit beim Lesen ist hoffentlich nicht das Lesen selbst, sondern der Weg zum Buch."*

Wille: Hier verweisen wir auf den Trick des blinden Beginnens, des wilden Hineinwerfens in die Materie. Die Schwierigkeit beispielsweise beim Lesen ist hoffentlich nicht das Lesen selbst, sondern der Weg zum Buch und das Aufschlagen der ersten Seite. Dann ist man ohnehin gefangengenommen, eine freiwillige Geisel der köstlichen Literatur. Sinngemäß gilt der Trick auch für alle anderen Tätigkeiten.

So müßte es gelingen, zu einem runderen, glücklicheren und in Folge noch erfolgreicheren Leben zu kommen.

Der Autor selbst jedenfalls nimmt einen abermaligen Anlauf, dieses Gesamtkunstwerkmodell zu bewältigen, mit einer neuen Waffe im Köcher, der *Disziplin*.

Die drei Essays *Vom Glück als Räuberleiter zum Erfolg* wurden immerhin glücklich ans Ende gebracht.

# Was Politiker von Managern lernen können

Einige Anregungen zur Auswahl

## 1. Teil: Warum Politikerbeschimpfung erholsam und töricht ist

*„Für 'n Politiker faß ich mich nich an' Hintern!"*
(Arno Schmidt)

Es ist wahrscheinlich medizinisch erholsam, über Politiker herzufallen. Es gibt kaum einen Denker, der sich die Chance entgehen ließ, durch Schmähung dieses Standes psychosomatisch gesünder zu werden. Für Gustave Flaubert war es „bedauerlich, daß die Demokraten so erbärmlich und die Republikaner so dumm sind". Für Ambrose Bierce hat der „Aal im Grundschlamm im Vergleich mit dem Staatsmann den Nachteil, noch zu leben". Für Walter Serner ist ein Politiker „nicht bloß kein Genießer, sondern fast immer auch irgendwie ein Krüppel". „Sie verjauchen alles rhetorisch vom Pfingstwunder bis zur Apokalypse", sagte Gottfried Benn. Und der Modephilosoph Peter Sloterdijk hält sie für „Menschen, die sich aus Konkurrenz um Entbehrlichkeiten gegenseitig die Köpfe einschlagen".

*„Sie verjauchen alles rhetorisch vom Pfingstwunder bis zur Apokalypse."*

Das alles ist gar nicht übel. Es wurde mit Sorgfalt formuliert und mit Umsicht vorgetragen. Meist hatte der Erfinder des Spruches eine Freude beim Erfinden und der Leser eine Freude beim Lesen. So ist allen geholfen, wenn man von den Politikern absieht, diesen „Gauklern, die uns glauben machen wollen, daß sie klar sehen". (Michael Serres)

Wirklich nett ist noch nie jemand mit den Politikern umgesprungen. Und wenn sie einmal verhältnismäßig gut ausstiegen, dann nur, weil man jemanden anderen noch mehr schmähen wollte, wie bei Karl Kraus, dem die Politiker zwar zuwider, die Bürger aber noch widerlicher waren: „Gäbe es keine Politik, so hätte der Bürger bloß sein Innenleben, also nichts, was ihn ausfüllen könnte."

Sehr witzig das alles.

Und irgendwie auch ein bißchen dumm.

Denn wenn wir in den sogenannten zivilisierten und entwickelten westlichen Demokratien unsere Staatsverfassungen anschauen, sind die

Politiker *wir alle*. Es ist das innere Wesen einer repräsentativen Demokratie, daß die Parlamentarier – und auf indirektem Weg die Minister und Staatssekretäre – unsere Ebenbilder sind. Wir haben sie gewählt, damit sie uns *repräsentativ* vertreten.

Ich habe zwar selbst wiederholt Klage geführt, daß wir diesen Gedanken zu perfekt vollzogen haben. Meiner Ansicht nach wäre es gar nicht notwendig gewesen, den fairen Anteil an Dumpfgummis, den wir im Volk haben, maßstabsgetreu ins Parlament zu verpflanzen. Aber jetzt, da es geschehen ist, müssen wir damit leben.

Konsequenterweise auch damit, daß jeder Wirrkopf und jeder schwer vermittelbare Sozialfall, der in der Politik die Fäden ziehen darf, ein Spiegelbild unserer Gesamtheit und letzten Endes von uns selbst ist.

Politikerbeschimpfung ist daher Selbstbeschimpfung, ist Masochismus, und zwar gleich ein doppelter. Denn so erleichternd es von Zeit zu Zeit sein mag, die Politiker zu verhöhnen, so müßte unser größtes Interesse doch darin liegen, daß die Staatsgeschäfte ordentlich geführt werden. Vor die Wahl gestellt, ob ich einen Politikerwitz oder gute Straßen, Licht und Wärme, funktionierende Schulen und eine gute Rechtssprechung vorziehe, liegt die Antwort auf der Hand.

Was ist daraus zu schließen? Meine Antwort wäre früher gewesen: Die Neidgesellschaft soll ihnen endlich mehr Geld geben – dann würden wir bessere Politiker bekommen. Da ich dafür aber den gleichen Hohn erntete wie beispielsweise für den Vorschlag, den Volksschullehrern das gleiche Gehalt zu zahlen wie den Hochschullehrern, sehe ich das mittlerweile als unrealistisch an.

Bleibt also nur, aus dem Bestehenden das Beste zu machen. Das heißt: Nach Maßgabe aller Kräfte ihnen zu helfen, besser zu werden.

## 2. Teil: Von den Möglichkeiten, die Lücken der Politiker zu plombieren

» *Politikerverbesserung ist ein weites Feld, da die Herrschaften mehr Lücken als Zähne haben.* «

Politikerverbesserung: Das ist ein weites Feld, da die Herrschaften oft mehr Lücken als Zähne haben. Sie bringen für ihr Geschäft in der modernen Informationsgesellschaft oft erstaunlich wenig Fähigkeiten mit. Ihre Kommunikationsfähigkeit beispielsweise ist begrenzt.

Ein ungünstiges berufliches Schicksal brachte mich jung in die Nähe der Mächtigen. Seit 25 Jahren mache ich Vieraugeninterviews und höre offizielle Reden. Ergebnis: oft reine Vergiftung im Falle der Politiker, oft reines Vergnügen im Falle der Topmanager. Würde ich 100 Freunde haben – was mir Anlage und Beruf nicht gestatten – wären zirka 95 davon Manager und Unternehmer, maximal 5 Politiker. Gerade sie, die gleich Perikles nicht nur Baumeister, sondern Visionäre sein sollten, erwiesen sich als besonders anregungslose Langweiler, lebende Leichen: fröhlich, couragiert und einfallsreich wohl nur unter ihresgleichen am Stammtisch.

„Gerade sie, die gleich Perikles nicht nur Baumeister, sondern Visionäre sein sollten, erweisen sich als besonders anregungslose Langweiler."

Ich will nicht den Fehler der Politikerbeschimpfung fortsetzen, doch komme ich mehr und mehr zur Auffassung, daß die Topmanager gerade jene Fähigkeiten reichlich haben, an denen die Politiker arm sind. Und zwar nicht, weil die Haie des Geschäftslebens ex ovo schneidiger veranlagt wären, sondern weil ihnen der köstliche, mörderische, freie Wettbewerb täglich die Rechnung präsentiert. Für sie ist das Bleiwestentraining nicht eine Sache der Wahlzeiten, sondern eine des Alltags. Für sie ist beispielsweise die Fähigkeit der kurzen, klaren und bildhaften Sprache nichts Besonderes. Sie ist eines von vielen Werkzeugen, um zu überleben und zu siegen. Sie verstehen alles von Motivation, von Feedback – und von *public relations,* um einen der wichtigsten Erfolgsfaktoren zu nennen. Als ein mir gut bekannter Generaldirektor eine neue, große Firma übernahm, führte er in den ersten drei Monaten jeden Tag ein schlaues Gespräch mit Journalisten. Da er ein charmanter Plauderer und guter Zuhörer ist, hatte er 100 *Kommunikatoren* und *Opinion-leaders* positiv befangen gemacht. Unter den wirklich guten Wirtschaftsleuten ist das eine *Übung,* unter den Politikern eine *Ausnahme.*

Anderes Beispiel, und das für mich eindrucksvollste: Ich habe mit berühmten ausländischen Wirtschaftsbossen gesprochen. Sie sprachen mit größter Hochachtung von ihrer Konkurrenz. Alle verwiesen wiederholt auf eindrucksvolle Leistungen und Produkte ihrer Gegner, die ihnen, wie sie zugaben, von Zeit zu Zeit eine Nasenlänge voraus waren. Das war eindrucksvoll. Es war sympathisch. Und es gab den Sätzen, in denen sie ihre eigene Firma rühmten, eine hohe Glaubwürdigkeit. Die logische, daran anknüpfende Frage: Wann hat das zuletzt ein österreichischer Politiker getan? Ich würde jenem meine Stimme geben, dem wenigstens einmal der folgende Satz gelänge: *Ich habe für dieses Problem eine Idee gehabt. Sie war gut. Mein Gegner hat eine andere Idee gehabt. Sie ist leider besser. Ich werde sie unterstützen, denn letzten Endes geht es darum, daß dem Land gedient ist.*

Kehren wir aus den Träumen zurück zur grausamen Wirklichkeit. Das Leben lehrt, daß die Gescheiten gescheiter, die Dummen dümmer werden. Die Erfolgreichen werden erfolgreicher, die Erfolglosen erfolg-

*„Das Leben lehrt, daß die Gescheiten gescheiter, die Dummen dümmer werden."*

loser. Die Fähigen werden fähiger, die Unfähigen unfähiger. Ist es ein Zufall, daß man in Fortbildungsseminaren jene trifft, die schon fortgeschritten sind? In Rhetorikseminaren blendende Redner? In Englischseminaren meist Leute, die schon *hole* und *whole* unterscheiden können? Und daß man in all den herrlichen Wie-gewinne-ich-Herzen-Seminaren und Wie-erbe-ich-richtig-Seminaren charmante und wohlhabende Manager antrifft – und keinen einzigen Politiker?

An dieser Stelle kommt wie Donner nach dem Blitz die Anmerkung, politischer Erfolg sei doch eine Sache des Charismas. Das ist gar nicht dumm und hat schon seine Berechtigung. Doch das Charisma selbst ist niemals ein leerer Luftballon, sondern wird erst bei Menschen flügge, die mit dem Helium der sogenannten Zivilisationstechniken gefüllt sind – all dem, was den Umgang mit Mitmenschen leichter macht. Dies aber ist auch das wesentliche Geheimnis aller modernen Unternehmensführer. Und so ist es im Kreisschluß auch nicht verwunderlich, daß man sich die wesentlichen politischen Talente dieses Landes recht gut als Vorstandsvorsitzende oder doch wenigstens Aufsichtsratspräsidenten gut beleumundeter Firmen vorstellen könnte.

Das Feld der Techniken ist groß. Es verwirrt und entmutigt vielleicht einen jungen Politiker, der sich verbessern will.

Daher möchte ich einen Buchtip als Einstieg geben. Nach zirka 1000 erbärmlichen, teuren Managementbüchern, die nichts waren als ein Anschlag auf die Brieftasche und den guten Geschmack, ist mir ein Bestseller ans Herz gewachsen. Er wurde von Tom Peters und Robert Waterman geschrieben und heißt „Auf der Suche nach Spitzenleistungen". Dort ist unter anderem von der wortgerechten Tat die Rede und von den Werten, die von oben vorgelebt werden.

Obgleich für Manager geschrieben, ist es Seite für Seite gleicherweise nützlich für jeden unserer Politiker.

Einer, der daraus keine Anregungen entnähme – für den, so wie Arno Schmidt, griffe ich mir nich' an den Hintern.

# Warum die Top 500 tapferer sein müssen als die Tiny 500

Alle Unternehmer, ob groß oder klein, sind das Salz der Erde. Doch die neuen Trends müssen vor allem die Riesen verkraften – die Kleinen fahren im Windschatten mit.

*„Geld: Der Punkt, den Archimedes suchte, um die Welt aus den Angeln zu heben."*
(Bloor Schleppey)

## I.

Um die Weltwirtschaft aus den Angeln heben zu können, braucht man höhere Finanzkraft als je zuvor.

Alle erkennbaren globalen Veränderungen – wie die Unternehmen und Märkte ineinandergreifen werden – weisen darauf hin.

Stärkere Finanzkraft haben in der Regel die großen Unternehmen. Jeder von uns kennt wahrscheinlich eine positive Ausnahme (Davidfirma mit Goliathkapital) und mehrere negative Ausnahmen (dicker Anzug, leere Säckel), doch bestätigen diese nur die Regel.

Es sind die ganz Großen, die jene schiere Kapitalpower haben, um im wilden Verschiebebahnhof der Weltwirtschaft große Rollen zu spielen. Sie allein können Lokomotiven sein; die Kleinen in ihrem Windschatten sind nur die Waggons.

*„Es sind die ganz Großen, die jene schiere Kapitalpower haben, um im wilden Verschiebebahnhof der Weltwirtschaft große Rollen zu spielen."*

Das ist keine Abwertung der Kleinen. Das liegt nicht daran, daß ihr Freiheitsdrang, ihre Risikobereitschaft und ihr Einfallsreichtum weniger bewunderungswürdig wären. Es liegt nur in der besonderen Art der Veränderungen, die zu erwarten sind. Sie werden erstmals, auch im geographischen Sinne, alle Grenzen sprengen.

Die großen Veränderungen sind keine Zukunftsprognosen, sondern Gegenwartsanalyse. Ihre Existenz ist nicht nur keine Frage der Zeit, sondern überhaupt keine Frage mehr.

Jeder kundige Manager, der von den Veränderungen hört, wird wissend nicken. Aber nur wenige haben für sich und ihre Firma daraus Schlüsse gezogen und schon konkret reagiert.

Was sind das für Keime, die schon jetzt im Organismus unserer Ökonomie schlummern und demnächst munter werden, wachsen und blühen?

II.

*Die endgültige Integration der Blöcke:* Die Weltwirtschaft war amerikanisch dominiert. Sie ist es durch schiere Ausstrahlung von Wohlstand, Wallstreet, Marktgröße und Dollar immer noch. Doch die Amerikaner mußten zum ersten Mal reagieren, als europäische Nachkriegsstaaten wieder zu Wirtschaftsgrößen wurden. Vor allem die Bundesrepublik Deutschland, auch Frankreich und Thatcher-England räumten beherzt den Kriegsschutt weg und erfingen sich rascher als erwartet (und als vielen lieb war). Die flinken und flexiblen Amerikaner reagierten schnell und pragmatisch. Die Kernländer des alten Kontinents, später der ganze, mußten in das westliche Wirtschaftssystem zuverlässig und unentrinnbar eingebunden werden. US-Multis wie IBM und Ford spielten dabei Mr. Superkleber, den Rest machten bikontinentale Vereinbarungen. Diese funktionierten gut, eine halbwegs vernünftige Zusammenarbeit war leicht. Es handelte sich um zwei vergleichbare Kulturkreise. Der eine, Europa, älter und feiner und langsamer, der andere, Amerika, jünger und gröber und schneller. Doch der genetische Kern zeigte die gleichen Erblinien: Es gab ein Grundverständnis für Moral und Handlung.

*„USA und Europa können nicht innig im Konzerthaus spielen, wenn die Asiaten am angrenzenden Heumarkt ihr lautes Lied singen."*

Jetzt, mit zunehmendem Selbstbewußtsein der EU und dem unüberhörbaren Ruf eines dritten Blocks, der lose rund um Japan organisierten Asiaten, ist die duale Symphonie irritiert, USA und Europa können nicht innig im Konzerthaus spielen, wenn die Asiaten am angrenzenden Heumarkt ihr lautes Lied singen. Folge: Japan wurde eingebunden in die westliche Spielgemeinschaft.

Allerdings: Wenn es in Integrationen Dissonanzen gibt, gibt es schnell primitiven Protektionismus. Protektionismus ist immer schlecht. Protektionismus ist Abschottung. Protektionismus ist *die* Bremse von Fortschritt und Innovation. Und sie ist ein beliebtes Mittel meist wirtschaftsunkundiger Politiker, um mit primitivem Wahlstimmenfang die nächstfolgenden Wahlen zu gewinnen.

In dieser Blocksymphonie der Großen kommt den Politikern wieder größere Macht zu. Sie zum Richtigen anzuleiten, kann ein Unternehmen nicht groß und mächtig genug sein. Wobei man sich da hinsichtlich Österreichs Position keine Schwachheiten einbilden darf. Um so wichtiger unsere Mitsprache in Brüssel.

Wirtschaftslobbyistisch muß getan werden, was man kann – und die größeren Firmen können hier mehr als die kleineren.

III.

*Die einzelwirtschaftlichen Entscheidungen:* Auch sie werden globaler. Auch sie erfordern meist Größe und Finanzkraft.

Beispiele:

• Zunahme der globalen Firmenallianzen: Kleinbeteiligungen, Jointventures, Forschungskonsortien, Marketingkonsortien, Projektbeteiligungen, kreuzweises Patentieren.

• Die steigende Notwendigkeit, in fremden Ländern zu produzieren, um Sympathien zu gewinnen und Währungsängste zu verlieren.

• Ausufernde Forschungsverflechtungen. Der britische „Economist" schrieb: Nicht einmal eine große Firma wird heute mit den eigenen Labors satt – Pharmazeuten müssen sich mit Genetikern paaren, die große IBM mit kleinen Software-Boutiquen."

• Radikale Umstrukturierung: Die Arbeit muß, nur ein Beispiel von vielen, dorthin gebracht werden, wo die Arbeiter sind – weg vom Zentrum, hinaus in die Außenbezirke. Das gilt vor allem für jede Büroarbeit. Sie wird durch bessere Kommunikationsmöglichkeiten (Fax, vernetzte PCs, digitale Fernübertragung) möglich und durch den kollapsnahen Berufsverkehr bald schon zwingend notwendig.

„ *Pharmazeuten müssen sich mit Genetikern paaren, die große IBM mit kleinen Software-Boutiquen.* "

IV.

Der extreme Finanzbedarf all dessen ist zunächst nur den Großen möglich, den Kleinen nicht.

Heißt das also Niedergeschlagenheit, Resignation und Hoffnungslosigkeit für jene, die nicht einmal in trends Top 500 des kleinen Österreich aufscheinen?

Keineswegs: Die Wirtschaftsgeschichte lehrt, daß den Kleinen gar nichts Besseres passieren kann, als daß die Großen lebhaft des Weges ziehen. Wenn die Elefanten ihre stämmigen Beine schwingen und großmächtig mit ihren Rüsseln trompeten, fällt wunderbarer Mist an, den tüchtige Kolibris zu reinem Gold machen. Und sehr oft geht 's den Kolibris dann besser als den Rüsseltieren.

Die Nationalökonomen nennen das „Marktnischenpolitik unterdurchschnittlich dimensionierter Unternehmenseinheiten". Im übrigen wird es interessant sein, ob die wirkliche Hypermacht dieser Tage, das Internet, eher den Kleinen oder den Großen nützt.

Momentan, nach dem ersten großen Zusammenbruch der New-Economy-Börsen, wird die Frage noch ganz anders gestellt: Ob überhaupt jemand, groß oder klein, mit E-Business je das große Geschäft machen wird.

# Eleganz als Größe

Eine häßliche Großfirma wirkt ganz schön klein.

*„Erfolg verbessert den Charakter."*
(William Somerset Maugham)

I.

Maugham konnte vieles besser als andere. Er porträtierte besser, erzählte besser und hat in seinen Theaterstücken („Julia"), Romanen („Der Menschen Hörigkeit") und Short stories keine einzige langweilige Zeile geschrieben. Sein Geheimnis waren erfrischende Dialoge und eine trügerisch einfache Sprache.

Wahrscheinlich war er auch ein großer Denker. Sicher ist es nicht. Sein Lieblingssatz „Erfolg verbessert den Charakter" ist zumindest kriminell vereinfachend.

Als Wirtschaftsjournalist, der seit Jahrzehnten Erfolgreiche beobachtet, würde man nur zögernd zustimmen. In unserer Leistungsgesellschaft sind Größe und Erfolg keineswegs grundsätzlich mit Charakter und Attraktivität verbunden.

Viele Menschen wurden mit dem Erfolg unangenehm. Politiker wie Kreisky und Kohl wurden selbstgerecht. Unternehmer wie Hilton und Getty wurden mit dem Erfolg noch geiziger als vorher.

*„Politiker wie Kreisky und Kohl wurden selbstgerecht. Unternehmer wie Hilton und Getty wurden mit dem Erfolg noch geiziger als vorher."*

Doch nicht nur für Menschen, auch für Firmen gilt: Erfolg, Größe, Charakter und Attraktivität hängen nicht zwingend zusammen.

Die Frage ist nur, was man bei einem Unternehmen darunter verstehen soll. Wahrscheinlich die innere und äußere Schönheit.

## II. Innere Schönheit

Über die innere Schönheit wird ziemlich oft nachgedacht. Man nennt sie Ethik. Das Bild ist uneinheitlich. Pessimismus ist so unangebracht wie Jubel.

Einerseits sind die Unternehmen ungleich humaner als früher. Kein Vergleich zur industriellen Revolution und ihrer unmenschlichen Ausbeutung der Arbeitskräfte. Nur unbelehrbare, oft erstaunlich weltfremde Links-Eiferer und Grün-Fundis können übersehen, daß alles besser wurde: die innere Würde, die ökologische Verantwortung, die wachsende Erkenntnis, daß Anstand und Gewinn kein Widerspruch sind.

Unübersehbar beispielsweise die Fortschritte in den früher machtrauschigen und kritischen Bereichen wie Mineralöl, Chemie und Pharmazie. Beim Öl hat sich seit der selbstherrlichen Hoch-Zeit der „sieben Schwestern" viel getan. Chemie und Pharmazie sind nicht erst seit dem Skandal und PR-Debakel von Sandoz (Verschmutzung des Rheins bei Basel) auf einem guten ethischen Weg. Abgesehen davon, daß ihnen traditionell eine fundamentale Ungerechtigkeit widerfährt: Die vielen tollen Produkte, die lebenserleichternd und schmerzlindernd wirken, werden als selbstverständlich geduldet, die ärgerlichen Ausreißer mit gnadenloser Verallgemeinerung gegeißelt.

Negativ ist allerdings die Ungewißheit, wieviel von der höheren Ethik echter Einsicht oder dem Druck von außen entsprang. Und die Gewißheit, daß die Ethik mit der Konjunktur schwankt. Wobei extreme Haussen so gefährlich sind wie extreme Baissen. Im ersten Fall ist eine Art Goldrausch die Gefahr – wie in den achtziger Jahren, dem „Jahrzehnt der Gier". Im anderen Fall ist es Nervosität. Wer um sich schlägt, kann niemanden umarmen.

*„Auch Shareholder-value ist keine Schwarzweißsache. Er ist langfristig unentbehrlich, kurzfristig manchmal kontraproduktiv."*

Besonders peinlich geführt wurde die Ethik-Diskussion um den wirtschaftlichen Modebegriff „Shareholder-value". Unaufgeklärte politische Funktionäre und allzu geradlinige Unternehmer wurden zu dümmlichen Polen eines Streits. Auch Shareholder-value ist keine Schwarzweißsache. Er ist langfristig unentbehrlich, kurzfristig manchmal kontraproduktiv. Manager, denen nichts anderes einfällt als Entlassungen und Kostensenkungen bis zur völligen Aufgabe von Forschung & Entwicklung, retten sich zwar über den nächsten Quartalsbericht und werden oft von ahnungslos-verblödeten Aufsichtsräten und Aktionären gefeiert, ruinieren aber kurzfristig die Arbeitslosenstatistik und mittelfristig das Unternehmen.

Gottlob gibt es zahllose, weitaus ethischere Gegenbeispiele allein im deutschsprachigen Raum, die vorwiegend auf eine Offensive des Geistes setzten: Wiedeking rettete Porsche, Anfang der neunziger Jahre ein Übernahmefall, in erster Linie durch Innovationen und Reformen in jedem Eck. Blümlein (IWC & Jaeger-Le Coultre) schuf in schwieriger Zeit offensiv das deutsche Traditionshaus „Lange" neu und auf Anhieb den meistdiskutierten Spitzen-Chronometer „Lange l". Die deutsche Softwareschmiede SAP faszinierte weltweit durch ihren globalen Flächenbrand an genialer betriebswirtschaftlicher Software. In Österreich stockt Kotauczeks „Beko" permanent die Anzahl der Mitarbeiter auf – wie übrigens auch alle kreativen Unternehmen aus Gewerbe, Handwerk und Dienstleistung, die jährlich von trend/Bank Austria/Wirtschaftskammer als „Trio des Jahres“ ausgezeichnet werden.

Wirksame Ethik geht oft mit Innovationsgeist einher.

## III. Die äußere Schönheit

Ihre Bedeutung wird unterschätzt. Offenbar hält man sie für Luxus. Als Thema ist sie nicht wirklich präsent. Wahrscheinlich scheint sie zu primitiv und oberflächlich. Dabei ist sie unendlich komplex.

Die äußere Schönheit einer Firma hat viele Facetten, beispielsweise diese:

• Die Darstellung der Botschaften, im engeren Sinn die Werbung. Es ist undenkbar, in Benetton, Budweiser und Guinness muffige Unternehmen zu sehen. Seit dem m. E. glänzenden Audi-Spot mit Andre Kostolany würde ich wohl lieber einen Audi kaufen als von Persil die Megapearls. Und die Firma Wolford, insgesamt ästhetisch staubfrei, verdankt einen Teil des Erfolgs ihrer einzigartigen Event-Kultur.

• Die Darstellung der Kunstnähe. Wird immer noch unterschätzt. Erstaunlich nicht nur, weil alles Schöpferische „das Wesentliche unseres Lebens ist“, wie Nobelpreisträger Iossif A. Brodski schrieb. Es ist mittlerweile auch wirtschaftlich bedeutend. Weltweit wachsen die kulturbezogenen Jobs schneller als selbst jene der Telekom-Industrie, in einzelnen Ländern bis zu 40 Prozent pro Jahr. Vorbildliche Kunstsponsoren, wie beispielsweise AT & S, Merkur-Versicherung, IBM, Hatschek/Eternit (eines der besten Fotokunstbücher by Lammerhuber) und die meisten Banken fahren daher auf dem richtigen Dampfer.

> *„Weltweit wachsen die kulturbezogenen Jobs schneller als selbst jene der Telekom-Industrie.“*

• Die körperliche Darstellung, die weit über das hinausgeht, was in kleinmütigen Seminaren als *Corporate identity* gelobt wird: Es gibt längst Wichtigeres als die hoffentlich selbstverständliche Hochkultur in Briefpapier, Visitenkarten und ordentlichen Web-Sites. Immer wichtiger wird beispielsweise die Architektur. Durch ihre Öffentlichkeit entgeht man ihr nicht. Spätere Generationen werden daher jedes Unternehmen vom Markt pfeifen, das mit uninteressanten Gebäuden das Auge verletzt (und mit schlechten Büros die Würde der ergonomischen Arbeit). Manchmal wird gute Architektur direkt zum Geschäftserfolg (Reiss-Bar von Coop-Himmelblau, Benes Bau by Laurids Ortner oder die Guggenheim-Buildings in New York und Bilbao von Frank Lloyd Wright und Frank O. Gehry). Meist ist die Rendite guter Architektur zwar fühlbar, doch schwierig abzuschätzen: Coop-Himmelblaus Dach-

*„Was bringen dem ORF die von Peichl entworfenen Firmengebäude?“*

ausbau brachte der Firma Schuppich jene Publicity, die sie als Rechtsanwaltsbüro sonst standesrechtlich nie hätte suchen dürfen. Der Wert ist allerdings unrechenbar. Was genau bringen dem ORF die von Peichl entworfene Firmengebäude? Was Agip eine neuartig gezeichnete Tankstelle von Schimek? Und brachte Chryslers Pyramide den Mitarbeitern wirklich pharaonische Kreativität? Wahrscheinlich ja – aber wieviel und wie schnell, wissen wir nicht.

# Kreativität und Zufriedenheit

Anspruchsvoll und schöpferisch zu leben ist vielleicht das einzige Mittel, mit dem Phänomen ZEIT zu Rande zu kommen. Die Chinesen glauben gar, man könne damit die Todesfurcht besiegen.

*„Jetzt, mit 70 Jahren, begreife ich, daß nur die schöpferischen Momente wirklich zählten. Alles andere war Beiwerk."*
(Anselm Feuerbach)

Kreativ zu sein mag der geheime Auftrag sein. Ein fernes Lied summt in uns und bittet, die Dinge weiterzuführen. Daher diese eigenartige Zufriedenheit, wenn wir Neues gestalten.

Dazu ist keine Feder notwendig wie im Falle Feuerbachs, kein Spinett wie im Falle Mozarts und kein Steinmetzmeißel wie im Falle des Bildhauers Wotruba. Kreativ ist jedes gute Gespräch, da wir Sprechlernende sind. Der Partner kann gar nicht anspruchsvoll genug sein. Kreativ ist jede ins Höhere führende Lektüre, da wir Sehlernende sind. Die Lektüre (oder Musik oder darstellende Kunst) kann gar nicht anspruchsvoll genug sein. Kreativ ist vor allem jede Bemühung um Niedagewesenes, selbst ein in Worten nicht faßbarer kühner „Gedanke ohne Spur und ohne Geschwister", wie Joseph Roth in seinem Roman „Flucht ohne Ende" schrieb.

Gerettet jeder, der mit Glück in den Sog des Schöpferischen kam; der jemals in den Stand der Lust geriet, die Dinge nach eigenem zu formen – und seien sie noch so klein und alltäglich.

*„Gerettet jeder, der mit Glück in den Sog des Schöpferischen kam; der jemals in den Stand der Lust geriet, die Dinge nach eigenem zu formen."*

Ich sage: mit Glück. Nur wenig ist so verachtenswert wie Künstler, die auf die sogenannten Nichtkünstler herabschauen. Die Künstler – Sammelbegriff für die schöpferisch Tätigen – sind nicht durch eigenes Verdienst in ein gestaltendes Leben eingetreten. Ein Bündel von Zufällen warf sie in die schöne Bahn.

Alles in unserer Existenz wird durch Genetik, Jugendmilieu und durch Unwägbarkeiten von oft grotesker Gestalt bestimmt. Selbst der eigene Wille ist – konsequent durchdacht – nicht ausschließlich eigene Sache. Er wird gefördert und gebremst durch fremde Einflüsse. Auch seine Ausformung ist beeinflußt durch Erbstruktur, Kindheitstraumata und Kindheitsfreuden, durch erste Lieben und erste Karrieren, durch die Ebben und Fluten der Zeit, in der man lebt, und die äußeren wie inneren Temperaturen des Landes.

*„Wahrscheinlich hatte Cäsar recht, wenn er sagte: ‚Ab Vierzig ist jeder für sein Gesicht selbst verantwortlich.' "*

Dennoch: Je älter einer wird, desto höher ist seine Chance, die äußeren Einflüsse abzuwerfen und den eigenen Willen aufzubauen. Wahrscheinlich hatte Cäsar recht, wenn er sagte: „Ab Vierzig ist jeder für sein Gesicht selbst verantwortlich."

Sagen wir daher: Ab Vierzig ist auch jeder für seine Kreativität verantwortlich.

Was hat das mit Zeit zu tun?

Der Segen eines schöpferischen Lebens ist an die Spitze der Wünsche zu stellen. Denn er allein garantiert, wenn auch immer nur auf kurze Zeit, den Sieg über das irrlichterndste und eigentlich grauenvollste Phänomen, die Zeit.

Der Kreative verliert im Moment des Hervorbringens jedwedes Gefühl für Zeit. Die Erfahrungen aller schöpferisch Tätigen stimmen darin überein. Der Schaffensprozeß demütigt die Uhren, verbiegt die Zeiger. Die Metronome des Lebens sind ausgeschaltet. Die aufsteigenden Kräfte und Säfte schalten auch normale Begehrlichkeiten aus. Selbst angeblich lebensnotwendige Tätigkeiten unterbleiben.

Der Maler Monet, sonst kein Kostverächter, hat nichts gegessen, wenn ihm sein Seerosenteich in neuem Licht erschien. Egon Friedell, der große Philosoph und Schläfer, hat nicht geschlafen, wenn ihm eine neue Teiltheorie zur „Kulturgeschichte der Neuzeit" einfiel. Selbst dem Joseph Roth, der seine „Legende vom heiligen Trinker" mit Recht auf sich münzte, wurde der Wein im Glas schal, wenn er in seinem Pariser Exil wie wild schrieb, von einem Einfall mitgerissen. Und jeder Bildhauer, notwendig kräftig von Gestalt und von sinnlicher Seele, läßt sein herrliches Weib links liegen, wenn es an die Vollendung des Werkes geht – und wenn eine Frau die Skulpturen macht, läßt sie ihren Mann sozusagen im Regen stehen.

Hier ordnet sich jeder herkömmliche Urtrieb dem urigsten aller Triebe unter: dem schöpferischen.

Oberflächlich gesehen ist dies ein Sieg über menschliche Elemente. Der eigentliche Sieg ist aber der über das unmenschlichste Element: die Zeit.

Dies läßt sich sogar physikalisch, quasi medizinisch nachweisen. Während des schöpferischen Prozesses fühlt der Kreative eine ungewöhnliche, komfortable Wärme. Schlampige Mundatmer haben wie Kinder die Zunge zwischen den Lippen und schnaufen begeistert durch die Nase. Kettenrauchern brennt die Zigarette im Aschenbecher bis auf den Filter ab, ehe sie einen zweiten Zug machen.

Oft bricht die Nacht herein, ehe es der Schöpfende bemerkt, und dann noch der Morgen. Die Zeit ist aufgehoben – ein gespenstischer Prozeß.

Kreativsein ist ein Sieg über die Zeit. Eigentlich ist es ein Sieg über den Tod.

Der Tod gewinnt seinen Schrecken nur durch die Angst vor ihm. Diese erwächst aus dem Gefühl der Vergänglichkeit. Und dieses Gefühl wiederum ist ohne Zeitbewußtsein nicht denkbar.

Vielleicht liegt es daran, daß der Kreative diese innere Wärme und Ruhe verspürt – endlich abgekoppelt zu sein von dem immer lauernden Phänomen des *memento mori,* der Erinnerung an die Sterblichkeit.

Diese Befreiung ist sensationell, freilich auch begrenzt. Sie will immer wieder verdient sein. Denn wie im Verkehr der Geschlechter gibt es auch hier am Ende des Zeugungsaktes *la petite mort,* den kleinen Tod, diese leichte Depression, hervorgerufen durch den Wegfall der Spannungen.

Hier taucht übrigens ein Rätsel auf, das nichts mit dem Thema Zeit zu tun hat: die begrenzte Lernfähigkeit des Menschen. Die Zeugungsakte aller Art müßten eigentlich dank ihrer normalerweise großen Freuden eine Art Droge sein. Sucht und Konsum müßten steigen. Dennoch wird dem aktiven Geschlechtsverkehr oft das passive Fernsehen vorgezogen und der aktiven schöpferischen Betätigung der passive Konsum von Werken anderer. Die Soziologen haben bisher für dieses Phänomen m. E. nur unzureichende Erklärungen geboten.

*„Kreativsein ist ein Sieg über die Zeit. Eigentlich ist es ein Sieg über den Tod."*

Im Zuge meiner Überlegungen habe ich zu einer „Zeit-Klumpen-Theorie" gefunden. Sie geht davon aus, daß wir uns das Leben, das Jahr, die Woche und den Tag falsch einteilen.

Für die höchstmögliche Lebensqualität ist jeder verloren, der nach den vier folgenden Sätzen lebt:

- „Ich arbeite und opfere bis zur Pension, dann genieße ich die Früchte."
- „Ich arbeite und opfere bis zum Urlaub, dann genieße ich."
- „Ich arbeite und opfere bis zum Wochenende, dann genieße ich."
- „Ich arbeite und opfere bis zum Abend, dann genieße ich."

Zwar sind Fortschritte vom ersten zum vierten Satz hin erkennbar. Aber den „Weg als Ziel" verwirklicht auch jener nicht, der den ganzen Tag blind und fremdbestimmt dahinarbeitet und glaubt, am Abend alles nachholen zu können, was die Straße des Lebens mit Jade pflastert.

Ideal ist ein Beruf, der mit den innersten Interessen deckungsgleich ist. So was ist schwer zu kriegen, wird allerdings in vielen Fällen auch nur schlampig gesucht.

Im üblichen Fall eines Berufs, der mit gewissem Arbeitsleid und hoher Fremdbestimmung verbunden ist, hilft nur eine trickreiche Infiltrierung. Dann geht es darum, den Tag möglichst oft mit „Freizeit-Inseln" zu impfen.

» *Je höher einer in der Hierarchie steht, desto leichter wird es ihm fallen, immer wieder glaubhaft für zehn Minuten unerreichbar zu sein.* «

Je höher einer in der Hierarchie steht, desto leichter wird es ihm fallen, immer wieder glaubhaft für zehn Minuten unabkömmlich und unerreichbar zu sein. In dieser Zeit läßt sich viel Schönes unterbringen – ein Stück indonesischer Gamelanmusik, ein Gedicht von Wystan Hugh Auden, ein handgeschriebener Brief, ein kleines Aquarell.

Lächerlich jeder, der hohe Disziplin für oft harte Arbeit aufbringt, aber keinerlei Disziplin für die schönen Dinge des Lebens, die zu innerem Frieden und einem Sieg über die Zeit führen.

# Die Marie und die Moral

Ein Exkurs über Geld und Gott, dargestellt anhand der Unternehmerpersönlichkeiten Hartlauer und Essl.

*„Ich stelle eigentlich nur eine moralische Forderung an die Menschheit, aber eine ziemlich strenge: daß sie mich lieben soll.“*
(Lars Gustafsson)

***Vorwort zu diesem Kapitel:*** *Für das Thema wurde ein Essay herangezogen, der für das Kirchenmagazin „Dialog“ geschrieben wurde, als Franz Josef Hartlauer noch lebte. Er wurde aus Respekt vor dem Freund in der Originalform belassen. Überdies gilt der Text im wesentlichen auch für seinen Sohn Robert, der als junger Fotolöwe die Geschäfte erfolgreich weiterführt.*

So wunderlich und witzig das Einsteigerzitat sein mag: Er hat auch den Vorzug der Wahrhaftigkeit. Es gibt für mich nach 30 Jahren Wirtschaftsjournalismus einen wesentlichen gemeinsamen Nenner für erfolgreiche Führungskräfte: die Suche nach Liebe und Anerkennung.

Sie unterscheiden sich darin nicht von Henkern und olympischen Schnellgehern, doch haben es diese Herrschaften viel schwerer, die aufbauende Anerkennung zu erlangen.

Die Wirtschaft hingegen bietet den extremen Talenten eine einzigartige Chance, durch Erfolg mächtig, durch Macht schön und durch diese innere Schönheit erotisch zu werden und damit mehr Liebe und Anerkennung zu erfahren als andere.

*„Die Wirtschaft bietet den extremen Talenten eine einzigartige Chance, mehr Liebe und Anerkennung zu erfahren als andere.“*

Dieser Ansatz ist positiv. Er hat aber seine Schattenseite: den Neid jener, die das Gefühl haben, zu kurz gekommen zu sein. Da viele Menschen gemessen an ihrer Lieblings-TV-Sendung „Reich & schön“ ein trostloses Dasein führen, tendieren sie dazu, die im wirklichen Leben auftretenden Reichen und durch Macht Schöngewordenen zu denunzieren.

Nirgendwo fiel mir das so sehr auf wie bei den beiden Unternehmern Franz Josef Hartlauer und Karlheinz Essl. Das sind zwei der aufregendsten und anregendsten Unternehmer und damit voll dem Neid ausgesetzt, gerade auch dort, wo sie zu Hause sind, in Steyr der eine, in Klosterneuburg der andere.

Nicht daß sich die beiden beklagen dürften: Sie entsprechen idealtypisch dem amerikanischen Satz: „Some guys have it all“ (Manche Burschen haben alles). Sie sind großgewachsen und schlank. Ihr Bekanntheitsgrad ist extrem hoch. Sie gelten heute als Bollwerke, die früher auch ihre Erfahrung mit Krisen sammelten. Sie führen ein beispielhaftes Familienleben. Ihre hohe Kultur zeigt sich in wertvollen Häusern (Hartlauer) und beispielhaften Kunstsammlungen (Essl).

Und doch oder gerade deswegen wird ihnen viel Ehre zuteil, weil sie viele Feinde haben.

## II.

Die erste Erklärung der Feindseligkeit ist eher banal: Beide sind die Verkörperung der sauren Trauben für die zu klein gewachsenen Füchse der Welt.

Hartlauer empört diese Füchse nicht nur dadurch, daß er eine Expansionskrise 1990 in einen beispiellosen Turnaround wandelte, sondern erwies sich auch als hoch kreativer (Schneewette ’97) und kämpferischer Geist (Brillen-Vergleichswerbung) und zeigte, wie gut vorbereitet ein exzellenter Unternehmer seinen Nachfolger (Robert Franz Hartlauer) installieren kann.

Essl empörte nicht nur dadurch, daß er beim Eindringen deutscher Großkonkurrenten imponierend trotzte, sondern auch dadurch, daß seine Bau-Max-Läden immer witziger werden und daß er seine Investitionen in österreichische Nachkriegskunst niemals verringerte.

Was fällt ihren Feinden eigentlich ein?

## III.

*„Wahrscheinlich ist es gerade das Bekanntwerden der guten Seiten, das Schlechtes vermuten läßt. Es wird als Marketinginstrument verdächtigt.“*

Ganz grob dies: Unternehmer wie sie können keine anständigen Menschen sein, denn „hinter jedem großen Vermögen steht ein großes Verbrechen“ (Honore de Balzac). Das ist die Primitiv-Variante. Die unwesentlich feinere Variante lautet: Sie sind der Heuchelei verdächtig. Von beiden ist eine Art Frömmigkeit überliefert. Der eine (Hartlauer) liebt die meditative Wucht der sonntäglichen Messe, die er auch nach einer langen venezianischen Nacht nicht versäumt. Bei Essl ist es eine Art puritanische Disziplin, die sich selbst beim Abendessen im kleinen Kreis zeigt.

Überflüssig zu sagen, daß in beiden Häusern der Anstand zu Hause ist. Wahrscheinlich ist es gerade das Bekanntwerden der guten Seiten, das Schlechtes vermuten läßt. Es wird als Marketinginstrument verdächtigt. Tatsächlich aber ist es Teil zweier starker Persönlichkeiten, die ohne Religion (Hartlauer) und ohne Bescheidenheit (Essl) nicht so gut wären, wie sie sind.

## IV.

Ich kenne beide nun gut genug, um sie in ihrer Einzigartigkeit zu schätzen. In beiden Fällen ist von hoher Moral zu sprechen. Nichts ist moralischer als man selbst zu sein. Es trägt seinen Lohn in sich, ist aber auch angreifbar für alle Mißgünstigen dieser Welt.

Daher auch immer wieder diese ewig gleichen Fragen: Wie kann einer, der in die heilige Messe geht, harte vergleichende Werbung machen? Wie kann einer, der Kunst und Bescheidenheit liebt, so kunstlose und unbescheidene Märkte wie Bau-Max eröffnen? Mein Versuch einer Antwort hat mit der Wirklichkeit der Wirtschaft zu tun: Hartlauer und Essl haben kein Armutsgelübde abgelegt. Und das Geschäftsleben ist kein Mädchenpensionat.

„*Hartlauer und Essl haben kein Armutsgelübde abgelegt. Und das Geschäftsleben ist kein Mädchenpensionat.*“

Würden die beiden Gentlemen in protestantischen oder gar calvinistischen Landstrichen zuwege sein, würden sie wegen ihrer Leistungen verehrt werden. Der Katholizismus muß mit dem Vorwurf leben, nicht ganz so wirtschaftsfreundlich zu sein und eine Atmosphäre des Prüfens und Leidens zu schaffen, die einem offensiven Geist im Wege steht.

## V.

Noch ein kurzes letztes Kapitel. Was ist, wenn ich irre? Wenn ich gegenüber Hartlauer und Essl positiv befangen bin? Immerhin gelte ich im Freundeskreis als berüchtigter Optimist. Was also, wenn Spitzenleute wie Franz Josef Hartlauer und Karlheinz Essl den Ethiker ursprünglich nur spielten? Antwort: Soll mir auch recht sein. Denn ich bin der zutiefst christlichen Auffassung: Wer drei Jahre lang einen Ethiker spielt, wird dies am Ende des dritten Jahres tatsächlich geworden sein.

# Keiner hilft keinem

Wer sich nicht selbst hilft, ist verraten und verkauft. Spitzenleute verlassen sich auf ein paar Grundregeln, die auch in schlechten Zeiten zum Erfolg führen.

I.

Die Überschrift ist grammatikalisch umnachtet, aber künstlerisch wertvoll, da sie von unserem Welt-Dramatiker Wolfi „Magic“ Bauer stammt, der im März 2001 seinen Sechziger feierte. Ich hörte sie zum ersten Mal vor zehn Jahren. Damals reiste Bauer von Graz nach Wien und ernannte mich zum Ritter des Lord-Jim-Ordens. Ich lehnte höflich ab, mit einer Anleihe bei Oscar Wilde. „Ich verachte jeden Club, der meine Mitgliedschaft akzeptiert.“ Die Ablehnung wurde abgelehnt. Ich bin jetzt also Ritter. Bis heute weiß ich nicht, was unsere Loge zum Ziel hat, außer Unheil und Unfug zu stiften. Was mir am besten gefällt, ist ihr kraftvolles Motto: „Keiner hilft keinem.“

„Eigentlich ist das eine doppelte Verneinung und damit schon wieder eine Bejahung“, wagte ich damals einzuwenden, doch Bauer meinte, das sei künstlerische Freiheit, die Schönheit müsse hier vor der Genauigkeit stehen.

Dieser kleine Ausflug in die Welt des Wolfgang Bauer bringt uns sprachlich weiter. Und er liefert m. E. zwei Anregungen für das Leben des Managers und Unternehmers in schweren Zeiten.

*„Wenn es kälter wird, zeigen viele die peinliche Tendenz, sich unter das Dach eines wärmenden Kollektivs zu flüchten.“*

a) Gehen Sie sicherheitshalber davon aus, daß gerade in schwächeren Zeiten von keiner Seite Hilfe zu erwarten ist. Über Ausnahmen kann man sich immer noch freuen.

b) Treten Sie keinem Club und keiner Loge bei. Wenn es kälter wird, zeigen viele die peinliche Tendenz, sich unter das Dach eines wärmenden Kollektivs zu flüchten. Es mag zwar medizinisch erholsam sein, einander schluchzend zu trösten. Doch für tapfere Einzelkämpfer der Wettbewerbswirtschaft ist jeder Verein ein unerträglicher Zeitverlust.

II.

Der größte Fehler liegt darin, auf Hilfe der Politiker zu hoffen.

Von der Politik Hilfe zu erwarten ist nicht zielführend. Es ist für einen liberalen Manager auch nicht erwünscht. Denn die Geister, die man in schwierigen Zeiten ruft, stehen später, in guten Zeiten, dick im Weg. Die edelste Aufgabe eines Politikers muß sein, sich schlank und gläsern zu machen. Das schon deshalb, weil die meisten nichts von Ökonomie verstehen und tatsächlich enorme Schwierigkeiten haben, Umsatz von Gewinn zu unterscheiden.

Selbsthilfe ist angesagt. Davon gibt es drei Arten:

- psychologische Selbsthilfe;
- traditionelle, betriebswirtschaftliche Selbsthilfen;
- neumodische betriebswirtschaftliche Selbsthilfen.

III.

Die psychologische Selbsthilfe ist schnell gesagt und schnell gelesen, aber nicht ganz so leicht zu verwirklichen. Das Gefährlichste ist Passivität. Wer auf den Feind wartet, ängstigt sich zu Tode. Man muß ihm aktiv entgegengehen. Dadurch verliert er einen guten Teil des Schreckens. Einige Spitzenleute schaffen es sogar, die Rezession zu lieben. Wer sich von der Konkurrenz wirklich absetzen will, kann dies nur in schlechten Zeiten. In der Hochkonjunktur überlebt jeder, der bis zwei zählen kann.

„*Wer sich von der Konkurrenz wirklich absetzen will, kann dies nur in schlechten Zeiten. In der Hochkonjunktur überlebt jeder, der bis zwei zählen kann.*“

IV.

Die altmodischen betriebswirtschaftlichen Selbsthilfen sind grausam, aber wichtig.

Wenn die Umsätze (Einnahmen) über lange Zeit zurückgehen, müssen die Kosten angepaßt werden, sonst gibt 's Verluste, Niedergang und Tod. Dazu braucht man kein Wirtschaftsstudium, nicht einmal eine doppelte Buchhaltung. Wer sich vor dem Betriebsrat fürchtet, beschneidet die Marketingausgaben und unterhöhlt seine Zukunft. Wer den Betriebsrat nicht fürchtet, aber trotzdem kein Rückgrat hat, feuert die Ärmsten: den Portier, den Boten, die zweite Telefonistin. Japaner räumen gerne im Management auf, wo jeder soviel kostet wie fünf einfache Angestellte. Das ist vorbildlich, bringt Frischluft und ist außerdem betriebswirtschaftlich klüger. In der nachfolgenden Hochkonjunktur sind die einfachen Jobs oft schwieriger zu besetzen als die des kaufmännischen Managements – Spezialbegabungen und Nischenexperten ausgenommen.

V.

Die neumodischen betriebswirtschaftlichen Selbsthilfen: Da gibt es für jeden, der sich halbwegs mit der betriebswirtschaftlichen Literatur befaßt, eine lange Liste. Ich habe drei Ansätze herausgefiltert, die Effizienz versprechen, aber noch selten verwirklicht werden.

*„Meistens kommt man drauf, daß immer noch Miete für Gebäude gezahlt wird, die gesprengt wurden, und Gehälter an Tote."*

Erstens: Zero-Budgeting. Eine enorme, aber garantiert befriedigende Anstrengung. Es geht dabei, primitiv gesagt, um eine Infragestellung jedes Kostenpostens. Meistens kommt man drauf, daß immer noch Miete für Gebäude gezahlt wird, die gesprengt wurden, und Gehälter an Tote und daß die Portokosten deshalb so hoch sind, weil alle Angestellten ihre Privatpost über die Firma schicken.

Zweitens: Stammkundenmarketing. In der Gier der Hochkonjunktur werden alle Anstrengungen darauf gerichtet noch mehr, also neue Kunden zu kriegen. Die Stammkunden werden sträflich vernachlässigt, sogar abgestoßen, weil das Werben um Neukunden oft nur mit einer Veränderung der Unternehmenskultur möglich ist. Stammkundenmarketing wird wieder modern. Es gibt schon Werbeagenturen, die diesen Service herausstreichen.

Drittens: Speed. Schiere Geschwindigkeit. Wenn die Geschäfte langsamer werden, muß man selbst schneller werden – im Denken, Entscheiden und Handeln. Dies ist mit allzu weichen, demokratischen Strukturen nicht zu machen. Eine gewisse Rückkehr der Autorität ist angesagt. Das ist für moderne Führungskräfte schwierig. Sie müssen einen höflichen Weg finden, die Mitarbeiter für eine vorübergehend „reaktionäre" Verhärtung zu begeistern.

An dieser Stelle höre ich abrupt auf. Auch Schriftsätze, die zu lang sind, kosten Zeit und mindern die Geschwindigkeit.

# Die Krise bist du selbst

Wandel! Strukturkrise! Die billigen Jakobs des neuen Ostens! In der Wirtschaft und den Medien ist das ständige Jammern angesagt. Weinerlichkeit führt zum größten Energieverlust.

*„Im Wort Krise ist schon der Gedanke an Heilung enthalten."*
(Egon Friedell)

## I.

Wir haben ständig eine Krise, das ist wahr. Es ist eine Krise des Kopfes.

Unsere Köpfe sind in gewisser Hinsicht kleiner, als sie waren. Fünfundfünfzig Jahre unverletzten Friedens und steigenden Wohlstands – ein Fettauge der Geschichte, das es seit den Hethitern nicht gegeben hat – haben uns dekadent gemacht. Unsere Muskeln, lange in Watte gepackt, verkümmerten. Unser Geist, nie gefordert durch Katastrophen, hat seine Kampfkraft verloren. Wir sind hysterisch wie die Italiener des 5. Jahrhunderts. Das Römische Reich ging nicht daran zugrunde, daß die Herrschaften aus Bleibechern tranken. Das Problem war: sie tickten nicht mehr richtig. Sie waren, als Romulus Augustulus 476 dem Germanenhäuptling Odoaker weichen mußte, schon längst geistig vergiftet, weil es ihnen zu lange zu gut gegangen war. Ein Zeichen der geistigen Müdigkeit war der fatale Wechsel von eigener Überschätzung (maßlose Ausdehnung des Reiches, Faulheit, irres Highlife in Rom), und anschließender Mutlosigkeit, als die Völkerwanderung der Hungrigen einsetzte.

## II.

„Die spinnen, die Römer": Dieser zeitlose Satz von Asterix ist längst auch auf uns anwendbar.

Wie mutlos wir Neuzeitler geworden sind, zeigte sich schon vor fast dreißig Jahren, 1973 und dann 1978. Damals warfen uns zwei Ölkrisen in eine Endzeitstimmung. Diese Krisen waren für die Wirtschaft tatsächlich gefährlicher als heute die Kombination von großer Marktsättigung und der Konkurrenz des neuen, erfolgshungrigen Ostens. Gegen

*„Wie mutlos wir Neuzeitler geworden sind, zeigte sich schon vor fast dreißig Jahren. Damals warfen uns zwei Ölkrisen in eine Endzeitstimmung."*

die drohende Hyperinflation (dramatische Verknappung und Preiserhöhung des wichtigsten Rohstoffes) hätten wir kaum ein Mittel gehabt. Die heutigen „Probleme" (besser: „Herausforderungen") sind im Vergleich dazu harmlos. Sie sind ernst, das schon, aber sie verlangen von uns nichts Unmögliches.

Das wichtigste ist die Einsicht, *wer* in der Wirtschaft was bewirken kann. Wichtig ist jeder – sogar die Politiker sind es –, aber für den einzelnen ist niemand so wichtig wie er selbst.

## III.

Eine der menschlichen Tragödien jeder „Krise" liegt darin, daß die meisten wohlstandsverwöhnten Erwachsenen zu Kindern werden.

Viele stehen beim ersten Windstoß wie erstarrt. Sie warten auf Hilfe von *oben*. Das ist töricht. Jeder ist seines eigenen Glückes Schmied. Das ist doppelt töricht, weil auch die meisten der sogenannten *Oberen* und *Mächtigen* genauso erstarrt dastehen und ihrerseits nach oben hoffen – auf den lieben Gott?

Arbeitnehmer, die nur auf die Gewerkschaft hoffen …

Manager, die nur auf die einsamen Ideen ihres Unternehmers hoffen …

Unternehmer, die in der Ebbe auf die nächste göttliche Flut hoffen …

Dieser Typus kann eine Zeitlang, aber nicht für immer überleben.

„Wer immer strebend sich bemüht, den können wir erlösen", schreibt Goethe, der in fast allem – ausgenommen die Farbenlehre – recht behalten hat. Wie richtig dieser Satz ist, hätte man schon in der Schule erkennen können. Jenen, die gerne lernten, wurden die Schulstunden zu kurz; jenen, die keine Lust verspürten, wurde jeder Tag zu einem Jahr.

*„Die Siege und Niederlagen werden im Kopf jedes einzelnen entschieden. Die Asiaten haben das vor uns begriffen."*

Wer in der Krise stillhält und nur nach oben hofft, ist ein schlechter Schüler des Lebens. Die Siege und Niederlagen werden im Kopf jedes einzelnen entschieden. Die Asiaten haben das vor uns begriffen. Ich beobachtete einmal einen lieben Freund bei der Arbeit. Er heißt Tamotsu Futamura. Er war lange Zeit der weltbeste Rallyefotograf. Wenn er nicht den richtigen Antrieb verspürte, versenkte er sich. Er meditierte und präparierte sich auf *positiv* und *vorwärts*. Das dauerte einige Minuten, dann sprang er auf, rief „Attack!", ging an die Arbeit, riß alles nieder und kehrte wieder mit den Goldmedaillen seiner Branche zurück.

Ich mache mir Sorgen, die jungen Wirtschaftsnationen Asiens könnten die einstige Rolle der offensiven Germanen und Hunnen, wir jene der passiven Römer spielen (die Amerikaner irgendwo dazwischen).

Die momentane Krise der Asiaten beeindruckt mich überhaupt nicht. So wie der berühmte Megatrend-Autor John Naisbitt, mit dem ich darüber diskutierte, glaube ich weiter an sie und an ihre gute Zukunft.

Die Siege und Niederlagen werden nicht durch die Umstände entschieden. Sie entscheiden sich im Kopf, in der Mentalität, im Antrieb. Die Japaner sind viel verzweifelter vom Ölimport abhängig als wir – und verkrafteten die damaligen Ölkrisen dennoch eleganter.

## IV.

Das Wirtschaftsschicksal entscheidet sich an einer bestimmten Bruchlinie: wieviel man dem einzelnen Individuum zutraut und zumutet.

Man kann die *Achtung vor dem Individuum* und die *Forderungen an den einzelnen* gar nicht hoch genug ansetzen. Vielleicht hilft dabei eine Erkenntnis aus der Geschichte: Alle wirklich großen Dinge wurden nicht von einem Volk, nicht von einem Bataillon, nicht einmal von einem Team entschieden. Wenn man lange genug zurückforscht, ist immer ein einzelner die Quelle gewesen. In der Literatur gibt es ein Denkmal dieses Phänomens: Stefan Zweigs „Sternstunden der Menschheit“. Auch die Römer lieferten ein Beispiel. Sie wären ja schon 451 am Ende gewesen. Da lag Attila vor den Toren Roms und zündete die Fakkeln an. Ein couragierter einzelner ritt ihm entgegen, Papst Leo, und bewog den Heiden zur Umkehr – eines der mirakulösesten Kapitel der Endphase des Altertums und eine der schönsten Ermutigungen, an die Macht des einzelnen zu glauben.

„*Alle wirklich großen Dinge wurden nicht von einem Volk, nicht von einem Bataillon, nicht einmal von einem Team entschieden.*“

Die Krise bist du selbst.

Die Chance bis du selbst.

Wer in der Krise nach oben schaut, hat nur dann recht, wenn er mit oben nicht die anderen, sondern das eigene, höhere, zu Größerem befähigte Ich meint.

# Erbarmen mit den Topmanagern

## Sie sind einerseits wohlhabend, anderseits die ärmsten Hunde

*„Was ihr nicht tastet, steht euch meilenfern,*
*Was ihr nicht faßt, das fehlt euch ganz und gar,*
*Was ihr nicht rechnet, glaubt ihr, sei nicht wahr,*
*Was ihr nicht wägt, hat für euch kein Gewicht,*
*Was ihr nicht münzt, das, meint ihr, gelte nicht.“*
(Mephisto, Faust II)

I.

> *„Ein Ziel: Manager zu ermutigen, den Krempel hinzuschmeißen, wenn sie für ihren Job nicht geeignet sind.“*

Dieses Kapitel hat zweierlei zum Ziel.

Erstens: Die Topmanager aus dem Schatten der Vorurteile zu holen. In ein besseres, das heißt gnädigeres Licht sollen sie gestellt werden. Sie tragen schwerer, als man glaubt.

Zweitens: Sie zu ermutigen, den Krempel hinzuschmeißen, wenn sie für ihren Job nicht geeignet sind; wenn sie selbst ihre Lust oder die Aktionäre ihre Fähigkeiten überschätzt haben sollten.

II.

Es ist ungefähr ein Jahrzehnt her, daß ich über „Die Komplexler im Topmanagement“ schrieb. Diese Kolumne war damals dem in zwanzig Jahren Wirtschaftsjournalismus gewachsenen Ärger entsprungen. Einem Ärger darüber, daß so viele hochveranlagte Mittelmanager durch niedrig veranlagte Topmanager verkrüppelt wurden.

Ein Leser lief gegen diese Aussage Amok. Dort, wo ich unglückliche Komplexler sah, mochte er fast ausschließlich Lichtgestalten sehen. Seine Argumente waren feurig und ein wenig töricht. Die Intention, die dahinter stand, war freilich ehrenwert und korrekt.

Von außen, meinte er, könne man unmöglich sehen, wie es tief drinnen in den Firmen mit den Topmanagern bestellt sei. Das ist Unsinn. Wenn es überhaupt die Chance eines Überblicks gibt, dann von außen. Sonst könnte man auch Berater à la McKinsey zum Teufel jagen. Man läßt ja auch nicht eine Mutter das Kind benoten, nur weil sie es in gewisser Hinsicht besser kennt als der Lehrer.

Dennoch gefiel mir die rauhbeinige Auflehnung. Sie ließ mich nicht los. In einer höheren Art und Weise, so fühlte ich, hatte der Mann recht. Insofern, als die Topmanager nicht Spott und Hohn und Aggression verdienen. Es ist zu einfach, über sie herzuziehen.

Viel schwieriger ist es, ihnen als Gattung gerecht zu werden. Sie also nicht nach ihren Missetaten zu werten (z. B. Verkrüppelung von Mittelmanagern), sondern nach der komplexen inneren Natur ihrer Position.

Wenn man sich dazu durchringt, wandelt sich der Grant bald in Mitleid. Denn die Spitzenmanager halten die irrlichterndste, menschlich ergreifendste Stellung, die in 200 Jahren Kapitalismus zu vergeben war.

## III.

Topmanager sind arm dran.

Sie haben einige oberflächliche Vorteile, deren meistbeneideter das Einkommen ist, und Nebengeräusche wie Chauffeur und Ecktisch im Sacher. Das alles ist nicht gänzlich unwichtig und wird schmerzlich vermißt, wenn es eines Tages keine Selbstverständlichkeit mehr ist, aber es ist kein wirklicher Ausgleich für die Rucksäcke.

Topmanager sind bis über die Schultern beladen. Sie tragen schwer. Die Liste ihrer Bürden ist lang.

Grob gesagt haben sie all das zu tragen, was jeder ihrer Untergebenen auch zu tragen hat – und einiges mehr, und dieses Mehr auch noch unter erschwerten Bedingungen, in dünnerer Luft.

## IV.

Es verdient, in Erinnerung gerufen zu werden, daß sie zunächst die gleiche Last zu tragen haben wie andere auch. Topmanager werden zwar oft in andere Sphären gehoben, aber dort sind sie nicht daheim. Ihre Beine stehen grad so auf der Erde wie die eines Tachinierers, und ihr Herz schlägt, wenn sie Glück haben, so stark wie das ihres Portiers.

Sie kennen alle Ängste, die andere auch kennen: älter zu werden, müder zu werden, nie zu wissen, ob sie anderntags noch körperlich fit und geistig frisch aus den Federn fallen. Ängste, ob die Gattin oder

*„Sie kennen alle Ängste, die andere auch kennen: älter zu werden, müder zu werden, nie zu wissen, ob sie anderntags noch geistig frisch aus den Federn fallen.“*

der Gatte das „Die-Arbeit-ist-die-Geliebte-Nummer-eins-Spiel“ noch länger mitspielt, ob die Kinder noch voll Liebe oder schon voll Verachtung sind.

Natürlich sind die Topmanager auch insofern normale Menschen, als sie nicht nur diese Alltagsängste kennen, sondern auch die letzte große Angst, die selbst den Gläubigsten streift, jene vor dem Tod. Das Grübeln über die Sinnhaftigkeit der Idee, mit einem Hinrichtungsbefehl auf die Welt gekommen zu sein, schüttelt und entkräftet den Topmanager grad so von Zeit zu Zeit wie seine Sekretärin und den Trainee.

Und wer weiß: vielleicht sogar mehr. Immerhin ist nicht unvorstellbar, daß einer noch klebriger am Leben hängt, der viel erreicht hat, aber mit dem Erreichten erst weiß, wieviel es noch zu erreichen gäbe. Der Satz „So wenig getan, so viel noch zu tun“ ist nicht der letzte Satz eines Hallodris, der nie einen Muskel oder eine Ganglie rührte, sondern der letzte Satz einer Geistesgröße, die zeitlebens strebend sich bemühte.

Nicht auszuschließen mithin, daß Topmanager besonders anfällig sind für die „Dritte Jeremiade“, wie sie der überragende Biologe und Systemkritiker Rupert Riedl in seinem Buch „Die Strategie der Genesis“ beschreibt: *„Erbarmen mit der Kreatur. Im Plane dieser Schöpfung ist nicht nur jene Quälerei und Aussichtslosigkeit am Lebenswege vorgesehen; es ist auch sichergestellt, daß selbst das Erfolgreichste, das Bewundernswerteste ganz verläßlich zugrunde geht.“* Riedl: *„Der Haushalt der Natur sorgt dafür, daß auch die letzte Ganglienzelle Michelangelos von Würmern zerstört, von Fäulnisbakterien in etwas Restwärme zerlegt, in der nächtlichen Abstrahlung die Biosphäre verläßt, um einen unerheblichen Beitrag zur Erwärmung des kalten Weltraums zu leisten.“*

## V.

> *„Topmanager sind normalerweise einsam. Sie leben im luftleeren Raum. Sie sind die Staatenlosen der Companies.“*

Diese Steine trägt der Topmanager wie jeder andere auch. Da mag er noch so frisch, forsch und energisch einherschreiten: Spätestens im Schlaf keucht er unter der gleichen Last.

Er hat aber noch andere Steine im Gepäck, auch wenn seine Vuitton-Garnituren so aussehen, als hätten sie nur First-class-Tickets, Opernkarten und Hotel-Peninsula-Rechnungen zum Inhalt.

Der größte dieser Steine zeigt den matten Glanz der Entbehrung. Topmanager sind normalerweise einsam. Sie leben im luftleeren Raum. Sie sind die Staatenlosen der Companies.

VI.

Bis zum heutigen Tag wissen die höchsten Führungskräfte nicht, was sie sind. Sie sind hierarchietechnisch geschlechtslos oder, was die Sache nicht unbedingt gemütlicher macht, doppelgeschlechtlich. Sie sind nicht Unternehmer und nicht weisungsgebundene Angestellte. Und sind doch beides zusammen. Sie sind je nach Tag und Laune Sklave in der Maske des Königs oder König in der Maske des Sklaven, sind Kasperl und Krokodil, sind Schlagende und Geschlagene, Führer und Geführte, Leitende und Leidende in einem.

Theoretisch könnte es amüsant sein, zwei Leben zu führen, noch dazu für hohes Entgelt.

Praktisch ist es meist nicht so toll. In der Praxis ist es oft Fegefeuer. Von unten, wie in einem Gemälde von Hieronymus Bosch, pieken die als Mitarbeiter verkleideten Teufel mit giftigen Dreizacken nach oben, von oben schleudern die göttlichen Aktionäre den Blitz.

Topmanager sind ex definitione auch die einzigen Wirtschaftstreibenden, die ohne jede menschliche Motivation auskommen müssen, so als wären sie Roboter, die nicht nach Lob und Anerkennung gieren. Die Aktionäre erwarten die Dividenden als Selbstverständlichkeit. Sie haben ja ihre Schuldigkeit getan, indem sie den Topmanager ihrer Auffassung nach amoralisch überbezahlen. Und die Mitarbeiter finden, selbst wenn sie ihren Chef apostolisch lieben, keinen Weg, ihn mit Lob zu motivieren Alles was in diese Richtung ginge, wäre peinlich und würde mißverstanden werden als Kriecherei. Tatsächlich ist das eines der auch von klugen Managementschulen à la Hernstein und Harvard ungelösten Probleme.

„*Topmanager sind die einzigen Wirtschaftstreibenden, die ohne jede menschliche Motivation auskommen müssen, so als wären sie Roboter.*“

So hängt der Topmanager schwerelos in der Luft.

Sein Gewicht kann er nur daraus ziehen, daß er mit sich selbst zufrieden ist.

VII.

Was aber, letztes Kapitel, wenn er gerade das nicht ist? Was, wenn er sich unglücklich fühlt? Was, wenn er eines der bedauerlichen Opfer des Peter-Prinzips ist, also bis zur Stufe seiner Inkompetenz befördert wurde?

Soll er am Ort seines Unglücks bleiben, bis auch seine Ganglienzellen wie jene Michelangelos von Würmern zerstört werden und ihre Restwärme in das Weltall abstrahlen?

> „*Wenn Ihre Frau die finanziellen Abstriche beklagt, führen Sie mit ihr ein interessantes Gespräch über die Natur der wahren Liebe.*“

Eine praktikable Antwort könnte so lauten: Überwinden Sie Ihre Angst vor vorübergehendem Imageverlust und kehren Sie zurück auf jene Fachebene, auf der Sie glücklich waren und von der Sie weggelobt wurden in ein angeseheneres, aber kälteres Land. Tun Sie 's auch Ihren Mitarbeitern zuliebe, die einen halbwegs glücklichen und fröhlichen Chef verdienen. Und wenn Ihre Frau (Ihr Mann) die finanziellen Abstriche beklagt, führen Sie mit ihr (mit ihm) ein interessantes Gespräch über die Natur der wahren Liebe.

Als Topmanager kamen sie eh nie dazu.

# Haben Sie Angst vor dem Wort Elite?

Die Politiker schon. Auch deshalb ist vieles nicht erstklassig.

*„... Gesellschaften haben den unheilbaren Radikalfehler,*
*daß sie, weil sie sich nicht selbst regieren können,*
*von Menschen regiert werden müssen,*
*die es ebensowenig können."*
(Aristippos von Kyrene)

## I.

Dieser Staat wendete lange Zeit erstaunliche Kräfte und Phantasien auf, um jener sozialen Gruppe Prügel vor die Beine zu werfen, die sich „durch hohe Qualifikationsmerkmale sowie durch eine besondere Leistungsfähigkeit auszeichnet" (Brockhaus-Definition für Elite). Hohe Steuern, eine anmaßende Bürokratie, ein übersozialisiertes temperamentloses Ambiente hemmten die freudvolle Entfaltung, erschwerten die segensreiche Anhäufung von Reichtümern und trieben junge Genies ins Ausland.

An den Politikern läge es, aufmunternde Rahmenbedingungen zu schaffen, die in jedem Staatsbürger die unbändige Lust weckten, Exzellenz und Elite-Status anzustreben.

Das geschieht aus mehreren Gründen nicht:

- aus politischer Angst,
- aus persönlichem Neid und
- aus einem überholten wehleidigen Geschichtsbewußtsein.

Viele Politker fürchten, mit einer umfassenden Elitenförderung und Erfolgsbelohnung bald abgewählt zu werden. Ihre Vermutung mag zutreffend sein, ist aber zunächst eine Frechheit. Denn sie spiegelt die Verachtung der Politiker fürs Volk. Nur wer glaubt, dieses bestünde zum überwältigenden Teil aus Dumpfgummis und zum geringsten Teil aus hervorragend Veranlagten, sieht sich aus wahltaktischen Gründen veranlaßt, die Hervorragenden im Stich zu lassen.

> *„Politiker fürchten, mit einer umfassenden Elitenförderung und Erfolgsbelohnung bald abgewählt zu werden."*

Dazu kommt persönlicher Neid. Da wir eine tatsächlich repräsentative Demokratie haben, haben wir auch einen fairen Anteil an schwer vermittelbaren Sozialfällen in der Politik und den Kammern, die ihrerseits persönliche Ressentiments gegen jene haben, die besser, tüchtiger, erfolgreicher, heller sind als sie.

Unglücklicherweise finden auch die Brillanten unter den Mächtigen nicht den Mut, in die Vanillesauce der fadesten Gleichmacherei zu schlagen. Sie fürchten, mit ihrem Eintreten für Elitäres charakterlich mißverstanden zu werden.

## II.

Ich räume ein, daß die Angst der Politiker vor dem Wort „Elite" und einer drastischen Förderung derselben verständlich ist – wenn auch aufgrund eines verstaubten Geschichtsbewußtseins.

Als das geordnete politische Denken aufkam, benützte man den Begriff Elite (franz. élire – auslesen) noch unbefangen. Der Grieche Platon sprach von einer „Herrschaft der Besten", ohne rot zu werden. Und 1752, in dem Jahrhundert, als der Kapitalismus erfunden wurde, unterschied Friedrich der Große erstmals locker die „Blüte des Adels" von der bürgerlichen „Elite der Nation".

*„Der Jammer fing an, als ‚Elite' zu einem Lagerwort wurde, vom Bürgertum benutzt, um sich gegen die Ideen eines radikalen Sozialismus zu wenden."*

Der Jammer fing an, als „Elite" zu einem Lagerwort wurde, vom Bürgertum benutzt, um sich gegen die Ideen eines radikalen Sozialismus zu wenden (Carlyle, Nietzsche). Endgültig zum Jauchewort wurde „Elite" durch die Faschisten, deren Elite-Ideologie auf dem Sozialdarwinismus gründete, der die „natürliche Auslese" aus Darwins Evolutionstheorie flink auf Individuen, Gruppen und Völker übertrug.

Die Vergangenheit hängt wie Blei an dem schönen Wort. In einem Förderer der Eliten gleich einen Faschisten zu sehen, ist dennoch Unsinn. Die einschlägige Definition des Faschismus lautet nämlich „Herrschaft einer *selbsternannten* Elite".

Die Elite aber, von der man heutzutage reden sollte, ist nicht die selbsternannte. Es ist jene, die einfach auf Talent und Anstrengung fußt und dem Willen, mehr weiterzubringen als der Durchschnitt.

Man könnte dafür ein neues Wort suchen. Man wird 's nur nicht finden, und schon gar kein schöneres.

Eine hysterische Reaktion auf das Wort „Elite" ist auch deshalb kindisch, weil es das Schicksal vieler Wörter teilt. Es kommt darauf an, wer es ausspricht. Auch zu „Messer" fällt dem einen das Brotschneiden ein, dem anderen das Morden.

III.

Alles künftige Schicksal einer Nation entscheidet sich in den Schulen. Sie sind mit Riesenabstand das Wichtigste. Hier sollten auch die schönsten Anreize gegeben werden, mit wachem elitärem Geist alle Plafonds zu durchstoßen. Das geht nur, wenn die Klassen nicht nach dem kleinsten gemeinsamen Nenner geschult werden. Es müssen mehr flexible Systeme gefunden werden, um die besten Schüler ohne Fesselung vorauseilen zu lassen. Diese „Begabtenförderung“ ist so wichtig wie die Betreuung der Langsamen. Ein unterfordertes junges Genie fällt aus Langeweile sogar zurück.

*„Es müssen mehr flexible Systeme gefunden werden, um die besten Schüler ohne Fesselung vorauseilen zu lassen.“*

Eine zusätzliche „Schule 2001-Steuer“ würde jeder denkende Egoist gerne bezahlen. Nichts sichert unsere künftige Pension so zuverlässig wie Geld, das wir in glückliche Schüler und maßgeschneiderte Schulen stecken.

IV.

Soviel zu den Kindern. Aber braucht auch eine erwachsene Elite Belohnungen, Anreize, Anerkennungen?

Ich vermute: ja. Wahrscheinlich besonders viel. Vielleicht liegt ihr besonders starker Antrieb zur Tüchtigkeit gerade darin, mehr von dieser Anerkennung zu brauchen als jene, denen es genügt zu sein.

# Keine Hilfe für Karrierefrauen

Sie verdienen nicht die Demütigung, als etwas Schwächeres und Exotisches behandelt zu werden.

I.

Wenn ein Mensch, ob Frau oder Mann oder Weihbischof, beruflich an die Spitze kommt, sagen jene, die sich gerne elegant und französisch ausdrücken: *Er/Sie landete in der Beletage.*

Im schönen Stockwerk also.

Das ist kein schlechter Ausdruck. Denn dort, wo die Spitzenmanager zu Hause sind, sind die Fenster heller. Die Aussicht ist besser, der Kaffee feiner, die Telefone sind leiser, die Gehälter lauter.

II.

Es gibt auch eine Passivseite. Ziemlich viele werden ziemlich früh mit den Beinen voran aus der Beletage getragen. Und selbst zu Lebzeiten ist nicht alles hold, was lenzt: Der, dem es besonders gut geht, wenn die Firma floriert, bekommt es besonders zu spüren, wenn sie darniederliegt. Eine Anstellung im gemütlichen Bauch des mittleren Managements ist weitaus weniger von Vertragsauflösungen bedroht als die Jobs ganz oben auf der Glatze der Hierarchie.

*„Geborene Pechvögel fallen aus dem Nest."*

Selbst wenn einmal höhere Macht die Schuld trüge an einer finanziellen Katastrophe, würde man von der Beletage *Talent zum Glück* verlangen. Geborene Pechvögel fallen aus dem Nest, ganz egal, wie gut sie ihren Beruf beherrschen.

Geradezu grotesk ist die Vorstellung, man könnte in der Beletage Ausreden wie die folgenden tolerieren:

„Ich habe einen Mann zu Hause."

„Mein Jüngster hat Zahnweh."

„Tschuldigung, ich mußte noch der Mutter die Koffer packen."

„Ich habe meine Kopfwehtage."

III.

Diese boshaften Sätze sind Klagesätze, die man gerne den Frauen andichtet.

Sie sind Ausdruck jener Doppelbelastung, Dreifachbelastung und Vierfachbelastung, von der die Frauenrechtlerinnen sprechen.

Diese Mehrfachbelastung gibt es, aller Häme gestriger Männer zum Trotz, tatsächlich – beispielsweise für die zahlreichen Fließbandarbeiterinnen, die noch dazu darunter leiden, für besonders trostlose Arbeit besonders schlecht entlohnt zu werden.

Auch viele Karrierefrauen kennen diese Mehrfachbelastung, obwohl sie durch ihr hohes Einkommen manches leichter regeln können. Aber sie tun gut daran, darüber nicht zu sprechen. In der Beletage ist das kein Thema.

Dort, wo die großen Jobs zu Hause sind, gibt es kein Geschlecht. Dort gibt es keine Männer und Frauen. Für diese Orte ist die Erfindung neuer sächlicher Geschlechter angebracht.

Nennen wir sie FRANN und MAU.

In der Beletage möchte der Beste gewinnen. Unter welchen Umständen und trotz welcher Hemmnisse dies geschieht, muß egal sein.

Die meisten Karrierefrauen wissen das.

Fast alle, mit denen ich zum Thema sprach, haben nicht die geringste Klage geführt. Eher im Gegenteil: Sie haben oft witzig und manchmal glücklich erklärt, wie sie ihre familiären Angelegenheiten schaukelten. Interessant war, daß jede dafür ein anderes Rezept hatte. Und sie sahen das als Privatangelegenheit an, die eine ehrgeizige Frau mit sich selbst auszumachen hat – so oder so.

Das war durchwegs erfrischend. Und umso bewundernswerter, als die Frauen natürlich auch in der Beletage schlechter dran sind. Selbst wenn sie das Familienleben mit wuchtigem Geldeinsatz regeln können (Essen im Restaurant, Gehilfen zu Hause, Halbtagsinternat für die Kinder), bleibt ein Problem: der Mann. Es scheint noch nicht viele Männer zu geben, die einen großen Erfolg ihrer Frau verkraften können. Das Scheidungsschwert hängt dort tiefer.

Ich habe einige Geschichten dieser Art von Karrierefrauen gehört. Das war unvermeidlich. Aber auch dabei hörte ich keine Klagen, sondern nur eine Art begreiflicher Trauer.

Sie zeigten wenig Hang zum Selbstmitleid – vielleicht ist das ein Teil ihrer Qualifikation.

„*Wo die großen Jobs zu Hause sind, gibt es kein Geschlecht.*“

IV.

> „Die meisten machen das meiste richtig."

Machen die Karrierefrauen also schon jetzt alles richtig, obwohl sie erst zum Sprung ansetzen?

Antwort: eher ja. Die meisten machen das meiste richtig. Es gibt nur einige Schatten. Mir fiel das bei einer großartigen Veranstaltung der Grazer „Frauenakademie" auf. Diese trug den Titel: „Frauen in Europa – der Hürdenlauf zur Beletage."

Als Vortragender war ich einer von insgesamt vier Herren im Saal und bekam einiges Fett ab – nicht ganz unverdient gewiß, aber zum Teil war 's ein wenig weltfremd.

Eine Zuhörerin wollte mich gar nicht erst zu Wort kommen lassen. Ich griff zum Mikrofon – sie sprach. Was ich mir herausnähme, erst zu meinem eigenen Vortrag anzutanzen, auf die Minute genau, dies sei typische Frauenverachtung (nichts anderes war freilich ausgemacht, und es dauerte dann inklusive Diskussion ohnehin drei Stunden). Sie wurde von der omnipräsenten Organisatorin Ridi Steibl eher scharf gestoppt. Ich goß höflich Öl auf die Wogen, doch zeigte der Vorfall, daß selbst in einer Veranstaltung tüchtiger Karrierefrauen die Geschlechtsfrage immer noch so wichtig ist wie die Sache selbst – und diese hieß: *Der Hürdenlauf zur Beletage.* Wenn ein Gorilla etwas zu dieser Sache zu sagen hat, sollte er willkommen sein, selbst wenn er durch einen körperlichen Anhang verstümmelt ist.

V.

Was mich am längsten beschäftigte, war eine andere Irritation. Eine – wie sich nachher herausstellte, besonders nette – Vorarlbergerin hatte in einer Veranstaltungspause einen Dialog zweier Männer belauscht – pardon: gehört –, denn wir saßen und standen unschuldig und verwundbar zwischen vielen Frauen wie verirrte Eisbären unter südlichen Gazellen.

Ich fragte meinen Gesprächspartner: „Was machen *Sie* denn da?"

„Den Feind beobachten", sagte der lachend.

Unsere Stimmen waren weder besonders laut noch besonders leise. Sie hatten die natürliche Lautstärke der Unschuld, die sich nicht verstecken muß.

Trotzdem: Mehr brauchten wir nicht. Die Vorarlbergerin wies später anklagend auf diesen verbrecherischen Dialog hin: „Ihre Sprache verrät sie!" Dieser Meinung bin ich grundsätzlich auch. Die Sprache sagt viel.

Hier ginge es aber noch nicht um Sprache, sondern um Worte – und vor allem um Klang.

Bestätigt er das Vorurteil, Karrierefrauen hätten so viel Kraft aufzuwenden, um nach oben zu kommen, daß sie jeden Humor abwerfen müßten wie einen schweren Rucksack?

Wenn selbst die gutmütigsten Männer, die ihre Zuneigung offensichtlich mit Ironie maskieren, keine Dialoge wie diesen mehr führen dürfen, ist eine Koalition des Lächelns undenkbar.

## VI.

Karrierefrauen sind unter den einsamen Spitzenmanagern die einsamsten. Hilfe von Männern oder gar höfliche Schonung und mitleidige Privilegien dürfen sie nicht annehmen. Der dadurch untergrabene Stolz würde unweigerlich zu Achtungsverlust und Einstürzen führen.

Gefährlicher aber ist noch die „Hilfe" der Frauenrechtlerinnen, die empfehlen, dem Mann grundsätzlich mit Argwohn entgegenzutreten. Sie haben tausendmal recht in den unteren Ebenen der Wirtschaft. Dort geschieht viel Unrecht. Aber vor der Beletage muß diese Denkart innehalten und umkehren.

Denn dort ist ohnehin jeder allein, ob Mann oder Frau, ob Frann oder Mau.

„*Gefährlicher aber ist noch die ‚Hilfe' der Frauenrechtlerinnen.*“

# Verdienen die Top-Manager zuviel?

Die Antwort ist ein klares Ja und Nein.

*„Die Einkünfte geben die Ehren und Freundschaft: nur der Arme liegt überall am Boden."*
(Ovid: Festkalender)

I.

Was Ovid erkannte, hat der Volksmund zu einer beispielhaft locker formulierten Lebensweisheit verfeinert: *Lieber reich und gesund als arm und krank.*

Der oft gehörte Satz „Geld ist nicht wichtig" ist Unsinn. Er widerspricht jeder Erfahrung. Er klingt zwar schön, gehört aber auf die Predigerkanzeln seifiger Seelenhirten, die gerne Wasser predigen.

*„Katzengoldene Ehren und falsche Freunde"*

Die Erfahrung lehrt, daß Ovid bis zum heutigen Tag recht behielt. Die Armen liegen am Boden. Die Reichen haben die Ehren und die Freunde, und wenn es auch katzengoldene Ehren und falsche Freunde sind, so wärmen sie doch besser als der feuchte Boden, auf dem man ohne Gelddecke liegt.

So gesehen spricht nichts gegen und alles für hohe Gehälter der Top-Manager.

Nur: Wie hoch ist hoch?

II.

Die Antwort darauf hängt nicht nur von persönlichen Philosophien und Veranlagungen ab. Auch nicht nur davon, ob man Zahler (Unternehmer) oder Nehmer (Manager) ist.

Es ist auch die gesamtwirtschaftliche und politische Philosophie eines Volkes, die in dieser Frage entscheidet.

III.

Im Falle einer extrem liberalen, rein marktwirtschaftlichen Einstellung sind Diskussion und Kapitel an dieser Stelle zu Ende.

In diesem Fall übernehmen einfach die Marktkräfte die Sache. Das Einkommen des Managers ist dann der *Preis,* der die *Nachfrage* (Unternehmer) und das *Angebot* (Manager) auspendelt und ins Gleichgewicht bringt.

Eine besondere Dringlichkeit der Nachfrage und Seltenheit des Angebots können zu astronomischen Summen führen – und sich dennoch rechnen.

Chrysler brächte keine einzige Pferdestärke mehr auf die Straße, hätte man nicht weiland den schillernden Ford-Vizepräsidenten Lee Iacocca geholt.

Gegen hohe und höchste Top-Manager-Einkommen spricht auch deshalb nichts, weil Manager der am wenigsten genormte Beruf der Welt ist. Der Einkaufsleiter einer kleinen lokalen Genossenschaft fällt grad so darunter wie die Chefs von VW, IBM und Nomura.

Für die Manager selbst ist die Frage ohnehin frech und dennoch korrekt zu beantworten: Je höher, je lieber, basta.

*„Je höher, je lieber, basta."*

Anders sieht es mit den Unternehmern aus. Sie kennen zwei Gründe, die Gehälter ihrer Spitzenleute nicht in den Himmel wachsen zu lassen. Erstens die Kosten. Zweitens die innere Verhältnismäßigkeit der Gehaltsstruktur, die für den sozialen Frieden der Firma wichtig ist. Auch Volkswirtschaftler – wenn man von Extremliberalen wie Milton Friedman absieht – sehen lieber den *manager light,* dessen Gehalt sich nicht schwindelerregend über das der normalen Angestellten erhebt. Für den Warenabsatz ist es generell günstiger, wenn der Wohlstand möglichst breit auf viele verteilt ist. Das fällt aber schon in den verzwickten Bereich „ideale Einkommensverteilung einer Gesellschaft" und in die üblichen Ideologiestreitereien.

Sicher ist bis heute nur, daß alle Extreme scheiterten.

Es scheiterte der Sozialismus, der nicht nur Chancengleichheit, sondern auch Resultatgleichheit anstrebte. Und es scheiterten alle krassen Oligarchien und Faschismen, die zu einer schmalen Schichte Ultrareicher und einem Ozean von Armen führten.

Der Sozialismus erreichte sein Ziel auf witzlose Weise, indem er *Armut für alle* schuf. Und was die selbsternannten Eliten Afrikas und Lateinamerikas betrifft, so werfen sie ihre Länder in ein auswegloses Karussell von Korruption und Revolutionen.

IV.

Die westlichen Demokratien reüssierten gleich zweifach. Sie erhöhten enorm die allgemeine Würde der Menschen, ohne gleich den Wettbewerbsgeist zu vernichten.

Dennoch gibt es gewaltige Unterschiede, die bis zur Frage der Angemessenheit von Top-Manager-Gehältern reichen. Viele Gespräche mit Mächtigen der Wirtschaft in allen Kontinenten ermutigen mich zu folgender simplifizierten Darstellung: Die alten Kulturen – beispielsweise Japan – lieben es sanft und vernünftig. Die neuen Kulturen – beispielsweise die 200 Jahre jungen USA – lieben es wild und lustig. Es ist beinah wie der Unterschied von Erwachsenen und Kindern.

US-Manager hatten keinerlei Scheu, offen und stolz über ihr Einkommen – das inklusive Bonus und Aktienzuteilung oft über einer Million Dollar (pro Monat) lag – zu plaudern. Einer hielt das schon deshalb für „sinnvoll, weil das ein ungeheures Stimulans für die Jungen ist, so schnell wie möglich meinen Platz einzunehmen".

*„Die Chefgehälter verhalten sich in den USA zu den Normalgehältern oft im Verhältnis 100 : 1."*

Ganz anders beispielsweise Kennichi Yamamoto, Mazda-Chef und „zweiter Vater des Wankelmotors", der im *trend*-Gespräch in Hiroshima sagte: „Die Chefgehälter verhalten sich in den USA zu den Normalgehältern oft im Verhältnis 100 : 1, ja in Einzelfällen wie 1000 : 1. Ich finde das unbegründet, unvernünftig und unappetitlich. Wir versuchen hier zwischen unterem und oberem Management nicht über 1 : 5 zu gehen. Und wenn die Firma ein schlechtes Jahr hatte, dann müssen zuerst die oberen, dann erst die unteren im Einkommen nachgeben."

Das bedeutet nichts anderes als eine freiwillige Beschränkung der Betroffenen.

Es geht hier nicht um Aufhebung der Marktgesetze, sondern um eine Anhebung der inneren Kultur.

V.

Wie weit solltet man sich vom Einkommen leiten lassen? Mein Tip: Man sollte es niemals als Ursache für ein Engagement nehmen, sondern zuwarten, bis es als Folge reichen Wirkens von selbst in ausreichender Höhe kommt.

Denn nur wer dort arbeitet, wo seine wirkliche Neigung liegt, findet zu jener Fülle und Qualität der Arbeit, die automatisch ein höheres Einkommen nach sich ziehen. Wer von Computern unendlich gelangweilt wird und dennoch wegen schöner Einstiegsgehälter bei Siemens oder

IBM anheuert, ist kurzsichtig. Er ist ein Feind seine Geldes – und des Geldes in der Firma.

Abgesehen davon ist ab einer bestimmten Einkommenshöhe keine nennenswerte Erhöhung der Lebensfreude durch Geld mehr zu erwarten. Das ist durch Untersuchungen ausreichend belegt.

Sie kamen zu folgendem Ergebnis:

• „Ausreichendes Einkommen ist wichtig, da es (1) von drückenden Sorgen befreit, (2) die Erfüllung vieler Konsumwünsche erlaubt und (3) das Bedürfnis nach Sozialprestige befriedigt."

• „Eine Steigerung des Einkommens geht zunächst mit einer beachtlichen, nach einer bestimmten Höhe aber nur mehr schwachen Zunahme an Wohlbefinden einher."

In einem Kommentar dieser Untersuchungen heißt es: „Nicht zu übersehen ist, daß sich in der niedrigsten Einkommensschicht vergleichsweise viele als sehr glücklich einstufen, während sich bei den Reichsten ein Minimum an Unglücklichen hält. Es muß also neben dem Faktor Einkommen noch bedeutsame andere Bedingungen geben, die das Glück mitbestimmen."

Arm sein ist keine Unglücksgarantie.

Reich sein ist keine Glücksgarantie.

Sicher scheint lediglich eines: Wer nur das Einkommen und sonst nichts im schönen Kopf hat, ist verraten, verkauft und verloren. Er ist elend dran, mag er reich oder arm sein.

„*Arm sein ist keine Unglücksgarantie. Reich sein ist keine Glücksgarantie.*"